PIRATEN

FERNAND SALENTINY

PIRATEN

Eine Bilddokumentation über
Schurken und Helden
der Seefahrt

Verlag Welsermühl

Gesamtherstellung: Welsermühl, Wels/Austria
ISBN 3 85339 149 4

Bildnachweis

Art Museum, Delaware Howard Pyle (4)
Bavaria-Verlag, Gauting (12) – British-Museum, London (3)
Deutsches Schiffahrtsmuseum Stiftung, Bremerhaven (1)
Musée de la Marine, Paris (70)
Preußischer Kulturbesitz Bildarchiv, Berlin (19)
Royal Geogr. Society, London (3)
Scheepvaart Museum, Amsterdam (4)
Stolk, Atlas van, Holland (26)
World Disney (4)

Inhalt

Vorwort

Die Piraten, Flibustiers, Bukaniers und Korsaren – ob man sie ganz oder teilweise ablehnt oder anerkennt – haben, wie jedes Volk auf Erden, Geschichte gemacht. Eine ganze Welt hat sie im 17., 18. und 19. Jahrhundert in alle Ewigkeit verdammt, hat sich gegen sie mobilisiert. Man tat sie als gemeine Gewaltverbrecher ab; man beklagte sich über ihre »Schreckensherrschaft« auf hoher See. Niemand beklagte sich jedoch über Karl V., den wohl größten Korsarenhasser aller Zeiten, als er seinen blutrünstigen und »missionarischen« Konquistadoren einen Freibrief zur Abschlachtung der aztekischen und inkaischen Oberschicht erteilte. Admiral Cheyreddin, der Karl V. und seinen Bundesgenossen, den selbstbewußten Andrea Doria, der sich selbst für den größten Strategen aller Zeiten hielt, jahrelang im Mittelmeer an der Nase herumführte, galt in den Augen der Kastilier gemeinhin als »Schurke«. Dies ist nur eines der unzähligen Beispiele.
Als objektiver Historiker kommt man beim Studium der Geschichte der Piraten nicht umhin, die Motive des Seeräubertums – politische, wirtschaftliche, religiöse und soziologische – gründlich zu analysieren. Ein frappantes Beispiel hierzu: Wenn die Kastilier nicht im 16. und 17. Jahrhundert mit Feuer und Schwert in das mittelamerikanische Inselgewirr und weiter nach Mexiko, Panama und Peru eingedrungen wären, hätte es im gesamten karibischen Raum keine Flibustiers gegeben. Das Entstehen des Seeräubertums in diesem geographischen Raum hängt nur mit dem Aufbau des spanischen Kolonialreiches zusammen: hier gab es Gold und Silber. Flibustiers und Konquistadoren stritten sich um deren Besitz.
Während es hier um Edelmetalle ging, standen auf Formosa Eroberer gegen Eroberer. Als die Portugiesen Formosa in ihre Thalassokratie »aufnahmen«, trat ihnen der berühmteste chinesische Pirat, Koxinga, entgegen. Er bemächtigte sich der »lieblichen« Insel und verdrängte zeitweise die portugiesischen Kolonialherren.
Unter den europäischen Fürstenhäusern scheint Karl V. allerdings in seiner schroffen Ablehnung des Piratentums ziemlich allein dazustehen. Die jungfräuliche Elisabeth I. und ihre ehrwürdigen Berater, ob geistliche oder weltliche, investierten ansehnliche Summen in Hawkins' und Drakes seeräuberische Unternehmen, und der Sonnenkönig machte seine Korsaren zu »Helden des Königreiches«.
In der Karibik »amtierte« Pfarrer Labat gelegentlich als Flibustier, spendete den sterbenden Gesellen die Letzte Ölung, focht mit dem kurzen Säbel und ging mit dem Entermesser um, wenn es sein mußte. Fast alle Herren Gouverneure der Insel Tortuga, Jamaikas oder der Bahamas, ob Franzosen oder Engländer, waren im 17. und im 18. Jahrhundert Repräsentanten ihrer Monarchen, Flibustiers, Schmuggler und Landspekulanten in einer Person. Das gleiche tat sich in North- und South-Carolina, wo die Gouverneure (und manchmal ihre Sekretäre) nicht nur den Piratenakten gegenüber ein Auge zudrückten, sondern mit den Seeräubern unter einer Decke steckten: das Beispiel des Seeräubers Teach (Blackbeard) und des Gouverneurs von South-Carolina, Johnson, ist nur eines von vielen. Ob Geistlicher, Monarch, Gouverneur, kleiner oder großer Gauner, alle waren bereit, mit den Seeräubern in irgendeiner Weise zu kooperieren, wenn es um Vorteile ging, die sie erheischen konnten.

Nicht alle Piraten waren blutrünstige und raubgierige Gesellen, wie Low oder Lolonais, sondern es gab auch sensible Kreaturen, Philosophen, Politiker und Musiker unter ihnen.
An Bord ihrer Schiffe herrschte Zucht und Ordnung. Unzucht und Unordnung hätten das Überleben des »Weltfeindes Nummer eins« unmöglich gemacht. Die Verhaltensregeln mußten peinlich genau eingehalten werden. Sprachschwierigkeiten gab es nicht. Jeder konnte seine Religion frei ausüben. Gewissenszwang in Sachen Religion gab es an Bord nicht. In dieser Hinsicht waren sie allen Westeuropäern weit voran. Die Piraten waren die ersten, die in Kommunen – wenn auch auf See – zu leben versuchten; sie waren in ihren Sozialversicherungen allen Europäern weit voraus: ihre Kranken- und Invalidenversicherungen wurden regelmäßig durch einen besonderen Fonds gespeist; damals machte sich bereits einer dieser Leute die ersten ernsthaften Gedanken, wie man sich innerhalb einer kosmopolitischen Schiffsmannschaft durch eine einzige (Welt-)Sprache verständigen könnte: der Vorläufer oder Erfinder des Esperanto lebte bereits vor 300 Jahren! Aus ihren Reihen gingen bedeutsame Strategen, ja gar Staatengründer hervor: Cheyreddin begründete die osmanische Seemacht im Mittelmeer und gilt als der größte Stratege der ersten Hälfte des 16. Jahrhunderts; Hawkins schuf sozusagen aus dem Nichts die englische Kriegsmarine, und Misson gründete auf Madagaskar einen freiheitlichen Staat, »Libertalia« genannt.
In diesem Buch geht es mir vor allem darum, die Piraten, Flibustiers, Korsaren und Bukaniers ins rechte historische Licht zu rücken. Ich habe die Motive untersucht, warum eigentlich die Piraterie entstanden ist; ich habe mir Mühe gegeben, einmal die einzelnen Metiers: Pirat, Flibustier, Bukanier und Korsar auseinanderzuhalten. Alle diese Recherchen erforderten ein großes Maß an Geduld, Arbeit und Nachfragen. Deshalb hoffe ich auch, daß das Urteil des Lesers gebührend ausfällt.
Zuletzt möchte ich dem Chefkonservator des Musée de la Marine, den Archivaren des British Museum, den Stadtbehörden von Nassau, dem Public Relations Manager des World Disney Land, der Boston Public Library und dem Direktor der Nationalbibliothek von Luxemburg für ihre Kooperation danken.
Eine letzte Frage wird sich wohl der Leser stellen: Aus welchem Grund schrieb der Autor dieses Buch? Die Antwort soll kurz gehalten sein: Eine Reise nach World Disney (World of the Pyrates), nach Kingston und jahrelange Studien der Geschichte der Seeräuber (und nicht ausgeschlossen ein Hang zum Abenteuer) gaben mir den Anstoß, dieses historisch fundierte Buch der Seeräuberei zu schreiben.

Der Autor

Seegefecht und Entern einiger spanischer Schiffe durch Bukaniers. Kupferstich von J. Lamsvelt, erschienen in dem berühmten Buch des holländischen Arztes Alexandre Olivier Exquemelin (1646–1707), der lange Zeit unter den Bukaniers gelebt hatte.

Einleitung

Text von Père Jean-Baptiste Labat, Pfarrer in Saint-Pierre auf Martinique (und selbst Pirat!)

Saint-Pierre, Martinique, Anno 1699

Während ich mich in Les Mouillages aufhielt, stand ich am Morgen des 27. Juni früher auf als sonst, um meinen Arbeitern bei der Reparatur meines Pfarrhauses mit Rat und Tat beizustehen. Als ich am Laden gegenüber meines Pfarrhauses vorbeiging, hörte ich plötzlich ein seltsames Geräusch. Aus Neugier trat ich ein. Ich war überrascht, als ich sah, daß von der Decke des Zimmers eine Flüssigkeit herabtropfte. Als einige rötliche Tropfen dann auf mein Kleid fielen, merkte ich sofort, was es war: Blut!
Ich rief nach dem Ladenbesitzer und nach einem jungen Mann, der hier als Mieter wohnte. Vor knapp zwei Wochen hatte ich diesem jungen Mann, als er schwer krank an Gelbfieber (maladie de Siam =»Siamesische Krankheit«) darniederlag, die heiligen Sterbesakramente gespendet. Ich wußte nicht, ob er überhaupt noch lebte. Als sich niemand meldete, rief ich einen meiner Neger herbei. Ich hatte jetzt Angst, daß der Ladenbesitzer namens Croissant den jungen Mieter erstochen hatte. Croissant war des öfteren dem Wein ergeben, wurde sterngranatenvoll und ging dann leicht hoch. Er stammte aus Paris und war der Sohn eines Kerzenhändlers. Er hatte – so ging jedenfalls das Gerücht – gute Beziehungen zu einem Freibeuter namens Kapitän Edward. Als ich dann die Tür des oberen Zimmers leise aufmachte, sprang der junge Mann auf mich zu und schrie:
»Gehen Sie, hier haben Sie nichts zu suchen«, und schlug mir die Tür mit aller Wucht vor der Nase zu. Ich ging hierauf zum Nachbarn und bat diesen, eine Eisenstange zu nehmen, um die Tür gewaltsam aufzumachen. Als wir die Tür aufgebrochen hatten, sahen wir den jungen Mann halbbekleidet auf seinem Bett liegen. Er schrie:
»Sie kommen, um mich zu töten.« Dann aber stellte ich mit Entsetzen fest, daß Croissant tot war. Ich sah ebenfalls, daß der junge Mann noch Blut zwischen den Fingernägeln hatte. In einer Ecke des Zimmers lag ein mit Blut beschmierter Hammer. Unter der Matratze des jungen Mannes fand ich ein langes Messer, an dem ebenfalls noch Blut klebte. Einer meiner Neger erkannte das Messer wieder. Der Mörder hatte es zwei Tage vor der grausigen Tat bei ihm geliehen. Der herbeigerufene Wundarzt stellte fest, daß Croissant durch 21 Messerstiche und durch mehrere wuchtige Hammerschläge umgebracht worden war.

Ein Piratenkapitän und ein Kanonier, witzig dargestellt.

Als der junge Mörder im Gefängnis saß, ließ er mich zu sich bitten. Er erzählte mir, daß er in Nantes (Frankreich) das Licht der Welt erblickt hatte. Sein Vater war ein wohlhabender Kaufmann. Im Alter von acht Jahren war er von zu Hause weggelaufen, weil er die strenge Zucht des Vaters nicht mehr ertragen konnte. Im Hafen von Nantes hatte er sich an Bord eines Kauffahrteischiffes geschlichen. Kurz nach der Abfahrt wurde er jedoch entdeckt, ausgepeitscht und in Bordeaux den Hafenbehörden übergeben. Zu Hause angekommen, schlug ihn sein Vater halb tot. Mit 14 Jahren nahm er dann ein zweites Mal Reißaus, diesmal um nie mehr wieder nach Hause zurückzukehren. Er schiffte sich in Rouen ein und ging in Martinique an Land. Unterwegs machte er die Bekanntschaft mit einigen Kumpanen, die sich als Rumhändler und Freibeuter ausgaben, und die auf Martinique gute Geschäfte machten. Das Leben dieser trinkfesten Freibeuter hatte ihm derart gefallen, daß der jungen Mann beschloß, ebenfalls Freibeuter zu werden. Um sich auf Martinique im dortigen Freibeuter-Milieu von Anfang an Geltung zu verschaffen, und weil er der Meinung war, daß er nur durch einen Mord sein Geltungsbedürfnis befriedigen könne, brachte er dann Croissant kurzerhand um. Er nannte sich Louis XXX. (Ludwig XXX.) und gab sich als Freibeuter aus.
Der junge Seeräuber und Mörder wurde zum Tode durch Erhängen verurteilt. Ich begleitete ihn auf seinem letzten Gang. Alle seine Begleiter weinten, als er am Galgen baumelte.

Père Jean-Baptiste Labat, Pfarrer in Saint-Pierre, Martinique

Piraten, Flibustiers, Korsaren

Erklärung der verschiedenen Seeräubermetiers und der Bukaniers

Das Schicksal dieses jungen französischen Freibeuters namens Louis XXX. ist kein Einzelfall. Während mehr als 2000 Jahren lebte ein »Volk« auf Erden, das die drei Weltmeere unsicher machte. Seinen Mitgliedern wurden gleichermaßen die Namen Pirat, Flibustier, Korsar und Bukanier gegeben; doch hatten diese vier Metiers grundverschiedene Bedeutungen.

Im Griechischen heißt das Wort »*piratès*« soviel wie »das Glück auf Erden versuchen«; im Lateinischen hat das Wort »*pirata*« die Bedeutung von »einem, der auf See raubt oder plündert«, und im Altnordischen bedeuten die Wörter »Viking«: Unternehmung der Piraterie, und »Vikingr«: der Mann, der die Buchten besucht. Es darf angenommen werden, daß das Wort »Vikingr« von »vik«, d. h. Bucht, abgeleitet ist. Nach Herder bedeutet Seeräuberei »Raub durch Wegnahme eines fremden Schiffes oder der darauf befindlichen Personen oder Sachen durch die Besetzung eines privaten Schiffes«. Auffallend ist das Wort »privat«. Kapitän Charles Johnson, der mutmaßliche Autor der zweibändigen »History of Pyrates« (Geschichte der Piraten), 1724, von dem man nicht genau weiß, ob er selbst Pirat oder Bibliomane war und ob er die Piraten verfolgte, bezeichnet die Seeräuber als »schmerzerfüllte oder gebrochene Menschen«.

Die Seeräuber gelten als die Vorläufer der Anarchisten und Nihilisten. Sie raubten und mordeten sowohl in territorialen als auch in außerterritorialen Gewässern, und sie kümmerten sich beim Entern weder um die Nationalität noch um die Eigentümer der gekaperten Schiffe.

Die *Flibustiers* (englisch: freeboater; altenglisch: flibutor; niederländisch: vrijbuiter) stellen eine zeitlich begrenzte Variante englischer, französischer und niederländischer Piraten dar. Sie legalisierten ihre Kaperakte *durch den Besitz eines offiziellen Kaperbriefes,* der ihnen von einem jeweiligen König ausgestellt war. Ihr einziges Operationsgebiet waren die Gewässer um die Großen und Kleinen Antillen herum. Hier spezialisierten sie sich im Kapern der Schatzschiffe (der sogenannten Silberschiffe) seiner Allkatholischen Majestät, des Königs von Spanien während des 17. Jahrhunderts. Ihrer Herkunft nach wurden sie des öfteren *Bukaniers* genannt. »Bukanieren« heißt »Trocknen des in Streifen geschnittenen, mit Maismehl bestreuten, an Schnüren aufgehängten Fleisches an der Sonne« (nach Herder) oder ganz einfach »Speisen über offenem Feuer rösten und räuchern«.

In Südamerika trägt dieses geräucherte Fleisch den Namen »Tajaso«, in Südafrika »Biltongue« und in Nordamerika »Pemmikan«.
Im allgemeinen lebten die Bukaniers auf dem Land und gingen auf Büffeljagd. Sie belieferten ihre Artgenossen, die Flibustiers, mit frischem oder geräuchertem Fleisch.
Den Anfang seiner »Karriere« machte der Flibustier als Pirat. Als dann im Lauf des 17. Jahrhunderts Engländer und Franzosen neben den Spaniern auf den Großen und Kleinen Antillen Fuß faßten und als sich die englischen und französischen Könige durch ihre Gouverneure vertreten ließen, zwangen diese die Piraten, gegen eine Provision ausschließlich für ihre Herrscher zu »arbeiten«. Manche Flibustiers gelangten wegen ihrer Geschäftstüchtigkeit und ihres »handwerklichen« Könnens schnell zu Reichtum und Ehre. So wurden z. B. die beiden Seeräuber Lancelot Blackburn Erzbischof von York und Sir Henry Morgan Gouverneur von Jamaika.

Die Flibustiers, die im Auftrag des englischen und des französischen Monarchen in der Karibik operierten, sorgten dafür, daß ein Teil des spanischen Goldes (und Silbers) aus Mexiko, Bolivien und Peru nach England und Frankreich abgezweigt wurde. Mit Hilfe der Flibustiers führten Engländer und Franzosen – obwohl beide Mächte manchmal verfeindet waren – gegen die Spanier einen uner-

Griechische Seeräuber beim Entern eines türkischen Handelsschiffes.

klärten Krieg. Die jungfräuliche Königin Elisabeth I. von England machte sich eine besondere Ehre daraus, in jedem lukrativen Flibustier-Unternehmen die Hand im Spiel zu haben.

Die Tätigkeit der *Korsaren* (lateinisch: corsarius = Pirat; französisch: corsaire) lag sozusagen in der Mitte derjenigen der Piraten und Flibustiers. Die »Arbeitsweise« jedoch unterschied sich in keiner Weise von jener ihrer Spezi: dem Entern und Kapern von Handelsschiffen. Die Korsaren standen im Dienst eines staatlichen Schirmherrn und arbeiteten gegen Provision. Ihre Kaperakte führten sie ausschließlich gegen Schiffe von Nationen aus, die mit ihrem Vaterland in offenem Krieg standen. Sie arbeiteten auch nur während des Krieges für ihre Auftraggeber. In Friedenszeiten befuhren sie die See als friedfertige Kauffahrer und trieben des öfteren weltweiten Handel. Manch ein Korsar wurde schnell reich, und nicht selten wurde einer von ihnen geadelt. Als Mitglied der lokalen Geldaristokratie besaßen sie, kraft ihres Reichtums, ein politisches Mitspracherecht bei der Besetzung der lukrativen (und ehrenwerten) Stadtämter. So war z. B. der berühmte französische Korsar Jean Bart in seiner Heimatstadt Dünkirchen ein geachteter Bürger und wurde bei allen bedeutsamen politischen Entscheidungen der Stadtverwaltung gehört.

Alltägliche Szenen eines Bukaniers auf Jamaika.

Rechte Seite oben:
Der Bukanier vertrieb sich die Zeit mit Büffeljagen und lebte auf dem Lande, während der Flibustier auf Kaperfahrten ging. Der Bukanier »bukanierte«, d. h. er trocknete das in Streifen geschnittene, mit Maismehl bestreute, an Schnüren aufgehängte Büffelfleisch. In der Regel oblag diese Arbeit allerdings seinen Frauen, während er nur jagte. In der Geschichte der Seeräuber werden des öfteren bekannte Seeräuber als Bukaniers bezeichnet, wie z. B. Kapitän John Cox, Edward Mansfield, Basil Ringrose und Richard Sawkins.

Rechts:
Ein Korsarenschiff im Gefecht mit einem englischen Kriegsschiff.

Sieur René Duguay-Trouin, wohl der keckste der französischen Korsaren. Sollte Priester werden, riß aus, entführte ein Mädchen aus besserem Haus, erstach deren Vetter im Duell und wurde Korsar.

Sein Name genügte, damit die englischen Kauffahrer Fersengeld gaben. Vor Sorlingues ging der etwas leichtsinnige Duguay-Trouin einem englischen Flottenverband ins Garn, wurde im Kampf verwundet und gefangengenommen. Er entkam den Engländern aus der Gefangenschaft und kaperte 1695 die beiden englischen Schiffe »Boston« und »Nonsuch«: die Beute war so gewaltig, daß die Trouins mit einem Schlag steinreich wurden. Er verhinderte, daß die Engländer Saint-Malo eroberten, wurde, 24jährig, durch den Sonnenkönig zum Fregattenkapitän ernannt, nahm am Spanischen Erbfolgekrieg teil und kaperte eine englische Versorgungsflotte, die aus 60 Schiffen bestand. 1711 eroberte er Rio de Janeiro und kehrte mit einer Lösegeldsumme von 610 000 Cruzadas nach Saint-Malo zurück. Das Vaterland war ihm dankbar. 1728 ernannte ihn Ludwig XV. zum Vizeadmiral. 1736 starb Duguay-Trouin fast als armer Mann. Allem Anschein nach hatte er die Millionen von Rio de Janeiro mit Kartenspielen und Schönen Helenen verzettelt.

Piratenkapitän Keitt in martialischer Pose.

Rauferei zweier Piraten. Der Sieger wird Kapitän. Streit oder Rauferei zwischen den Freibeutern wurde an Land ausgetragen.

Motive für die Seeräuberei

Arbeitslosigkeit · Abenteuerlust
Ablehnung der damaligen starren Gesellschaftsform
Flucht vor Strafe · Berufswechsel

Der Pirat stand, im Gegensatz zum Korsaren, ununterbrochen im »Dienst«. Er galt als Weltfeind Nummer eins, den jeder nach eigenem Gutdünken jagen und töten konnte. Er fuhr nie im Dienst eines Königs, besaß keinen Kaperbrief, der ihm das Kapern »legalisierte«, und segelte fast ausschließlich unter dem »Jolly Rogers«, der schwarzen Seeräuber-Flagge. Er besaß keine Heimat, und das Meer war sein einziges Zuhause. Er galt als Fremder und als Ausgestoßener der Gesellschaft. Er hatte keine Familie im üblichen Sinne und keine Kinder, mit Ausnahme von unehelichen. Sein tägliches Anliegen bestand im Kapern, Rauben und gegebenenfalls im Töten. Jeden Tag mußte er zu sterben bereit sein, denn nicht immer verlief die Prise glimpflich. Gefangene Piraten hängte man kurzerhand am »Execution Dock« (am Galgen) auf.
Wem Zucht und Ordnung im 17. und 18. Jahrhundert in den königlichen Marinen in Europa zu streng war, der kehrte seinem Brotherrn den Rücken und wurde Seeräuber. Viele Piraten übten bis zu ihrem Berufswechsel ehrbare Jobs aus. Der spanische Kapitän José Gaspar alias Gasparilla oder »Richard Löwenherz« genannt, war bis 1772 Offizier in der spanischen Marine. Als er bei einem Juwelendiebstahl auf frischer Tat ertappt wurde – die Juwelen waren einem peruanischen Adligen abgenommen worden, als dieser wegen Majestätsbeleidigung zu einer Gefängnisstrafe und teilweisen Konfiskation seines Vermögens verurteilt worden war –, wurde er aus der Marine ausgestoßen. Gasparilla wurde Seeräuber. Dieser Job war für ihn eine berufliche Notlösung.

Sieur de Grammont begann seine Laufbahn als Offizier in der französischen Kriegsmarine, bevor er Flibustier wurde. Kapitän Cobham betrieb vor seinem Eintritt in die Piraten-Gesellschaft einen blühenden Schmuggelhandel. Eines Tages verspürte er den Drang nach »absoluter« Freiheit und wurde Pirat. Pierre Legrand aus Dieppe war ein wohlhabender Reeder, bis er eines Tages durch falsche Spekulationen über Nacht sein gesamtes Vermögen verlor. Um wieder zu Reichtum zu gelangen, segelte er nach Santo Domingo und wurde Flibustier. Kapitän Dixie Bull stammte aus ehrbarem Hause, hatte eine gute Erziehung genossen und handelte mit Biberpelzen in Kanada. Urplötzlich »stieg« er um und wurde Seeräuber. Kapitän Coyle begann seine Karriere als braver Seemann, bis er eines Tages dem unsicheren Kantonisten Richards in Ancona begegnete. Mit diesem Gesellen inszenierte er eine Meuterei auf Kapitän Hartleys Schiff, setzte seinen ehemaligen Brotherrn gefangen und ließ ihn dann über Bord werfen. Kapitän John Criss, »Jack the Bachelor« (Hans der Junggeselle) ge-

nannt, stieg zuerst ins Fischereigeschäft seines Vaters ein, wurde dann Schmuggler und schließlich Pirat. Dr. Thomas Dover hatte am College zu Cambridge Medizin studiert, promovierte zum Doktor und ließ sich als Arzt in Bristol nieder. Während einer Südseereise im Jahre 1708 auf dem Schiff von Woodes Roger spürte er urplötzlich den Drang nach dem großen Abenteuer und entschied sich für das Metier eines Seeräubers.
Bartolomew Roberts begann seine brillante Karriere als wohlanständiger Maat auf der »Princess«. In der Nähe der Goldküste (Westafrika) wurde sein Schiff von Kapitän Howell Davis gekapert. Nach kurzem Hin und Her zwischen Davis und Roberts übernahm der frühere Maat der »Princess« dann das Kommando eines Seeräuber-Kapitäns. Der Walliser Kapitän John Ewans amtierte vor seinem Austritt aus der königlichen englischen Marine als Maat auf einer alten Schaluppe. Eines Tages wurde Ewans arbeitslos. Die Arbeitslosigkeit zwang ihn buchstäblich dazu, das Piratenhandwerk zu erlernen. Kapitän Every, Avery oder »Long Ben« genannt, wurde Pirat, weil ihm alle anderen Berufe zu langweilig waren. Der Franzose Le Testu (auch Le Têtu genannt) war, bevor er Seeräuber und Francis Drakes Kompagnon wurde, Kartograph und Hydrograph.
Das Verlangen nach mehr persönlicher Freiheit, Geld- und Besitzgier, der Wunsch, sich aus den starren politischen und religiösen Fesseln der europäischen Gesellschaft des 17. und des 18. Jahrhunderts zu befreien, ein persönlicher Schicksalsschlag, der Drang nach dem »großen Abenteuer« oder ganz einfach das Begehren, einmal den »Beruf« zu wechseln, bewogen viele junge Europäer im 17. und 18. Jahrhundert dazu, Seeräuber zu werden.
Doch standen noch andere Motive im Vordergrund. Die Ausbeutung, die verschiedene Reeder und Fischkonserven-Fabrikanten in Saint John's auf Newfoundland gegenüber den dort ansässigen armen Fischern betrieben, war Grund genug, daß viele Fischer ihre Heimat verließen und sich auf Kuba oder Haiti von einem Seeräuber-Kapitän als Seeräuber anheuern ließen. Als nach der Wiedereroberung von Pernambuco (Recife) im Jahre 1654 durch die Luso-Brasilianer das brasilianische Abenteuer der niederländischen Westindienkompanie zu Ende ging, begaben sich zahlreiche »Flamengos« nach der mittelamerikanischen Inselwelt.
Auf Kuba, Antigua, Saint Vincent und Grenada entstanden riesige Zuckerplantagen. Die neuen »Senhores de enghengo« (Zuckersiedereien-Besitzer) warben in Westeuropa mit allen Tricks und Versprechen Arbeitskräfte an. Zahlreiche junge Arbeitslose wanderten auf Grund dieser gezielten Werbekampagne nach der Karibik und ließen sich als Arbeiter in den Zuckersiedereien anwerben. Es

Schmuggler holen ihre Ware an Land. Viele Piraten und Flibustiers waren ebenfalls Schmuggler, wie z. B. die Flibustiers von Barataria, westlich von New Orleans, deren Leiter kein anderer als der bekannte französische Flibustier Jean Lafitte war.

Rechte Seite:
Der letzte Gang eines Piraten. Schauerliche Szene: im Beisein einer gaffenden Zuschauermenge und Soldaten wird ein Pirat am »Execution Dock« gehängt. Im Gegensatz zur geläufigen Meinung endeten die meisten Piraten nicht am »Execution Dock«, sondern starben im Gefecht oder friedlich im Bett.

dauerte allerdings nicht allzulange, bis sie einsahen, daß die Werbeagenten sie hinters Licht geführt hatten. Die Arbeitsbedingungen waren in Wirklichkeit menschenunwürdig. So kehrten dann die meisten von ihnen den ausbeuterischen Senhores de enghengo den Rücken und wurden Seeräuber.
Die Massenarbeitslosigkeit, die nach Beendigung eines Krieges in vielen europäischen Staaten durch die Entlassung der Söldner entstand, kam den Seeräuber-Kapitänen bei der Rekrutierung ihrer Mannschaften sehr gelegen. Arbeitslosenunterstützung, wie wir sie heute kennen, gab es damals nicht. So mußten die Brotlosen notgedrungen zur Selbsthilfe greifen.
Wer in Europa ein Verbrechen begangen hatte und sich der Bestrafung entziehen wollte, der begab sich nach einem französischen, niederländischen oder englischen Hafen und nahm Kurs auf die Karibik, wo ihn die Seeräuberkapitäne mit offenen Armen empfingen.

Landpiraten (und Schmuggler in einer Person) nehmen Abschied von ihren Familienangehörigen. Sie wußten niemals, ob sie von ihren Raubfahrten jemals zurückkehren würden.

Seetreffen zwischen Schram und Claas Compaan bei Sierra Leone.

Schmuggler dringen in ein Haus in einem Küstenstädtchen ein. Die meisten Piraten waren Seeräuber und Schmuggler in einer Person – oder sie begannen ihre Karriere als Schmuggler.

Zusammenleben der Seeräuber

Menschliche Bestien · religiöse Fanatiker · sensible Musiker Verschiedenheit von Sprache, Nationalität und Religion kein Hindernis · weibliche Piraten

Es braucht nicht besonders hervorgehoben zu werden, daß sich auf dem internationalen Parkett der Seeräuberei die sonderbarsten Gestalten bewegten: die Teufelsbrut von Kapitän *Low* (auch Loe), der mit allen schlechten menschlichen Eigenschaften, von der Feigheit bis zur Bestialität, beschlagen war und der eine besondere Erfindungsgabe an den Tag legte, wenn es galt, seine eigenen Leute zu schinden; der mordgierige *Edward Teach*, der Schrecken der gesamten nordamerikanischen Ostküste; der tierische Normanne *François Le Clerc*, »das Holzbein« genannt, der mit Vorliebe Klöster in Brand steckte, die Nonnen splitternackt in Reih und Glied antreten und dann eine nach der anderen erdolchen ließ, während er seelenruhig auf einem Stuhl saß und dem makabren Schauspiel zusah; der blutrünstige *François Lolonais*, der keine Gefangenen machte, sondern alle umbrachte; der bestialische Kapitän *Roc*, »der Brasilianer« genannt, obschon er Holländer war, der alle Spanier, die ihm ins Garn gingen, bei lebendigem Leibe an einen Bratspieß steckte und langsam rösten ließ.

Neben diesen exzentrischen und ausgesprochenen Schurken jedoch gab es sittsame Piraten, wenn wir sie mit den »amtlichen« Schiffskapitänen der englischen und französischen Marinen des 17. und 18. Jahrhunderts vergleichen. Diese waren nämlich im Umgang mit Gefangenen kaum besser als die von aller Welt verdammten Piraten. Kapitän *Nort* von den Bermudas hatte sich auf das Kapern arabischer Handelsschiffe im Golf von Persien spezialisiert. Aus religiösen Gewissensbissen – und vermutlich im Auftrag des Kirchenstaates – führte Nort eine Art privaten Kreuzzug gegen die Mohammedaner, die erbitterten Feinde der Christen von damals. Der Pirat *Bartolomew Roberts* verlangte von jedem Mitglied seiner Mannschaft schickliches Benehmen, untersagte jeden Geldeinsatz beim Kartenspiel und duldete keine käuflichen Mädchen an Bord seines Schiffes. Kapitän *Misson*, ein stolzer Provenzale, verbot seinen Leuten jedes Fluchen an Bord. Desgleichen ließ er Betrunkenheit auf hoher See mit drei oder vier Stockschlägen ahnden. Missons bester Freund war ein ehemaliger Geistlicher namens *Carracioli*. Dieser war Misson in Neapel begegnet. Misson überredete Carracioli, sein Ordenskleid abzulegen und ihm zu folgen. Carracioli zögerte nicht lange, trat aus dem geistlichen Stand aus und wurde Pirat. Carracioli machte Missons Kumpanen klar, daß sie keine Piraten seien, sondern von Gott dazu auserwählt waren, ihre vom Schöpfer verliehenen persönlichen Freiheiten zu verteidigen. Misson und Carracioli segelten nie unter dem »Jolly Rogers«, der schwarzen Fahne der Piraten, sondern stets unter einer weißen, als Zeichen ihrer »Unschuld«.

François Lolonais alias François Nau, wohl der grausamste Flibustier der gesamten Antillen.

Allegorische Darstellung eines weiblichen Seeräuber-Maats.

François Lolonais reißt einem Gefangenen das Herz bei lebendigem Leibe heraus.

Rechte Seite:
Sir Henry Morgan, wohl nicht der originellste, doch aber der berühmteste Flibustier in der Karibik im 17. Jahrhundert. Er erwarb ungeheure Plantagen, wurde steinreich, gebot den Exzessen der Flibustiers Einhalt und wurde in allen Ehren in der Kathedrale von Port-Royal bestattet. Der bekannte amerikanische Romanschreiber John Steinbeck verewigte ihn in seinem ersten Roman »The Golden Cup«.

Kapitän, Maat, Steuermann, Schiffsmeister, Artillerist und Matrosen stammten meistens aus aller Herren Ländern. Auf jedem Piratenschiff traf man auf ein Potpourri von Nationalitäten. Murad, der im Dienst des Sultans Selim II., »des Säufers«, stand, kam aus Albanien; Ali-El-Aluji, »der Skorbutige«, stammte aus Kalabrien; François Le Clerc, »das Holzbein«, war in der Normandie gebürtig; die bekannte Seeräuberfamilie Killigrew war in Cornwall, einer Grafschaft im Südwesten Englands, beheimatet; Piet Heyn, der die spanischen Silberschiffe in der Karibik abfing, war Holländer; Sir Henry Morgan besaß die irische Nationalität; Kapitän Teach alias »Blackbeard« war in Bristol ansässig gewesen, bevor er Pirat wurde und nach Nordamerika übersiedelte; Kapitän John Derdrake alias »Jack the Baltic« stammte aus Kopenhagen und war Däne; Koxinga, auch Cheng Cheng Kung genannt, war Chinese, und Angria, der die Malabarküste als sein Privateigentum ansah, entstammte dem Volk der Mahraten aus Vorderindien.
Katholiken, Protestanten, Presbyterer und Orthodoxe gaben sich auf den Piratenschiffen, im Gegensatz zum damaligen konfessionell strengen Europa, freundnachbarlich. Die Abwesenheit religiöser Ressentiments innerhalb der Piraten-Gesellschaft war eine der Grundbedingungen, daß sie überlebte. Von Exquemelin und Johnson, den beiden Piraten-Schriftstellern »par excellence« wissen wir, daß jeder Seeräuber an Bord der Piratenschiffe seine Religion frei ausüben konnte. »Die Franzosen«, so berichtet uns Exquemelin, »deklamierten verschiedene Kapitel aus der Bibel, dem Buch der Bücher.«
Sprachliche Verständigungsschwierigkeiten hat es an Bord der Seeräuberschiffe nie gegeben. Weil nur selten ein Dolmetscher mitsegelte und die allermeisten Piraten-Kapitäne nur ihre Muttersprache beherrschten, verständigte man sich innerhalb der kosmopolitischen Mannschaft durch Handbewegungen. Eine Weltsprache, wie das Esperanto, gab es noch nicht. Wenn das Kapern eines Handelsschiffes bevorstand, erteilte der Kapitän seine Befehle durch besondere Zeichen, die jeder verstand.

Die Seeräuberei war nicht nur dem starken Geschlecht vorbehalten

Die Ausübung des Piratenberufes war keineswegs, wie manchmal angenommen, eine Exklusivität des männlichen Geschlechts. Zahlreiche Damen »stellten ihren Mann«. Zwischen 1343 und 1360 machte die formvollendete Bretonin Jeanne de Belleville, bekannt unter dem Namen Dame de Clisson, durch ihre dreisten Überfälle auf Handelsschiffe und Fischerboote den Ärmelkanal unsicher. Über das Ableben dieser berüchtigten Piraten-Dame wissen wir nichts. Lady Killigrew aus Arwenach in Südengland leitete jahrzehntelang ein mächtiges Piraten-Syndikat. Die nach außenhin reputierliche Dame bot zahlreichen notorischen Piraten zeitweise sichere Penaten an und leitete des öfteren höchstpersönlich Überfälle auf Handelsschiffe, die, mit Waren vollgepfropft, im Hafen auf das Löschen warteten. Sie empfing Persönlichkeiten aus Politik und Gesellschaft, gab Galadiners für Ortsgrößen und wickelte lukrative Geschäfte ab. Im Jahre 1582 wurde der Piraten-Lady ein kecker Überfall auf ein Handelsschiff fast zum Verhängnis. Während eines Handgemenges an Bord wurde sie von einigen Matrosen überwältigt, ins Gefängnis geworfen und zum Tode durch den Strang verurteilt. Wegen ihres hohen Alters – sie soll 78 Jahre alt gewesen sein – wurde sie in allerletzter Minute begnadigt.
Die bekanntesten und berüchtigsten Piraten-Ladies waren Anne Bonney und Mary Read, die in späteren Kapiteln noch beschrieben werden.

Das Seeräuberschiff

Wie kamen Piraten zu Schiffen?
Schiffsumtausch auf hoher See · Bewaffnung und Bemannung
Strenge Regeln an Bord

Wie bei jedem kommerziellen Unternehmen setzte der Einstieg ins Piratengeschäft das Vorhandenseins eines Investitionskapitals voraus. Weil aber die allerwenigsten Piraten bei Beginn ihrer neuen Karriere über ihr eigenes Schiff verfügten, mußten sie sich dieses wichtigste Instrumentarium zur Ausübung ihres Berufes beschaffen. Dies geschah in der Regel so, daß der zukünftige Pirat eine Meuterei auf dem Schiff anzettelte, auf dem er segelte. Er tat sich mit einigen gleichgesinnten Kumpanen zusammen, wartete den günstigen Augenblick zum Losschlagen ab und stach dann meist den recht- oder unrechtmäßigen Besitzer des Schiffes nieder. Nach gelungener Tat versuchte der neue Kapitän die Besatzungsmitglieder entweder durch Gewalt oder durch Überredung für sich zu gewinnen. Der Mannschaftswechsel ging meistens reibungslos vor sich, denn die Besatzungsmitglieder des entthronten Kapitäns hatten kaum eine andere Wahl, als sich vorbehaltlos hinter den neuen Brotherrn zu stellen. Des weiteren pflegte man die Widerborstigen ohne viel Federlesens an den unwirtlichen Küsten auszusetzen. Magellan praktizierte diese Methode während seiner ersten Weltumsegelung mit Erfolg. Wenn ein Pirat sein Schiff durch Schiffbruch verloren hatte, mußte er sich ein neues »organisieren«. Mit seinen übriggebliebenen Kumpanen lauerte er dann einem fremden Schiff auf, das zum Auftanken von Frischwasser oder zum Kalfatern (Abdichten der Fugen eines Schiffes mit Pech und Werg) in einer Bucht vor Anker lag. Eine solche »Schiffsübernahme« ging für die Piraten fast immer günstig aus, denn die im Nahkampf erprobten Gesellen waren der kampfungeübten Besatzung eines Handelsschiffes stets überlegen.

Als »Standardschiff« bevorzugten die Piraten die Fregatte. »Fregata« hieß ursprünglich ein kleines, wendiges Schiff, mit dem italienische und spanische Seefahrer das Mittelmeer befuhren. Es verfügte über zwei umlegbare Masten mit Lateinsegel und wurde von den Piraten wegen seiner Schnelligkeit und Wendigkeit gegenüber allen anderen Schiffstypen bevorzugt. Beide technischen Eigenschaften waren für die Piraten besonders wichtig, wenn sie schnelle Kauffahrer jagten und wenn sie von Kriegsschiffen, die ihnen in der Bewaffung und Geschwindigkeit überlegen waren, verfolgt wurden. Die windschlüpfrige Fregatte war in der Regel mit 25 Kanonen bestückt. Kapitän Michels' »Mutine« hatte allerdings 44 Kanonen und Sieur de Grammonts »Le Hardi« sogar 52 Geschütze an Bord, während Kapitän Verpres' Fregatte bloß über 2 Feuerschlünde verfügte.

Um die Geschwindigkeit der Fregatte zu erhöhen, brachte man im 18. Jahrhundert ein drittes Stagsegel an und ersetzte die Oberblinde. Ferner löste das Gaffelsegel das Lateinsegel ab.

Der Kapitän eines gekaperten Kauffahrteischiffes, auf dem bereits der Jolly-Rogers hochgezogen ist, wird an Land gesetzt und seinem Schicksal übergeben. In der Regel setzte man ihn an einer unwirtlichen Stelle einer unbewohnten Insel aus und überließ ihm ein Gewehr mit einigen Schuß Munition und etwas Lebensmitteln.

Ein englisches Kauffahrteischiff wird von einem Piratenschiff buchstäblich entzweigeschnitten.

Enter-Szene. Bei diesem Entern geht es Mann gegen Mann. Weil die Seeräuber mit kurzem Säbel und Pistolen in der Regel meisterhaft umzugehen wußten, hatten die angegriffenen Kauffahrer kaum eine Chance, den Seeräubern zu entrinnen. Das Handgemenge war meistens kurz.

Jolly-Rogers des französischen Piraten-Kapitäns Thomas-Louis du Lain, im Museum des Salorges von Nantes aufbewahrt.

Die Crew eines Piratenschiffes zählte in der Regel 140 bis 180 Mann. Doch war die Zahl von 200 und mehr Besatzungsmitgliedern keine Seltenheit: Sieur de Grammonts »Le Hardi« hatte 300 Mann und Kapitän Laurent de Graffs »Neptune« 210 Mann an Bord; Kapitän Cachemarées »Le Saint Joseph« jedoch verfügte nur über eine Besatzung von 70 Mann, und auf Kapitän Hardress' Fregatte segelten sogar nur 40 Mann. In den tropischen Gewässern der Großen und Kleinen Antillen »amortisierte« sich das Kapital, d. h. das Schiff, der Flibustiers rasch. Wegen des Festsetzens von Muscheln und Algen am Kiel mußte dieser des öfteren gereinigt, und wegen des periodischen Wassereinbruchs mußte das Schiff kalfatert werden. In den meisten Fällen aber hatten die Flibustiers weder Geduld noch Zeit, um ihr Schiff wieder flottzumachen. Sie zogen es vor, ihr Schiff auf hoher See gegen ein anderes »umzutauschen«. Ein solcher »Umtausch« ging nicht immer gewaltsam vor sich, wie Charles Johnson berichtet: Als Kapitän Bartolomew Roberts eines Tages sein seeuntüchtiges Boot gegen ein neueres und besseres irgendwo im Atlantik »umtauschte«, bat er den Kapitän des Kauffahrteischiffes, den »Tauschakt« auf friedlichem Weg vorzunehmen. Nachdem alle Seeräuber auf das andere Schiff umgestiegen waren, empfahl er dem Kapitän, so schnell wie möglich den nächsten Hafen aufzusuchen, denn das Schiff war durch einen Wassereinbruch leck geworden. Tag und Nacht mußte die Mannschaft an den Pumpen stehen, und nur mit äußerster Kraftanstrengung gelang es, den Hafen von Saint-John's auf Newfoundland zu erreichen.

Die persönliche Bewaffnung eines Piraten bestand aus Pistole, kurzem Säbel, Axt und Entermesser. Während der Enter-Operation benutzte der Seeräuber meistens nur den kurzen Säbel, um seinen Gegner zu erledigen. Die Pistole hatte den Nachteil, daß sie während der (in der Regel) kurzen Zeit des Enterns nur einmal abgefeuert und wegen ihrer Länge nicht nachgeladen werden konnte. Um diesen Nachteil einigermaßen zu beseitigen, trugen die Piraten mehrere Pistolen im Gürtel oder Bandelier. Kapitän Teach alias »Blackbeard« trug stets 8 bis 10 Pistolen in seinem Bandelier. Zur weiteren Bewaffnung der Piraten gehörten verschiedenartige Granaten, wie z. B. kleine Gasflaschen, die, aus Eisen oder Blei hergestellt, nach außenhin mit einer Zündschnur versehen und mit Pulver, Metallstückchen und kleinen Kugeln gefüllt waren.

Wenn ein Seeräuberschiff sein Opfer gesichtet hatte, versuchte der Seeräuberkapitän, sich ihm möglichst unauffällig zu nähern. Hierzu wurden zahlreiche Tricks und Schliche angewandt. Eine der bekanntesten Listen bestand im Hissen der gleichen Flagge, wie sie der verfolgte Kauffahrer führte. Um bei der Auswahl der Flagge nie in Schwierigkeiten zu geraten, besaß jeder Seeräuberkapitän eine ganze Sammlung von Nationalflaggen. Die Seeräuberflagge wurde erst dann hochgezogen, wenn sich das Piratenschiff seinem Opfer bis auf knapp 50 Meter genähert hatte. Außer dem typischen Motiv: Totenschädel mit gekreuzten Knochen auf schwarzem Grund, gab es noch verschiedene Varianten. So hißte Kapitän Quelch (1704 in Boston öffentlich gehängt) den »Old Rogers« (üblich »Jolly Rogers« genannt), der ein Skelett, das in der einen Hand einen kurzen Säbel hielt, dessen Herz mit einem Pfeil durchbohrt war und mit der anderen Hand das Blut auffing, repräsentierte, und der berüchtigte Seeräuber Low (auch Loe genannt) führte als Flaggenzeichnung den »Tod in Rot«.

Das Hissen der Seeräuberflagge verfolgte ein psychologisches Ziel. Sie sollte der gegnerischen Schiffsbesatzung bei ihrem Anblick von vornherein Angst und Schrecken einjagen und ihr den Tod recht anschaulich vor Augen malen. Wenn das Hochziehen des »Jolly Rogers« oder des »Old Rogers« keine Wirkung auf den Gegner hatte – denn nicht immer streckten die Kapitäne und Mannschaften der verfolgten Kauffahrer beim Hochziehen der Seeräuberflagge die Waffen –, dann rüsteten sich die Piraten zum Entern. Der Steuermann des Piratenschiffes mußte jedoch vor Beginn des Angriffs auf den Gegner darauf achten, daß dieser nicht Backbord drehen konnte, um eine Breitseite

auf das Seeräuberschiff abfeuern zu können. Ein solcher Volltreffer hätte sicherlich das jähe Ende des Piratenschiffes bedeutet. Um eine Breitseite abfeuern zu können, mußte der Kauffahrer (oder das Kriegsschiff) allerdings bis auf 200 Meter an das Piratenschiff heransegeln, denn andernfalls hatten die Kanonenkugeln keine Wirkung. Außerdem war ein solches Manöver stets gefährlich. Falls es doch noch gelang, hatte das meist schnellere und wendigere Seeräuberschiff in der Regel noch Zeit, die Geschwindigkeit zu drosseln und achtern (hinten) zu bleiben.
Eine von Seeräubern verfolgte Galeone hatte den Nachteil, daß ihre Bordgeschütze unbeweglich waren. Um diese nun auf das heranfahrende Piratenschiff zu richten und abzufeuern, mußte die Galeone sich selbst bewegen. Ein solches Manöver war wiederum ein schwieriges, wenn nicht unmögliches Unterfangen.
Um ein Schiff zu entern, mußten die Seeräuber dicht an ihr Opfer heransegeln. In der Durchführung dieses nautischen Kunststückes waren die Piraten allerdings wahre Meister. Wenn sich das Piratenschiff unmittelbar in der Nähe seines Gegners befand, befestigten die Seeräuber ihre Enterhaken und sprangen mit entsetzlichem Geschrei auf das Deck ihres Gegners. Falls noch vor der Enter-Operation etwas Zeit war, ließ der Seeräuberkapitän alle Mann an Bord, auch Gefangene, antreten, um dem Gegner die zahlenmäßige Überlegenheit zu demonstrieren. Nach dem Befestigen der Enterhaken begann das »große« Abenteuer oder der »große« Augenblick für die Seeräuber. Etliche von ihnen rutschten über die Rah (Rundholz, das waagerecht vor dem Masten hing, um ein Segel zu befestigen) mittels Seilen, andere drängten sich über das Galionsdeck auf dem Kauffahrteischiff. Bei stürmischer See kam es des öfteren vor, daß ein Seeräuber beim Überspringen das Deck des Gegners verfehlte, zwischen die beiden Schiffe fiel und buchstäblich zerquetscht wurde. Vom Mastkorb aus beobachteten einige Kumpanen den Verlauf des Gefechts, um im Notfall durch einen gezielten Gewehrschuß ihren Kollegen aus der Klemme zu helfen. Zwischendurch warfen sie Granaten auf das gegnerische Deck, um dieses zu »entschlacken«. Andere wiederum schnitten die Enternetze durch. Vom Bug bis zum Heck kämpfte die Mannschaft des Kauffahrers verbissen gegen die lärmenden Seeräuber. Doch stand das Schicksal der angegriffenen Kauffahrer meistens von vorneherein fest. Nur selten hatten Kapitän und Mannschaft eines von Seeräubern angegriffenen Handelsschiffes die Chance, ihre Angreifer zu besiegen. Im Nahkampf waren die Piraten schon allein durch ihre bessere Bewaffnung, den kurzen Säbel und das Entermesser, ihrem Gegner überlegen. Wohl konnten sich die Spanier, die während des 17. und 18. Jahrhunderts den Angriffen der Piraten am meisten ausgesetzt waren, durch ihre Helme und Brustpanzer einigermaßen gegen die Säbelhiebe der turbulenten Seeräuber schützen; doch waren sie wegen des großen Menschenauflaufs an Deck während eines Piratenüberfalls außerstande, sich mit ihren Hellebarden erfolgreich zur Wehr zu setzen. Die Hakenbüchse, die die Spanier im Kampf gegen die Flibustiers einsetzten, hatte den Nachteil, daß das Pulver durch eine brennende Lunte zur Explosion gebracht werden mußte. Bei Regen und heftigem Wind war das Anzünden der Lunte von vorneherein unmöglich. Die Muskete hatte wiederum den Nachteil, daß sie wegen ihres großen Gewichtes auf eine Gabelstütze gelegt werden mußte, um einen Schuß abfeuern zu können. Der Kampf, der sich auf den einzelnen Schiffdecks Mann gegen Mann abspielte, war in der Regel kurz und in Wirklichkeit ein wahres Gemetzel. Die furiosen Seeräuber kannten ihren Gegnern gegenüber keinen Pardon. Manchmal verlor ein Flibustier ein Auge, einen Arm oder ein Bein, Verluste, die als Berufsrisiko angesehen wurden. Zahlreiche Piraten waren mit Kratzern und Schrunden überdeckt. Diese Narben verliehen ihnen einen besonders schreckenerregenden Anblick. Sie stellten lebhafte Zeugen für die Härte der Kämpfe an Bord gegen die sich zur Wehr setzenden Kauffahrer dar. Wenn die Aktion vorüber und der letzte Widerstand gebrochen war, begannen die Seeräuber mit dem Verhör der Gefangenen (falls deren noch welche übrig waren, denn der blutrünstige Pirat François Lolonais z. B. machte überhaupt

keine Gefangenen). Es ging den Seeräubern vor allem darum, so schnell wie nur möglich die Gold- und Silberverstecke an Bord der geenterten Schiffe ausfindig zu machen. Falls sich die Gefangenen zugeknöpft verhielten und das Versteck nicht preisgaben, halfen die Seeräuber mit der Knute nach und drohten des öfteren, das Schiff mitsamt der besiegten Crew in die Luft zu sprengen. Allsdann öffneten die Piraten mit Äxten und Brecheisen alle sich an Bord befindlichen Kisten und kassierten die Belohnung für ihr gefährliches Spiel. Die gesamte Beute wurde neben dem Hauptmast auf dem Piratenschiff aufgestapelt, dann an Land verkauft. Der Erlös wurde gleichermaßen unter die Crew verteilt. Bei dieser Verteilung führte der Maat Regie und achtete stets darauf, daß sie gerecht durchgeführt wurde.
Der Verkauf eines solchen Beutegutes setzte das Vorhandensein eines regelmäßigen Absatzmarktes voraus. Die Flibustiers und Korsaren hatten in dieser Beziehung keine Schwierigkeiten, denn ihr Auftraggeber sorgte für den Absatz der geraubten Waren. Doch auch die Piraten, die »geschworenen Feinde der gesamten Menschheit«, hatten keine allzugroßen Schwierigkeiten, um ihre Beute abzusetzen. Welcher geistliche oder weltliche »Ehrenmann« verzichtete schon auf ein lukratives Geschäft, auch wenn es mit den Piraten getätigt war? Den eindeutigen Beweis hierzu liefert uns der Gouverneur von North Carolina, Charles Eden. Nach dem Tod des berüchtigten Edward Teach alias »Blackbeard« fand man Dokumente, aus denen hervorging, daß der Gouverneur und sein Sekretär Tobias Knight von Teach belohnt wurden, wenn sie ihm dazu verhalfen, seine Beute loszuwerden.

Nach jedem dieser anstrengenden und nervenzermürbenden Gefechte an Bord eines Kauffahrers hatte der »Schiffsarzt« – dessen anatomische Kenntnisse kaum über diejenigen eines heutigen Sanitäters hinausgingen – eine Menge zu tun, um die vielen großen und kleinen Stichwunden, Hautabschürfungen, Quetschungen und Verstauchungen zu »heilen«, die die Kumpanen während des Gemetzels erlitten hatten. Wenn der »Operateur« ein Bein, einen Arm oder einen Finger amputieren mußte, bediente er sich in der Regel einer Säge oder eines scharfen Messers. Die Wunden wurden mit glühendem Brenneisen ausgeätzt. Sie heilten meistens rasch, denn die Seeräuber waren alles andere als zimperliche Gestalten. Diejenigen Wunden, die der »Chirurg« nicht zu heilen vermochte, wurden durch die Natur geheilt. Wenn kein »Arzt« sich an Bord des Seeräuberschiffes befand, dann übernahm der Zimmermann die Amputation eines Gliedes.
Jede Prise wurde durch ein üppiges Essen an Bord (selten an Land, denn die Piraten fühlten sich auf dem Schiff wohler) gefeiert, dem sich stets ein Zechgelage anschloß. Solche Orgien konnten allerdings für die an Bord befindlichen Gefangenen gefährlich werden. Von Charles Johnson, dem Piraten-Schriftsteller, wissen wir, daß sogar friedfertige Piraten während dieser Gastmahle zu wahren Höllenfürsten wurden. So wurden Kapitän Bartolomew Roberts Kumpanen einmal im Rausch von einer Zerstörungswut befallen, zertrümmerten mit Äxten und Brecheisen das gesamte Schiffsmobiliar, brachten den Gefangenen Stichwunden bei und warfen zwei von ihnen kurzerhand über Bord. Kapitän Edward Low ließ während eines Gelages an Bord einen gefangenen Koch an den Hauptmasten binden und dann bei lebendigem Leibe verbrennen, um, wie er sich ausdrückte, »im Feuer wegen seiner Fettleibigkeit einen besonders guten Eindruck zu machen«. Durch denselben Johnson wissen wir aber auch, daß solche Feste dezent verliefen. Der angeblich musikalisch begabte Kapitän Laurent spielte seinen Gesellen ein Ständchen auf seiner Geige vor. Kapitän Antis ließ Theaterstücke aufführen, in denen es nicht an Persiflagen auf die sogenannte feine Gesellschaft in Europa fehlte.

Wenn sich der Steuermann eines Piratenschiffes zuviel betrank, dann geriet das Boot in eine heikle Lage. Nicht selten irrte es dann stundenlang auf See umher. Für ein steuerloses Schiff waren die Ko-

Typische Piraten-Axt, mit der manch ein harmloser Matrose den Schädel gespalten bekam. Außer dieser Waffe verwendeten die Piraten den kurzen Säbel und die Pistole.

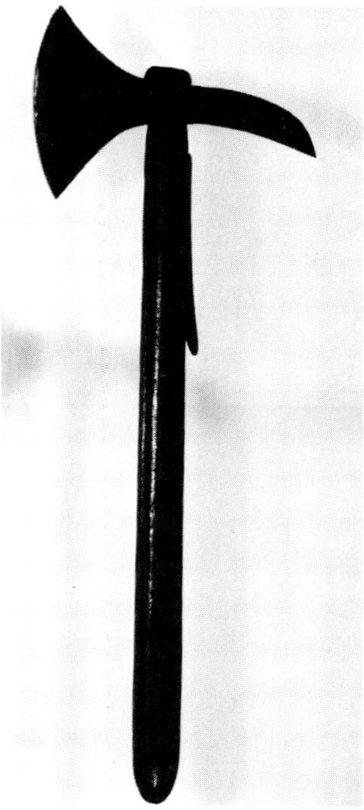

Rechts außen:
Handwaffen der französischen Marine, die gleichermaßen von den Piraten verwendet wurden.

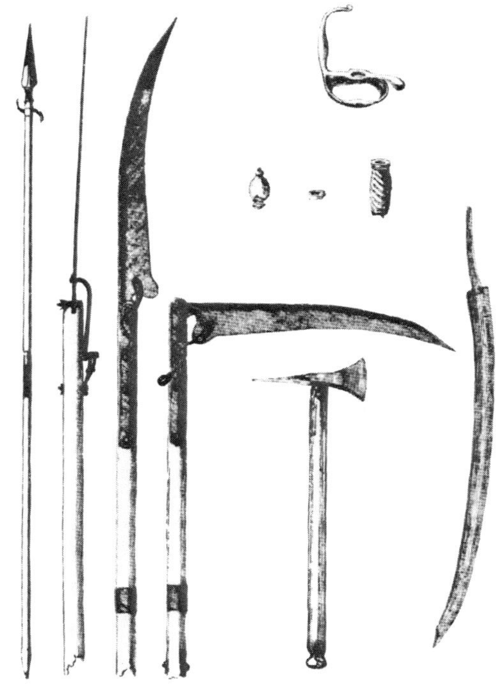

Kampf Mann gegen Mann an Bord des geenterten Kauffahrteischiffes.

rallenstöcke in der Karibik sehr gefährlich. Noch heutzutage kann ein Navigationsfehler dort ein Leck in die Schiffswand reißen.
In regelmäßigen Abständen gingen die Seeräuber in einer der zahlreichen schützenden Buchten der Karibik an Land, um Frischwasser aufzutanken und um Proviant, vor allem Pemmikan, an Bord zu nehmen. Bei derselben Gelegenheit machten die (meisten) Flibustiers einen kurzen Abstecher an Land, suchten die Kneipen und Freudenhäuser auf der Insel La Tortue (Tortuga), Santo Domingo und Puerto Rico auf und verjubelten binnen mehreren Tagen – der Aufenthalt war jeweils auf durchschnittlich vier Tage festgelegt – ihren gesamten Beute-Anteil in Dublonen (spanische Münze, etwa 17 Mark wert), den sie bei der letzten Prise erhalten hatten. Jeder Flibustier hatte seine angestammte »Kundin«, die ihm das Geld aus der Tasche lockte. Nach Exquemelin soll manch ein spendierfreudiger Flibustier zwischen 2000 und 3000 »pieces of eight« in einer einzigen Nacht ausgegeben haben (eine »piece of eight« hatte im 17. Jahrhundert auf Jamaika den Wert von 4 bis 5 Shilling).
»Wohlhabende« Piraten, wie Edward Teach, besaßen – laut Charles Johnson – mehrere Freudenmädchen, die sie regelmäßig besuchten. Während diesen »Landausflügen« trugen die Piraten meistens elegante, wallende Kleider, die sie den ausgeraubten Kauffahrern abgenommen hatten. Nach diesem mehrtägigen Schlemmerleben auf dem Lande kehrten die Piraten mit leeren Taschen an Bord ihres Schiffes zurück und trafen die nötigen Vorkehrungen für die nächste Prise.

Die Verpflegung an Bord eines Seeräuberschiffes war karg und der Speisezettel recht eintönig. Sie bestand in der Regel – wie auf allen damaligen Kauffahrtei- und Kriegsschiffen – aus hartem Schiffszwieback und gesalzenem Fleisch. Auf hoher See hatten die Flibustiers des öfteren große Probleme mit dem Trinkwasser. Obwohl sie vor jeder Ausfahrt ihre Wassertonnen füllten, verfaulte das Wasser bereits nach einer Woche und wurde langsam mit grünem Schleim durchsetzt.
Neben den Geschlechtskrankheiten – insbesondere die Syphilis –, die sich die Flibustiers an Land holten und des öfteren elendig daran zugrunde gingen, wurden sie von Typhus und Skorbut (Vitaminmangelkrankheit) befallen. Im allgemeinen bedeuteten diese Krankheiten für den Piraten den sicheren und qualvollen Tod.
Während der wochenlangen Kreuzfahrten hatten die Piraten keine Gelegenheit, frisches Obst und Gemüse an Bord zu nehmen. So starben denn auch zahlreiche Piraten an Skorbut, der tödlichen Krankheit, gegen die sie anzukämpfen machtlos waren.
Trotzdem einige technische Neuerungen im Schiffsbau während des 17. und 18. Jahrhunderts zu verzeichnen waren, ließ die Behaglichkeit an Bord sehr viel zu wünschen übrig. Waschgelegenheit gab es kaum. Es muß allerdings hervorgehoben werden, daß die Piraten für die Körperpflege wenig Zeit und Lust hatten. Meistens trugen sie ihre (dürftigen) Kleider immerfort am Leibe. Ratten und sonstiges Schiffsungeziefer machten den Piraten manchmal schwer zu schaffen.
So unbefangen auch das Leben der Piraten nach einer Prise und während ihren kurzen Abstechern auf dem Lande war, um so strenger war die Disziplin an Bord während den Kaperfahrten. Weder der Seeräuberkapitän noch seine Untergebenen konnten frei schalten und walten. Auf dem Schiff des Kapitäns John Philipps mußte jeder sich folgenden Bestimmungen unterwerfen:

Jeder ist verpflichtet, dem Kommandanten Folge zu leisten; der Kapitän erhält einen festgesetzten Anteil und außerdem die Hälfte vom Rest der Prise;

sollte ein Besatzungsmitglied die Absicht haben, seinen Job aufzugeben, oder sollte es ein Geheimnis gegenüber der Gemeinschaft verbergen, so wird der Betreffende mit einer Flasche Pulver (im Wert einer »piece of eight«), mit einer Flasche Wasser und mit einem Gewehr an einem unwirtlichen und unbewohnten Ort ausgesetzt;

Die Flibustiers boten alles feil, was ihnen in die Hände fiel. Das Angebot reichte von Südfrüchten bis zu Frauen und jungen Mädchen.

Die Piraten waren, von der Kleidung her gesehen, pittoreske Figuren. Sie legten die Kleider an, die sie ihren Opfern abnahmen. Diese wallende Montur trug der Pirat jedoch nur, wenn er an Land ging.

wer die Gemeinschaft bestiehlt oder wer an Bord durch Spiel einen Gewinn im Wert von einem »piece of eight« erzielt, wird entweder ausgesetzt oder hingerichtet;

das Crew-Mitglied, das einen Mitarbeiter schlägt, solange die Bestimmungen Gültigkeit haben, wird nach dem »Moses-Gesetz« verurteilt: vierzig Schläge mit einem Seil auf den nackten Rücken;

wer sein Gewehr außer beim Entern abfeuert, eine Pfeife ohne Deckel raucht (wegen der Feuergefahr an Bord!), wer eine Kerze ohne Laterne anzündet und sich damit in den hinteren Laderaum begibt, wird ebenfalls nach dem »Moses-Gesetz« bestraft;

wer seinen Waffen keine Sorgfalt entgegenbringt, wer dadurch seine Bereitschaft zum Kampf vernachlässigt, wer seine privaten Geschäfte in Verzug geraten läßt, verliert seinen Anteil an der Prise und erhält eine Strafe, die der Kapitän und die Crew für angemessen halten;

wer ein Gelenk während des Kampfes verliert, erhält eine Abfindungssumme von 400 »pieces of eight«; wer ein Glied verliert, bekommt ein Schmerzensgeld von 800 »pieces of eight«;

sollte ein Mitglied einer leichtlebigen Frau begegnen, und sollte das Crew-Mitglied sich mit dieser, ohne Wissen von Kapitän und Mannschaft, einlassen, wird es mit dem Tode bestraft.

Diese harten Bestimmungen beweisen, daß das Leben an Bord, im Gegensatz zu demjenigen an Land, bis in alle Einzelheiten streng geregelt war. Ob Kapitän, Maat oder einfacher Matrose, jeder mußte sich an diese Bordbestimmungen halten.

Ein Kauffahrteischiff ist in Sicht. Die im Mastkorb Wache haltenden Piraten geben, nachdem eine Prise in Aussicht steht, die Meldung sofort an den Kapitän weiter. Diesem obliegt dann die Aufgabe, das Schiff zum Entern bereitzumachen.

Als der Korsar J. Thomas Dulaien im Jahre 1727 nach dem Kapern eines spanischen Schiffes mit Gleichgesinnten eine Crew bildete, gaben sie sich folgende »Charta«:

Artikel 1: Wir, die Unterzeichneten, erhalten Johann Thomas Dulaien als Kapitän und legen uns folgende Bedingungen auf:
Daß, wenn einer von uns ihm keine Folge mehr leistet, diesen für sein Verbrechen zu bestrafen, oder die Bestrafung der Mannschaft zu überlassen.

Artikel 2: Als seinen Leutnant erkennen wir Sieur Anton Durand von Lyon an; er erhält die Vollmacht über die Finanzen und hat das Recht, nach einer Prise die Bestandsaufnahme der Beute zu machen.

Artikel 3: Wenn es vorkommt, daß zwei Brüder in Streit geraten und demjenigen, der im Unrecht ist, wird ein erstes Mal verziehen; beim Rückfall wird er an ein Geschütz festgebunden und erhält von jedem Mannschaftsmitglied einen Schlag mit der Schlagleine.

Artikel 4: Derjenige – die Offiziere eingeschlossen –, der so voll des süßen Weines an Bord ist und der den Verstand verliert, wird an ein Geschütz gebunden und erhält von jedem von uns einen Schlag mit der Schlagleine.

Artikel 5: Wir kommen überein, daß diejenigen, die an Bord der Prisen gehen, ihren Offizieren Folge leisten, und all das, was eventuell von einem von uns geraubt werden könnte, wird unter den großen Masten gelegt und durch die Offiziere in gleiche Teile verteilt; diejenigen, die nach der Prise zu uns an Bord kommen, werden im Beisein eines Offiziers durchsucht, und derjenige, der mehr als 30 Sols (vier Reales) bei sich hat, ohne dieses Mehr an Geld anzugeben, wird auf der Stelle umgebracht. Es ist außerdem niemandem von uns erlaubt – außer auf Befehl eines Offiziers oder aus Notwendigkeit –, sich irgendeines Gutes der Prise zu bemächtigen, anderfalls er laut den oben angegebenen Bestimmungen bestraft wird.

Artikel 6: Diejenigen von uns, die sich gegenseitig bestehlen, müssen das gestohlene Gut wieder zurückgeben; der Dieb wird an ein Geschütz gebunden und erhält eine bereits oben erwähnte Strafe.

Artikel 7: Diejenigen, die während einer Prise keinen Widerstand leisten, dürfen nicht umgebracht werden; eine Ausnahme: die Spanier.

Artikel 8: Diejenigen, die während eines Gefechtes verletzt oder verstümmelt werden, erhalten eine chirurgische Behandlung und bekommen ihren Anteil an der Beute wie alle anderen.

Artikel 9: Derjenige, der auf Schildwache steht und einschläft, ohne den diensttuenden Offizier von seiner Schläfrigkeit unterrichtet zu haben, wird an den Hauptmasten festgebunden und erhält einige Schläge. Wenn er rückfällig wird, wird ihm der Kopf zertrümmert.

Artikel 10: Wenn die Schiffe, die wir angreifen, sich nach dem Hissen des »Jolly Rogers« verteidigen und wenn nach dem Hissen der roten Fahne das feindliche Schiff drei Schüsse abfeuert, wird niemand verschont werden.

Artikel 11: Alle diejenigen, die eine Verschwörung anzetteln oder desertieren (und eingefangen werden), bekommen den Kopf zerschmettert. In Verbindlichkeit haben wir diese Bestimmungen aufgestellt und versprochen, sie einzuhalten.

(Unterzeichnet in der Zahl von 53.)

Und wie lange dauerte in der Regel eine Piratengemeinschaft auf einem Seeräuberschiff? Wenn die Prisen mehrmals hintereinander schlecht ausfielen, drohte die Seeräuber-Crew auseinanderzufallen. Um einer etwaigen Auflösung vorzubeugen, hatte Kapitän Philipps z. B. eine Bestimmung erlassen, laut der erst dann eine Auflösung seiner Crew erfolgen konnte, wenn innerhalb einer bestimmten Zeit kein Gewinn von 1000 Pfund je Pirat erzielt wurde.

Innerhalb jeder Seeräuber-Schiffsmannschaft war die gegenseitige Hilfe erstes Gebot. Wenn ein Seeräuber seinen Kollegen in Gefahr absichtlich im Stich ließ, wurde er als gemeiner Krimineller von seinen Artgenossen abgeurteilt. Nicht selten wurde der Delinquent kurzerhand an die Rah aufgeknüpft. Die gegenseitige Unterstützung war eine der Grundbedingungen, um als Seeräuber zu überleben. Während den Routinefahrten waren an Bord eines Seeräuberschiffes jede Polemik und Streitigkeiten strengstens untersagt. Wenn zwei »angesäuselte« Piraten trotzdem in Streit gerieten und einer den andern erschoß, drückte man in der Regel gegenüber dem Überlebenden, wegen »Un-

zurechnungsfähigkeit«, ein Auge zu. Persönliche Divergenzen wurden nie an Bord eines Seeräuberschiffes, sondern an Land ausgetragen. Der Streit wurde durch Pistole und Säbel aus der Welt geschafft. Den »Vorsitz« übernahm stets der Maat, und einige Crew-Mitglieder figurierten als Zeugen. Jeder der beiden Heißsporne bekam am Ort, wo der Streit »geschlichtet« wurde, einen bestimmten Platz angewiesen. Die mit dem Rücken zueinander stehenden Gesellen drehten sich auf das vereinbarte Signal des Maats um und feuerten ihre Pistolen ab. Wenn niemand nach diesem Schußwechsel verletzt war – selten hauchte ein Volltreffer einem der beiden Seeräuber das Leben aus –, wurde das Duell durch den Säbel entschieden. Derjenige, der seinen Gegner zuerst durch einen Säbelhieb verletzte, wurde zum Sieger erklärt. Dadurch war der Streit endgültig beigelegt.
Außer den zahlreichen Bestimmungen, die das Leben an Bord eines Seeräuberschiffes in allen Einzelheiten regelten, hatten die Piraten Hilfsmaßnahmen für »Arbeitsunfälle« vorgesehen. Dies ging bereits teilweise aus der »Charta« des Korsaren J. Thomas Dulaien hervor. Im allgemeinen galten während des 17. Jahrhunderts bei den Flibustiers in der Karibik folgende »Tarife«:
Für den Verlust eines Ohrs (während einer Prise) erhielt der Betroffene von der »Kranken- und Invalidenversicherung« an Bord die Summe von 100 Ecus (Münze, die als Währungseinheit während des Mittelalters und der Neuzeit in verschiedenen Ländern Westeuropas galt) oder einen Sklaven; für den Verlust der linken oder der rechten Hand, eines Fußes oder eines Beines, der das Tragen einer Kanüle erforderte, erhielt der Leidtragende 200 Ecus oder zwei Sklaven; wenn er ein Auge einbüßte oder beide Arme oder beide Beine im Gefecht verlor, wurde ihm ein Schmerzensgeld von 600 Ecus (oder sechs Sklaven) ausbezahlt, so geht aus dem Bericht des Père Jean-Baptiste Labat, Pfarrer von Saint-Pierre auf Martinique, hervor, der manch einem sterbenden Seeräuber die Letzte Ölung gab und mit den Flibustiers unter einer Decke steckte. In bezug auf Kranken- und Invalidenversicherung waren sie den damaligen »Europäern« weit voraus. Die »Kranken- und Invalidenkasse« wurde dadurch gespeist, daß von jeder Beute eine bestimmte Summe dafür abgezweigt wurde.
Besondere Waffentaten während des Enterns wurden durch jeden Seeräuberkapitän großzügig belohnt. Ein Seeräuber, der während dieser Aktion die gegnerische Flagge vom Hauptmasten herunterholte, bekam 20 Ecus. Derjenige, der seinen Gegner mit einem einzigen Säbelhieb ins Jenseits beförderte, erhielt 30 Ecus als Belohnung.

Der Kapitän, der sich auf einem Seeräuberschiff durchsetzen wollte, mußte schon eine gewisse »Persönlichkeit« sein, andernfalls seine Tage als Kapitän gezählt waren. In der Regel wählte die Crew denjenigen zum Kapitän, der sich in der Nautik und Waffentechnik gut auskannte. Misson und Every z. B. besaßen, bevor sie Seeräuberkapitäne wurden, bereits angemessene Branchenkenntnisse. Ferner mußte jeder Seeräuberkapitän ein gewisses Maß an Durchhaltevermögen, Schneid und Keckheit besitzen. Wenn ein Kapitän ungenügende nautische Kenntnis hatte, mußte er sich auf seinen Steuermann verlassen. Diese Abhängigkeit konnte ihm zuweilen sehr gefährlich werden, insofern, daß der Maat die Gelegenheit benutzte, ihn abzusetzen. Jede wichtige Entscheidung, wie das Kapern eines Schiffes oder die Festlegung des Operationsgebietes, wurde in einer Vollversammlung an Bord besprochen und dann durch Mehrheitsbeschluß – wie in den heutigen parlamentarischen Demokratien – getroffen. Jedes Crew-Mitglied hatte bei der Abstimmung je eine Stimme, ob Kapitän, Maat oder einfacher Matrose.
Das Überleben einer Seeräuber-Crew hing hauptsächlich von der Geschicklichkeit im Umgang mit ihren Waffen ab. Um für alle Fälle gewappnet zu sein, übten sich die Seeräuber fast tagtäglich im Pistolenschießen und im Fechten und simulierten Nahkämpfe an Bord. Gemeinsam besprachen sie die anzuwendenden Tricks beim Kampf Mann gegen Mann.

Der Stolz, Seeräuber zu sein, wurde von jedem Mitglied der Piraten-Gemeinschaft gleichermaßen empfunden. Sie hielten sich für die einzigen auf der Welt, die keinem staatlichen Zwang unterworfen waren. Einzelne soziale Schichten (oder Klassen) gab es innerhalb ihrer Gesellschaft nicht. Jeder segelte als Gleichberechtigter auf dem Schiff mit. Die meisten Piraten starben auf See, und die See wurde ihr Grab. Nur die allerwenigsten Piraten zogen sich frühzeitig vom Piraten-Geschäft zurück, und nur wenige gelangten zu Wohlstand. Der Seeräuberkapitän Condent (auch Congdon genannt) zog sich nach mehreren sehr erfolgreichen Kaperfahrten gegen portugiesische Handelsschiffe im Atlantik nach der Insel Mauritius zurück, wo er bis zu seinem Tode das Leben eines Prassers führte.

Die Seeräuber gaben fast immer ihr (eigentlich sauer) verdientes Geld so schnell an Land aus, wie sie es bekommen hatten. Die Umlaufgeschwindigkeit des Geldes war bei den Seeräubern die höchste, die je in der gesamten Wirtschaftsgeschichte zu verzeichnen ist. Anders als die Kaufleute, maßen sie dem Geld keinen besonderen Wert bei. Manch ein Pirat versteckte seine geraubten Juwelen, Goldmünzen und andere Kleinodien auf unbewohnten und unwirtlichen Inseln. So liegt sicherlich noch der eine oder der andere Piratenschatz im Sande einer Insel der Karibik oder auf Madagaskar vergraben. Bedeutende Schriftsteller, wie Edgar Poe und Louis Stephenson, machten die Funde von Seeräuberschätzen zum Hauptthema ihrer Erzählungen. Edgar Poe wählte zum Hauptstoff einer seiner spannungsgeladenen Geschichten den Fund des Seeräuberschatzes des William Kidd aus. Kidds Schatz, der auf der kleinen Insel Gardner an der nordamerikanischen Atlantikküste gefunden wurde, umfaßte u. a. 200 Silberbarren (die vermutlich von einem spanischen Silberschiff stammen) sowie einige Lederbeutel mit Goldmünzen. Im Jahre 1810 wurde unweit der kleinen Ortschaft Sainte-Clothilde auf der Insel La Réunion (östlich von Madagaskar) ein Seeräuberschatz entdeckt. Sein Wert würde heute 200 000 französische Franc betragen. Welchem Piraten er gehörte, wissen wir nicht. Nach den Berichten des Père Jean-Baptiste Labat versteckten die Seeräuber ihr Gold und ihre Juwelen am Strand und alle übrigen persönlichen Gegenstände landeinwärts, damit die Meeresfeuchtigkeit sie nicht zerstören konnte. Damit kein Fremder (oder Bekannter) mit der Spitzhacke den Schatz mühelos ausgraben konnte, vergruben die Seeräuber ihre Schätze in der Regel in einer Tiefe von drei Metern. An Hand eines in Krypto-Chiffren geschriebenen Planes war es dem Eigentümer möglich, sein Versteck geheimzuhalten. Manchmal mußte der Suchende vorerst den »Schlüssel« finden, um das in Krypto-Chiffren Geschriebene überhaupt herauszufinden. Daß besonders auf den Inseln La Réunion und Madagaskar noch Seeräuberschätze der Entdeckung harren, ist keine Legende. Wer Zeit und Geld hat, der kann mit Hilfe eines Geigerzählers (Nachweis-Meßgerät für ionisierte Strahlung, nach dem deutschen Atomforscher Hans Geiger, 1882–1945, genannt) die Küste der beiden Inseln La Réunion und Madagaskar nach versteckten Piratenschätzen absuchen. Seine Geduld wird sicherlich belohnt werden!

Die Kleidung der Seeräuber an Bord ihrer Schiffe war denkbar einfach. Sie bestand im allgemeinen aus einem schäbigen Hemd und aus einer verschlissenen Hose. Schuhe und Strümpfe wurden nur selten getragen. Das tropisch-sommerliche Klima in der Karibik z. B. machte das Tragen von molligen Kleidern überflüssig, und das Anhaben einer wallenden Montur hätte die Seeräuber während des Enterns gehindert. Wie bereits erörtert, bewegten sich die Seeräuber an Land gerne in auffälligen Kleidern. In dieser Beziehung fielen die beiden Seeräuber John Rackham alias »Calico Jack« und Bartolomew Roberts durch ihre extravaganten Garderoben auf. Ihre Kostümierung sah vom Hut bis zu den Schuhen vielfarbig und buntscheckig aus, denn sie trugen eben die Kleidung, die sie ihren Opfern vom Leibe gerissen hatten.

Endphase des Enterns: der letzte Widerstand auf dem Kauffahrteischiff wird gebrochen. Siegreich hebt der im Hintergrund stehende Piraten-Kapitän den Säbel hoch.

Piraten im Kampf mit einer Flottille von Kauffahrteischiffen.

Kampf auf hoher See.

Piraten foltern Gefangene, um das Versteck des Goldes herauszubekommen.

Siegreiche Korsaren veranstalten einen Umzug durch ihre Heimatstadt und tragen die geraubten Schätze zur Schau umher.

In Erwartung der heimkehrenden Piraten.

Die Verteilung der Prisen fand in den französischen und englischen Häfen in bestimmten »Prisenhäusern« statt. In der Karibik jedoch wurde die Prise unter freiem Himmel durch den Ersten Maat verteilt.

Piraten kehren nach einer erfolgreichen Kaperfahrt nach Hause zurück.

»Der Korsar ist müde.«

*Rechte Seite:
Nach jeder Prise waren Eß- und Trinkgelage an der Tagesordnung. Diese Orgien dauerten manchmal mehrere Tage lang, und in der Regel verspielten die meisten Spezi den gesamten Anteil ihrer Beute.*

Die gefangenen Piraten wurden bis zu ihrer Verurteilung meistens in schlechtbewachten Gefängnissen untergebracht. Viele konnten sich daher durch das stille Einvernehmen mit ihren Bewachern wieder in Freiheit begeben, wie dieser »Massenausbruch« zeigt.

Der bekannte englische Pirat Thomas Gatesby Jones, als er noch ein unbekannter Leutnant zur See war.

Linke Seite:
Die auf See gefangengenommenen Seeräuber wurden an Land sofort von Soldaten in Empfang genommen und bis zu ihrer Aburteilung in stickigen und schlechtbewachten Gefängnissen untergebracht.

Verwundete Piraten werden an Land gebracht.

Piraten führen die auf einem gekaperten Kauffahrteischiff gemachten Gefangenen ab, um sie auf einem Sklavenmarkt zu verkaufen.

Tom. 2 Pag. 320

Linke Seite oben:
Zwei Piraten streiten sich um den Besitz einer Mulattin.

Seeräuber gegen Seeräuber. Es kam jedoch selten vor, daß sich Seeräuber gegenseitig bekämpften, denn schließlich ging es ums nackte Überleben.

Fürstlicher Auftritt eines Piraten, genannt Paul Jones. In einer solchen protzigen und fein zurechtgemachten Kostümierung trat allerdings kein Seeräuber auf.

Linke Seite unten:
Piraten-Kapitän Augustus Kuningam, im Dienst der Vereinigten Staaten von Nordamerika, der Schrecken der Engländer.

In diesen Kisten, aus schwerem Eichenholz hergestellt und mit Eisenbeschlägen versehen, bewahrten die Piraten ihre Schätze auf, die mitsamt der Kiste an einem einsamen Strand vergraben wurden.

Es begann in grauer Vorzeit

Thraker, Illyrier, Griechen und Römer als Piraten
Piratenkönigin Teuta
Roms Kampf gegen die Seeräuber

Die Seeräuberei ist in Wirklichkeit so alt wie der Schiffsbau. Wann der Mensch, der sich langsam als »zivilisiertes« Wesen entwickelte, auf den Gedanken kam, daß Holz auf dem Wasser schwimmt, daß sich ein einzelner Baumstamm im Wasser dreht, wann er mehrere Baumstämme zu einem Floß zusammenband, wann der Katamaran, ein Floß von besonderer Form in den australischen Gewässern, auftauchte, wann sich die vorinkaischen (altperuanischen) Stämme mit der Balsa (altperuanisches Floß) auf den Pazifik hinauswagten, können wir zeitlich nicht festlegen. Diese wichtigen Ereignisse können sich vor 10 000, aber auch vor 30 000 Jahren abgespielt haben.

Um die Wende des Jahres 2000 v. Chr. drangen die Thraker, die Vorfahren der Griechen, aus Nordeuropa kommend, in den Südzipfel der griechischen Halbinsel vor. Ihnen folgten im 13. Jahrhundert v. Chr. die Illyrier, die Vorfahren der Albaneser, die die Thraker aus ihren Wohnsitzen verdrängten. Im Südosten des Mittelmeeres stießen die turbulenten Illyrier auf zwei politisch mächtige Völker, die Kreter und die Ägypter. Von dem größten griechischen Historiker der Antike, Thukydides (um 460 v. Chr. in Athen geboren), wissen wir, daß der legendäre Herrscher von Kreta, Minos, das »Meer« (d. h. den östlichen Teil des heutigen Mittelmeeres) von Piraten säuberte.

Um 1500 v. Chr. trat das Seevolk der Achäer in die Geschichte Kretas ein. Die Achäer setzten sich auf Kreta fest und führten erstmals in großem Stil die Seeräuberei im östlichen Mittelmeer durch. Von den nordgriechischen Inseln Samothrake, Imbros und Lemnos aus unternahmen sie ihre Kaper- und Raubfahrten gegen Handelsschiffe, die den Hellespont (heute: Dardanellen-Straße) befuhren, und machten die Küsten von Thrakien (heute: Gebietsteile von Griechenland, der Türkei und Bulgarien) unsicher. Die Piraterie der Achäer dauerte bis um 490 v. Chr., als Miltiades, der Sieger von Marathon, das »Meer« von diesem »Satansgelichter« (wie es bei Thukydides heißt) befreite. Vom Thrazischen Meer aus verlagerte sich der Seeraub nach dem volkreichen und fruchtbaren Nildelta, das um 1200 v. Chr. von sieben Armen durchzogen wurde. Gleichzeitig wählten die mittelmeerischen Seeräuber die Küste des heutigen Libyen und die Gewässer um Sizilien herum zu ihren Operationsgebieten. Im Jahre 1192 v. Chr. führten seeräuberische Philister (das Alte Testament gibt ihren Wohnsitz mit Kapththor = Kreta an) und Zakar (damals noch ein unbekanntes Volk, das später seinen Wohnsitz in Syrien nahm) einen verheerenden Angriff auf das reiche Nildelta durch. Ramses III., Pharao der XX. Dynastie, schlug die Piraten in einer mörderischen Schlacht. Diese für beide Seiten verlustreiche Schlacht ist in Wort und Bild in Medinet Habu wiedergegeben. Ramses

jedoch hatte eine Schlacht, nicht aber den Krieg gegen die Seeräuber gewonnen. Nach wie vor unternahmen die mittelmeerischen Piraten einzelne Nadelstiche gegen die Siedlungen im Nildelta.
In der Kunst der Seeräuberei entpuppten sich die Griechen der frühen Antike als wahre Meister. Das Inselgewirr der Ägäis mit den Sporaden und den Zykladen sowie den Inseln Korkyra (Korfu), Leukas, Ithaka, Kephallenia und Zakynthos – um nur die wichtigsten der zerklüfteten Felsinseln zu nennen – bot den griechischen Piraten einen willkommenen und sicheren Unterschlupf. Zur Zeit Homers (8. Jahrhundert v. Chr.) bestand Griechenland aus einer Unzahl von kleinen Stadtstaaten. Jeder Fremde galt als Feind. Jeder dieser Stadtstaaten führte einen unerklärten Krieg gegen seinen Nachbarn. Laut Homer waren Krieg und Seeräuberei die »edelsten« Berufszweige, in denen sich ein Grieche betätigen konnte, und laut Heraklit waren der Krieg und der Seeraub »der Vater aller Dinge«. In seiner »Odyssee« schildert uns Homer in schillernden Farben den Frauenraub, die Verteilung der Beute, die Härten und Gefahren des Seeräuber-Berufes, das Zittern der Piraten vor den Zyklopen und ihre Angst vor Meeresungeheuern. Jeder von uns kennt die Raubfahrt des Piraten Jason mit seinem Schiff »Argo« (daher der Name Argonautenzug) gen Kolchis, um das Goldene Vlies zu rauben.
Als Athen im 6. Jahrhundert v. Chr. damit begann, seinen Kauffahrern militärischen Geleitschutz zu geben, gingen die Seeräuber schweren Zeiten entgegen. Gegen den mächtigen Tyrannen und Seeräuber Polykrates von Samos allerdings konnte auch Athen nicht viel ausrichten. Als der berühmte Mathematiker Pythagoras von Samos nach Ägypten reiste und dann nach einem mehrmonatigen Aufenthalt von Memphis, der alten Hauptstadt Ägyptens, nach Samos zurückkehrte, stellte er fest, *»daß der vorher noch sanftmütige Herrscher zum Tyrannen und Seeräuber geworden war«*. Polykrates betrieb die Seeräuberei, *»um die Insel Delos mit Tempeln zu schmücken, um die Künste zu fördern und um das (chronische) Defizit seines privaten Haushalts zu decken«*, heißt es weiter bei Pythagoras. Seine Seeräuberflotte umfaßte 40 Tiremen (Dreiruderer, eine Erfindung des Korinthers Ameinokles). Ungeachtet dieser »noblen« Ansichten über die Seeräuberei schlugen ihn die Perser ans Kreuz. Die im östlichen Mittelmeer seefahrenden Perser duldeten keine Seeräuberei.

Während der Punischen Kriege (Erster Punischer Krieg: 264–241 v. Chr.; Zweiter Punischer Krieg: 218–201 v. Chr.), als es nicht nur um den Besitz Siziliens, sondern um die Herrschaft im Mittelmeer ging, standen zahlreiche Piraten im Dienst der römischen Flotte. Als nach dem Zweiten Punischen Krieg die Seemacht der Karthager gebrochen war, wurden die Piraten aus dem römischen Flottendienst entlassen. Die Geister aber, die Rom rief, wurde es vorerst nicht mehr los.
Je größer Roms maritime Macht im Mittelmeer wurde, desto umfangreicher wurde die römische Handelsschiffahrt in diesem Meer. Reich- und schwerbeladene römische Handelsschiffe brachten aus Griechenland, Ägypten und Phönizien Luxusgüter nach Rom. Dieser Strom von hochwertigen Waren war der Anlaß, warum zahlreiche Küstenbewohner Nordafrikas und Kleinasiens vom rechten Weg abkamen und Piraten wurden. Besonders in der Ägäis trieb die Seeräuberei ihre Blüten, denn nur selten wagte ein Kapitän eines römischen Kriegsschiffes, ein Seeräuberschiff in den Buchten der klippenreichen Steilküsten Kleinasiens aufzuspüren. Erst als die mittelmeerischen Piraten dazu übergingen, wohlhabende Römer zu kidnappen und sie gegen ein hohes Lösegeld wieder freizugeben, als sie ihre dreisten Kaperfahrten bis in den Golf von Neapel hinein durchführten und in unmittelbarer Nähe vor Ostia auftauchten, wurden sich die Senatoren zu Rom der ernsthaften Gefahr vollauf bewußt.
Um die Seeräuberei jedoch wirkungsvoll bekämpfen zu können, mußte die römische Flotte schnelle und wendige Kriegsschiffe gegen die Seeräuberschiffe einsetzen. In dieser Hinsicht kamen die Piraten den Römern entgegen, indem sie ihnen den erforderlichen Schiffstyp, die Liburne, selbst »über-

Piraten-Königin Teuta von Illyrien (Nordwest-Griechenland) übernahm nach dem Tod ihres Mannes Agron (231) die Herrschaft über Illyrien. Nach ihrer Raubfahrt gegen die epirotische Küstenstadt Phoinike schickte der römische Senat eine Gesandtschaft nach Illyrien zu Teuta. Als sie den Gesandten unverblümt antwortete, daß sie sich nicht in »private« Angelegenheiten ihrer »Untertanen« einmische, und als dann der jüngere der beiden Brüder, der als Gesandter der Königin erwidert hatte, die Römer hätten den Brauch, auch privat erlittenes Unrecht von Staats wegen zu ahnden, ermordet wurde, wurde 229 ein Feldzug gegen Illyrien unternommen. Durch Verrat des Vasallenfürsten, Demetrios von Pharos, gelang es den römischen Legionen, den illyrischen Seeräuberstaat zu zerschlagen.

gaben«. Nachdem einige dieser Liburnen (ein schnelles und manövrierfähiges Schiff aus Liburnia, daher der Name) den Römern intakt in die Hände gefallen waren, bauten die römischen Werften die Liburne in Serien und setzten sie gegen die Piraten ein. Um die Piratenschiffe bereits in einer gewissen Distanz beschießen zu können, stellten die Römer Wurfmaschinen an Deck auf. Den ersten Schlag gegen die Seeräuber führte der Konsul Quintus Optimius im Jahre 154 v. Chr. Im Golf von San Juan besiegte er nach einer mörderischen Seeschlacht die ligurischen Piraten.

Das zweite große »Hauptquartier« der mittelmeerischen Piraten befand sich in Illyrien (Nordwest-Griechenland). Die dalmatinische Küste mit ihren zahllosen Inseln, Inselchen und Buchten bot den Piraten sichere Verstecke. Das Piratenreich, das sich hier entwickelt hatte, lebte fast ausschließlich von den Kaperfahrten gegen römische Handelsschiffe und stand unter der straffen Leitung einer Frau namens Teuta, die die Seeräuber als Königin anerkannten. Als die illyrischen Seeräuber dann ihre Überfälle sowohl auf römische Schiffe, besonders im Mare Hadrianaticum (Adria) gegen die Häfen von Epirus und Akarnania (Nordwest-Griechenland), gegen Elis und Messinia (Peloponnes) als auch gegen die Küsten Südostitaliens ausdehnten, riefen die Senatoren zur Vergeltung auf. Vorerst versuchte der römische Senat durch Verhandlungen mit Teuta die Seeräuber vom Kapern römischer Handelsschiffe abzuhalten. Nach mehrtägigen Verhandlungen aber gab Teuta den ehrba-

ren Herren aus Rom zu verstehen, daß es sich bei diesen Kaperfahrten nicht um einen gemeinen Seeraub ihrer Landsleute, sondern um eine »private« Angelegenheit schlechthin handele.
In ihrem »Staat«, so argumentierte sie gegenüber der römischen Gesandtschaft, könne jeder nach freiem Gutdünken handeln. Die sprachlosen Legaten kehrten unverrichteterdinge wieder nach Rom zurück. Daraufhin rüstete Rom eine große Flotte aus und eroberte Illyrien. Was mit Teuta geschah, wissen wir nicht. Verschiedene ehemalige römische Kapitäne, die in Teutas Diensten standen, wurden gekreuzigt.
Während des unaufhaltsamen Vordringens der römischen Legionen in Richtung Ägypten hatten diese ebenfalls die blühende Insel Rhodos besetzt und wirtschaftlich ruiniert. Um sich der römischen Knechtschaft zu entziehen, ließen sich viele ehemalige Kaufleute aus Rhodos auf Kreta und in Zilikien (römischer Militärbezirk, aber nur teilweise von römischen Legionen besetzt) nieder, wo die meisten von ihnen Piraten wurden.
Die zerklüftete Küste Anatoliens bot den neugebackenen Seeräubern fast uneinnehmbare Schlupfwinkel. Von den Bergspitzen aus war es ihnen möglich, jede Bewegung eines feindlichen Schiffes kilometerweit zu beobachten. Für ein römisches Kriegsschiff war es somit schier unmöglich, die Piraten zu überraschen. Die Hauptstadt dieses »Piraten-Reiches« war Coracesium (Ayala) am Golf von Adalia. Anfänglich hatten die Römer diesen »Piratenstaat« geduldet, denn die Seeräuber belieferten Rom mit Sklaven. Als dieses lukrative Geschäft immer mehr Piraten anzog, diese über eine große Flotte von Liburnen verfügten und praktisch den ganzen Osten des Mittelmeeres beherrschten, wurden die Senatoren zu Rom auf den neuen Gefahrenherd aufmerksam. Bedrohlich sah es für Rom erst aus, als Mitridates Eupator zu seinem Stammland das Bosporanische Reich der Krim und Kolchis hinzugewann, mit den Piraten ein Bündnis einging und sich anschickte, Rom in die Knie zu zwingen. Die Schiffahrt war nach diesem Bündnis für die Römer am Tag zu gefährlich geworden. Sie konnten nur noch nachts, bei stürmischem Wetter und bei dichtem Nebel die See befahren. Durch die Theaterfigur Paenulus ließ der römische Lustspieldichter Plautus verkünden, »daß der Römer, der sich in Gefahr begeben will, zwischen einer Frau oder einem Schiff wählen mußte!« Dann zerstörte eine starke Piraten-Flotte vor den Augen der verdutzten Zuschauer alle im Hafen von Ostia vor Anker liegenden römischen Schiffe. Dieser dreiste Piratenakt trieb schließlich alle Senatoren auf die Palme. Eine erste Angriffsflotte der Römer, die gegen die Piraten ausgesandt wurde, um diese in ihren Schlupfwinkeln zu vernichten, wurde von den kecken Seeräubern total vernichtet. Die Flotte hatte unter Marcus Antonius, der später Kleopatra heiratete, gestanden.
Nach dieser für Rom beschämenden Niederlage schlug der Tribun A. Gabinius ein Gesetz vor, nach dem Pompeius alle militärischen Vollmachten zur wirksamen Bekämpfung der Piraten an allen Küsten des Römischen Reiches erhalten sollte. Nach Verabschiedung dieses Notgesetzes wurden Pompeius alle diese Vollmachten zur Vernichtung der Seeräuber übertragen. Zur Bekämpfung der Piraterie wurden ihm 20 Legionen und 500 Schiffe aller Typen zur Verfügung gestellt. Und außerdem konnte Pompeius innerhalb einer 50-Meilen-Zone von der Küste landeinwärts frei schalten und walten. Um die Piraterie systematisch auszurotten, teilte er das Mare Internum in vier Sektoren auf. Innerhalb von 40 Tagen hatte Pompeius das gesamte östliche Mittelmeer von den Piraten befreit. Über 2000 Seeräuber gerieten in Gefangenschaft. Anstatt sie hinrichten zu lassen, siedelte er sie auf den ausgedehnten Landgütern in Italien an. Einer Gruppe von ihnen wies er die neue Stadt Pompejopolis in Zilikien als Wohngebiet an, und manche Seeräuber, die sich besonders tapfer gegen die Römer verhalten hatten, nahm Pompeius als Matrosen in die römische Flotte auf.
Erst im 3. Jahrhundert n. Chr., als das Römische Reich seine ersten Zerfallserscheinungen zeigte, traten die Seeräuber wieder zahlreicher im Mittelmeer auf. Das römische Ostreich unter Führung von Konstantinopel hatte stets eine starke Flotte bereitliegen, um den Piraten entgegenzutreten.

Keine Unterbrechung im Mittelalter

Weltweite Ausbreitung · Flußpiraten in China · im Gelben Meer
Die Wikinger · Störtebeker · Gödeke Michels · Wigbold
Bretonen und Normannen im Ärmelkanal

»O elendes und gar schmerzvolles Leben! Krieg haben wir, Sterben und Hungersnot; Kälte und Hitze höhlen uns aus bei Tag und bei Nacht; Flöhe, Milben und anderes Geziefer bekriegen uns; kurz: erbarme Dich, Herr, unserer elenden Leiber, deren Leben gar kurz ist.« *Jean Meschinot*

Im Mittelalter – der Zeit, die man chronologisch zwischen 476 bis 1453 festzulegen pflegt, in der es für Elend und Gebrechen kaum Linderung gab, und das bange Dunkel des gestrengen Winters, Hitze und Flöhe die wesentlichen Übel waren – nahm das Seeräubertum nicht nur scharf umrissene äußere Formen an, sondern trieb sowohl im Mittelmeer, in der Nord- und Ostsee, im Ärmelkanal als auch im gesamten Indischen Ozean sein Unwesen.

Auf den uralten Schiffsrouten von China nach Sofala, Moçambique, Kilwa und Mombasa an der ostafrikanischen Küste, nach dem Golf von Aden, dem Persischen Golf und dem Golf von Bengalen segelten nicht nur chinesische und arabische Handelsschiffe, sondern Dutzende von schwerbewaffneten und wendigen Seeräuberschiffen, deren Kapitäne, meist Chinesen, es vor allem auf Luxusgüter, auf Elfenbein und Seide, abgesehen hatten.

Wenn wir dem chinesischen Mönch und Forschungsreisenden Fa-Hien (chinesisch: Glaubensbekenntnis) Glauben schenken können, dann wimmelte es nur so von Flußpiraten auf den großen chinesischen Flüssen Siliaoho, Hwangho, Jangtse und Sikiang. Fa-Hien, der im Jahre 399 n. Chr. eine große Pilgerfahrt nach Westchina antrat, um dort eine Reihe von alten Heiligtümern zu besichtigen und zu erforschen, wurde, laut Eigenbericht, mehrmals von Fluß-Piraten gefangengenommen und gegen Lösegeld wieder auf freien Fuß gesetzt.

Als im 9. Jahrhundert in Japan die mächtige Kuge (= Hofadel), Familie der Fudschiwara, die Vormundschaft für den Tenno ausübte, betrieben viele japanische Bauern, denen der Adel hohe Steuern abverlangte, die Seeräuberei im großen Stil im Japanischen Meer. Ein Mitglied der Fudschiwara-Familie namens Sumitomo leitete diese Piraten-Gesellschaft. Nachdem sich der Tenno aus den politischen Fesseln der Fudschiwara-Familie befreit hatte, stellte er eine beachtliche Flotte auf, um die Seeräuber zu vernichten. In einem Seegefecht – wir kennen weder Datum noch Austragungsort dieser Auseinandersetzung irgendwo im Japanischen Meer – besiegte die Flotte des Tenno die Seeräuber. Sumitomo und sein dreizehnjähriger Sohn, der seinen Vater als Oberkommandierender der Piratenflotte in Abwesenheit vertrat, wurden geköpft, und ihre Häupter wurden dem Tenno vor die Füße gelegt. Sumitomos Sohn hatte das Piratenhandwerk angeblich bereits in seinem zehnten Lebensjahr erlernt.

»Snekkars« und »Drakkars« aus dem kalten Norden

Kaum hatte der reputierliche Frankenkönig Karl der Große, der manchmal eilfertig als »der geistige Vater eines Vereinigten Europas« zitiert wird, durch seine grausamen Methoden die Sachsen zum Christentum »bekehrt«, als die Wikinger in die westeuropäische Geschichte eintraten.
Die Wikinger, Nordmannen oder Nordmänner, wie sie noch genannt wurden, hatten ihre Wohnsitze an der fjordenreichen Küste von Norwegen sowie entlang der Küste von Dänemark. Von hier aus schwärmten sie mit ihren schlanken Langschiffen »Snekkars« (Schlangen) und »Drakkars« (Drachen) nach den Färöer-, Shetland- und Orkney-Inseln aus.

Im Jahre 793 (oder 794) stürzten die Einfälle der Wikinger Nordostengland in Unruhe, als sie Lindisfarne plünderten. Für die Bewohner von Lindisfarne muß die Ankunft der Wikinger völlig überraschend gekommen sein, denn durch den Mönch Alkuin erfahren wir, daß eine Segelfahrt von Norwegen nach England als ein Ding der Unmöglichkeit gehalten wurde. Hinsichtlich des dreisten Überfalls der Wikinger auf Lindisfarne hielt uns der dortige Chronist folgende Sätze fest: »Am 8. Juni 793 zerstörten die heidnischen Nordmänner das Gotteshaus von Lindisfarne, und 794 brachten sie alle Bewohner des Dorfes um. Zur gleichen Zeit entstanden Wirbelstürme, und Kometen schwirrten durch die Luft.«
Im Jahre 794 fielen die rauhen Nordmänner über Bedas Kloster in Jarrow-on-Tyne her und plünderten es. Von nun an war die fast dreihundertjährige Ruhe nach außenhin durch die Raubzüge der mord- und beutelustigen Nordmänner dahin. Das Schiff war für die Wikinger ihr Zuhause. Hier fühlten sie sich wohl und zu großen Taten beflügelt. Bei der Namensgebung ihrer Boote waren sie besonders einfallsreich: So hießen z. B. ihre »Snekkars« oder »Drakkars«: Schwan des Meeres oder Elch des Fjordes. Ihre schlanken Schiffe besaßen vorzügliche Manövriereigenschaften: das aus hartem Eichenholz konstruierte Kriegsschiff vom Roskildefjord hat eine Länge von 17 Metern, eine Breite von 2,50 Metern und bot 25 Ruderern Platz. Wegen ihres geringen Tiefganges konnten die Wikinger mit ihren Schiffen auf das flache Ufer auflaufen, über die Flüsse tief ins Landesinnere vorstoßen, ihre Raubzüge blitzartig durchführen und schnell wieder verschwinden. Wie der berühmte Teppich von Bayeux uns zeigt, führten die rauhen Männer aus dem hohen Norden ihre Pferde direkt über die Reling. An dieser Stelle muß hervorgehoben werden, daß nicht alle Wikingerschiffe mit Drachenköpfen ausgestattet und daß die Verzierungen, welche die Steven krönten, abnehmbar waren. Laut dem Ulfljot-Gesetz mußten die Wikinger während ihrer Raubzüge gegen die europäischen Küsten ohne Drachenköpfe segeln, »um die Landgeister nicht zu erschrecken«.
Nach dem Tod des politisch bedeutsamen Königs Offa des Großen von Mercien (England) im Jahre 796 zerfiel die politische Macht in seinem Königreich schnell. Die Wikinger nutzten diese Schwäche aus und vermehrten ihre Überfälle gegen Klöster und abgelegene Orte an der ostenglischen Küste. Wikinger aus Dänemark hatten sich im Jahre 862 an der Themsemündung festgesetzt. Im

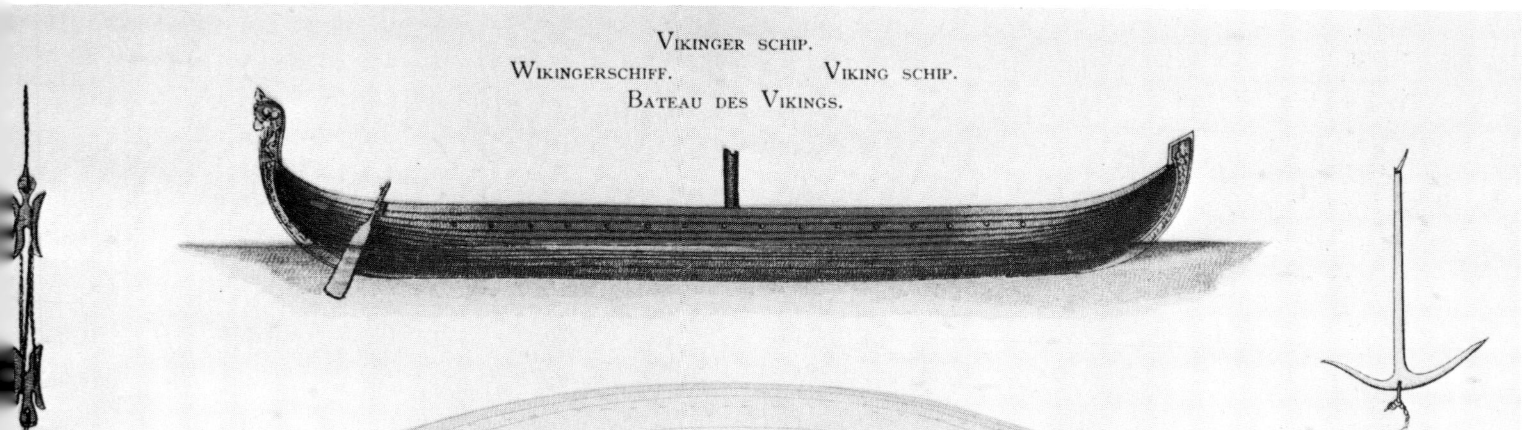

Typ eines Wikingerschiffs, »Snekkar« oder »Drakkar« genannt. Mit diesen schnellen Schiffen unternahmen die Wikinger, die Seeräuber des Hohen Nordens, ihre blitzartigen Angriffe gegen die englische Ostküste und gegen die französische Nordküste. Das Schiff war die Voraussetzung für die Wikinger-Invasionen großen Stils, des öfteren mit Pferden und für lange Fahrten mit Proviant für Wochen. Die Crew hatte Vertrauen in das Schiff und nutzte die außerordentliche Wendigkeit des Fahrzeuges.

selben Jahre zahlte der König von Mercien den Wikingern eine hohe Abfindungssumme, damit sie sein Königreich von Raubzügen verschonten. Die rauhen Männer aus Dänemark steckten die Summe ein, fuhren jedoch mit ihren Überfällen, besonders gegen Klöster, fort. Im Jahre 870 erlitten die Wikinger ihren ersten großen Rückschlag auf englischem Boden, als sie bei Asdown in einer offenen Feldschlacht von englischen Rittern geschlagen wurden. Acht Jahre später wurden sie vom englischen König Alfred dem Großen auf der Heide von Salesbury bei Ethandum (Edington) entscheidend besiegt.

Nunmehr wandten sich die Wikinger gegen die französische Kanalküste. Ihre ersten Raubzüge galten der damals reichen Grafschaft Flandern. Am 25. Juli 825 drang der »Seekönig« (oder »Golfkönig«, wie sich die Anführer der Wikinger nannten) Siegfried mit über 700 »Drakkars« in die Seinemündung ein und bemächtigte sich der reichen Handelsstadt Rouen. Nachdem sie die reichsten Kaufleute der Stadt durch hohe Lösegelder erpreßt und ihre Beutegier gestillt hatten, zogen sie nach Paris weiter. Am 24. November begann Siegfried mit rund 30 000 Mannen die Belagerung von Paris. Bis September 826 schlugen die Pariser, die sich auf die mit einem Steinwall versehene »Ile de la Cité« (Seine-Insel) zurückgezogen hatten, unter der Leitung des Grafen von Paris, Eudes, des Bischofs von Paris und des Domherrn von Saint-Germain-des Prés, fünf Angriffe der nordischen Totschläger zurück. Als dann Karl der Dicke mit einem Entsatzheer vor Paris eintraf, war dieser von der Streitmacht der Wikinger so beeindruckt, daß er es vorzog zu zahlen, anstatt zu kämpfen. Für ihren Abzug zahlte Karl der Dicke den Wikingern eine hübsche Summe in Gold und Silber – der genaue Betrag konnte nie festgestellt werden – und überließ ihnen die Grafschaft Burgund zur Plünderung. Des öfteren bedienten sich die karolingischen Herrscher der Wikinger, um deren Artgenossen von ihren Ländereien zu vertreiben. So übergab Karl der Kahle dem »Seekönig« Weland 5000 Pfund Silber, um eine Insel in der Seine von der »nordischen Schlangenbrut« zu säubern, und Robert von Anjou »kaufte« für 6000 Pfund Silber eine Streitmacht von 4000 Wikingern, die er gegen den Herzog der Bretagne ins Feld schickte.

Das »Hauptquartier« der nordischen Piraten lag bei Marmoutier, unweit der Loiremündung. Von hier aus führten sie 856 und 864 zwei historisch bekannte und besonders dreiste Raubzüge gegen Orléans durch, welche die Stadt wirtschaftlich jahrelang lahmlegten. Im Jahre 844 hatten sie bereits Bordeaux ausgeraubt und waren über die Garonne hinweg landeinwärts vorgedrungen. 860 hatten sie die friedliche Camargue geplündert und waren bis vor die Tore der Stadt Valence gekommen. 881 (oder 882) führten die »Thegn« (Häuptlinge) ihre brandschatzenden und mordenden Wikingerscharen bis nach Trier und Prüm.

Von der auf einer kleinen Insel im Mälarsee gelegenen frühen Wikingerstadt Birka (Björkö) aus unternahmen die Wikinger ihre Raubzüge nach Rußland. Einen ihrer historisch bedeutsamsten Kriegszüge führten die Wikinger gegen die Stadt Staraja Ladoga (Aldeinjuborg). Von hier aus erreichten sie Nowgorod (Holmgard), Gnezdowo am Dnjepr, die Dnjepr-Stromschnellen, wo sie ihre Boote mühsam am Ufer entlang schleppen mußten, um dann wieder den Fluß befahren zu können, Berenzan, und erschienen vor den Mauern von Byzanz, von wo sie allerdings unverrichteterdinge wieder abziehen mußten. Während es einer Gruppe gelang, bis nach Athen vorzudringen, marschierte eine zweite Gruppe nach der Stadt Bulgar, dann nach Itil an der Wolgamündung und bezog nach ungeheuren Strapazen zeitweise ein Lager vor den Toren von Bagdad.

Um die Mitte des 11. Jahrhunderts unternahm eine aus rund 200 Wikingern bestehende Schar aus Mittelschweden unter der Führung eines gewissen Ingvar einen Raubzug nach Särkland, »dem Land des Abenteuers und der Seide«. Von diesem Raubzug kehrte keiner mehr nach seiner Heimat zurück. Bis heute ist ungeklärt, wo sie verblieben sind.

Nonnen bei den Frühmetten. Während dieser Metten wurde besonders in den englischen Klöstern im 9. und 10. Jahrhundert darum gebetet, die Wikinger von der englischen Ostküste fernzuhalten.

Die normannischen Seeräuber begnügten sich nicht nur damit, alles, was nicht niet- und nagelfest war, zu rauben, sondern sie schleppten auch alle Frauen weg, die ihnen ins Garn gingen.

Als sich im Laufe des 11. Jahrhunderts die drei Königreiche Dänemark, Schweden und Norwegen innerlich festigten, hörten die verwegenen Raubzüge der Wikinger praktisch auf. Nur eine kleine Schar von Unentwegten, die den Untertanengeist der skandinavischen Könige ablehnten, betrieb von einigen Ostsee-Inseln aus die Seeräuberei in kleinem Stil. Nach der Gründung der Stadt Kopenhagen hörten auch die Nadelstiche dieser Seeräuber gegen Küstenorte der Ostsee auf. Im 12. Jahrhundert war die Ostsee »piratenfrei«.

Schwere Zeiten für die »dudesche Hanse«: Die Mecklenburger als Seeräuber

Die Gründung der Stadt Kopenhagen hatte bewirkt, daß die Ostsee fast über 200 Jahre lang vom Seeräubertum verschont blieb. Im 14. Jahrhundert machten Seeräuber sowohl die Ostsee als auch die Nordsee wieder unsicher. Sie nannten sich kurz »Vitalienbrüder«, d. h. Räuber. Das Wort stammt vom französischen »vitailleur« ab, d. h. dem Kriegsvolk, das die Verproviantierung der Söldnerheere gewährleistete. Diese Vitailleurs kamen schnell vom rechten Wege ab und wurden Seeräuber.

Während des Hundertjährigen Krieges zwischen Frankreich und England hatte der französische König den Kapitänen der Kaperschiffe aus der Pikardie und der Normandie, die in seinem Auftrag die englischen Kauffahrteischiffe ausplünderten, den Befehl gegeben, sich den Schiffen der Hanse gegenüber neutral zu verhalten. Diese Neutralität wurde jedoch von den meisten beutegierigen Kapitänen aus der Pikardie und Normandie nicht befolgt, und alsbald machten Franzosen und Engländer gemeinsam Jagd auf die Hansekoggen. Nebenbei entpuppten sich die Schotten und Friesen als große Meister im Kapern von hanseatischen Schiffen.
Während Franzosen, Engländer, Schotten, Friesen und flandrische Piraten gegen die Hansekoggen Piratenakte in der Nordsee durchführten, machten kecke Seeräuber die Ostseerouten unsicher. Als nach dem Tod Gerts des Großen, des Grafen von Holstein, das Land in politische Anarchie verfiel, nutzten viele vormals ehrliche Schiffskapitäne diese Lage aus und wurden Seeräuber. Innerhalb von mehreren Jahren nahm die Seeräuberei in der Ostsee ungeahnte Maßstäbe an.
Nach Waldemars IV. Atterdags Ableben (1375) wurde die Seeräuberei im Ringen um die politische Vorherrschaft über Schweden und Dänemark für die Mecklenburger zum bevorzugtesten Kriegsmittel. Um die Seeräuberei »legal« weiterführen zu können, lehnten die Mecklenburger beim Frieden von Stralsund (24. Mai 1375) die Mitgliedschaft der Hanse rundweg ab.

Als sich dann die wirtschaftliche Lage der Mecklenburger verschlechterte, kaperten sie alle Schiffe, die hanseatischen inbegriffen, die ihnen in die Hände fielen. Um den dreisten Gesellen aus Mecklenburg das Handwerk zu legen, beschloß der Hansetag 1376, eine Flotte auszurüsten und die mecklenburgischen Piraten auf See zu schlagen. Zur Ausrüstung der Flotte schlug der Hansetag die Erhebung eines Pfundzolls vor, der von den mecklenburgischen Städten Wismar und Rostock abgelehnt wurde. So standen Lübeck und Stralsund allein im Kampf gegen das Seeräubertum da. Die Rostokker und Wismarer Handelsherren unternahmen zur Anwerbung von Seeräubern einen regelrechten Propagandafeldzug im gesamten Ostseeraum unter dem Motto: *»Alle diejenigen kommen zu uns, die bereit sind, das Deutsche Reich und Dänemark zu schädigen.«* Binnen kurzer Zeit wurden Rostock und Wismar zum Tummelplatz von kleinen und großen Gaunern, die gewillt waren, unter der Leitung der Notabeln von Mecklenburg Kaperfahrten gegen alle hanseatischen Schiffe durchzuführen. Die mecklenburgischen »Vitalienbrüder« statteten den Küstenorten des Kleinen und Großen Belt laufend ihre »Besuche« ab und schädigten die dänische Schiffahrt, wo sie nur konnten. Im Jahre 1394 eroberten die »Vitalienbrüder« Wisby auf der Insel Gotland, die Insel Bornholm (die heute zu Dänemark gehört), die finnischen Städte Viborg und Abo (die damals zum Königreich Schwe-

den gehörten) sowie einige befestigte Plätze in Südfinnland. 1396 plünderten sie die reiche Handelsstadt Bergen, und ein Jahr später wurde die Stadt Malmö ausgeraubt.
Alle Maßnahmen der Lübecker und Stralsunder gegen die Piraten aus Mecklenburg waren umsonst. Die Speicher der Wismarer und Rostocker Handelsherren füllten sich mit riesigen Mengen an Beutegut, dessen Assortiment sich von Silber über Zinn, Bernstein, Juchtenleder, Tran, Seehundspeck bis zu den teuersten Pelzen erstreckte. Das seeräuberische Treiben der Mecklenburger gegen die Hanse spitzte sich derart zu, daß ein Hansetag im Jahre 1392 beschloß, den Schiffs- und Handelsverkehr mit Schonen (Teil Südschwedens mit den Städten Malmö, Skandör und Falsterbo) während drei Jahren einzustellen.
In ihrer Verzweiflung suchten die Lübecker und Stralsunder Ratsherren Hilfe beim Hochmeister des Deutschen Ordens, Konrad von Jungingen. Weil dieser jedoch nicht gewillt war, Dänemark durch eine Niederlage der Piraten politisch und militärisch zu stärken, lehnte von Jungingen vorerst jede Hilfe ab. Als es dann zum Frieden von Skanör kam, glaubten die hanseatischen Kauffahrer aufatmen zu können. Doch sahen sie sich in ihren Erwartungen getäuscht, denn die Mecklenburger kaperten nach wie vor die Hansekoggen.
Um die Ostsee dann doch von den Piraten zu säubern, entschloß sich Konrad von Jungingen zu handeln. Von Danzig aus segelte er mit 84 Schiffen und 4000 Mann gegen Wisby und eroberte die Stadt. Im Jahre 1400 war die Ostsee wiederum »piratenfrei«.

Klaus Störtebeker, Gödeke Michels, Wigbold, Manteufel und Molkte

Eine große Anzahl dieser füchsigen mecklenburgischen Seeräuber war jedoch der Schlinge der Ordensritter entgangen und hatte sich rechtzeitig nach der Nordsee absetzen können. Hier boten ihnen sowohl die weltlichen als auch die geistlichen Landesherren einen Unterschlupf, und manchmal stellten diese sie noch obendrein in ihre Dienste, wie z. B. der Graf von Oldenburg. Unter diesen mordgierigen und lichtscheuen Gesellen ragten besonders Klaus Störtebeker, Gödeke Michels, Wigbold, Manteufel und Molkte hervor. Von diesen fünf Übeltätern wiederum hat sich Klaus Störtebeker durch Spitzfindigkeit, Niedertracht und Einfallsreichtum einen Namen gemacht. Störtebeker kannte die Gepflogenheiten der Hanseschiffer im Detail. Er wußte durch Mittelsmänner, die er gut bezahlte, genau, wann die Koggen der Hanse ein- und ausliefen. In dieser Lage war es sehr schwer für die »Friede-Schiffe« – eine Flotte, die von der Hanse zur Bekämpfung der Seeräuber ausgerüstet worden war –, die mit allen Wassern gewaschenen Piraten Störtebeker, Gödeke Michels, Wigbold, Manteufel und Molkte dingfest zu machen. Störtebeker fand eine besondere Freude daran, die Gefangenen zu quälen. So ließ er diese z. B. vier Flaschen Bier Schluck für Schluck austrinken und delektierte sich an den sonderbaren Gebärden der armen Schlucker. Doch gingen schließlich die beiden dreisten Kumpanen Störtebeker und Gödeke Michels ins Garn der Hanseaten. Unter Führung der Hamburger Ratsherren Nikolaus Schocke und Hermann Lange gelang es den Hamburger Englandfahrern 1401 unweit der Insel Helgoland, Störtebekers Holk abzufangen. Wenig später saß auch Gödeke Michels hinter schwedischen Gardinen. Auch dieser Coup muß Nikolaus Schocke zugeschrieben werden. Eine Legende schiebt das Ergreifen der dreisten Piraten Störtebeker und Gödeke Michels dem späteren Hamburger Bürgermeister Simon von Utrecht zu, doch entspricht dies nicht den historischen Tatsachen.

Klaus Störtebeker, der berühmteste Hansepirat.

Der berüchtigte Seeräuber Klaus Störtebeker, der die Kapitäne und die hohen Herren der Düdeschen Hanse jahrelang an der Nase herumgeführt hat, wird als Gefangener nach Hamburg gebracht.

Klaus Störtebeker und Gödeke Michels auf dem Weg zu ihrem letzten Gang in Hamburg.

In Hamburg wurden Störtebeker und Gödeke Michels mit (angeblich mehr als 200 Kumpanen) öffentlich durch das Schwert hingerichtet. Endlich konnten die Hanseaten aufatmen. In der Legende aber lebt Klaus Störtebeker als volkstümlicher Pirat und Seeheld weiter und beflügelte manchen jungen Dichter in seiner literarischen Produktion.

Bretonen und Normannen als Seeräuber im Ärmelkanal

Während nach der Festnahme der beiden berüchtigten Piraten Klaus Störtebeker und Gödeke Michels die Hansekoggen die Nord- und Ostsee wieder in Ruhe befahren konnten, trieb das Seeräubertum im 14. Jahrhundert im Ärmelkanal seine volle Blüte. Wohl hatten sich viele Wikinger, Nordmänner oder Normannen zwischen dem 10. und 13. Jahrhundert in der Normandie und in der Bretagne häuslich niedergelassen, waren Großgrundbesitzer und adlige Herren geworden; doch steckte der Hang zum Land- und Seeraub noch manchem dieser Normannen im Blut.

Die Bretonen mußten sich wegen ihrer dürftigen Lebensgrundlage bereits sehr früh auf die stürmische See begeben, um sich dort den zusätzlichen Lebensunterhalt zu verdienen. So kam es dann des öfteren vor, daß sich ein bretonischer Kapitän an einem fremden Kauffahrer vergriff, um sich durch eine Prise das zu verschaffen, was ihm die rauhe Natur seiner Heimat nicht zu geben vermochte. Aus diesen kecken bretonischen und normannischen Kapitänen ging eine Reihe von verwegenen Piraten hervor, die jahrzehntelang den Ärmelkanal unsicher machten, und gerade zu der Zeit, als das französische Rittertum durch die vernichtenden Niederlagen von Crécy (1346) und Maupertius (1356) durch die englischen Bogenschützen von der politischen Bühne abtreten mußte. Der gefeiertste bretonische Pirat war eine Dame aus fürstlichem Hause namens *Jeanne de Belleville,* Gemahlin des Seigneur Olivier de Clisson. Am 2. August 1343 wurde Sieur Olivier de Clisson, einer der politisch mächtigsten Ritter von Nantes, wegen angeblicher Intrigen mit den Engländern auf Befehl des französischen Königs zum Tode verurteilt. Clissons Haupt wurde, wie es damals üblich war, vor der Stadtmauer von Nantes aufgestellt. Olivier de Clissons Frau, die wegen ihrer Formvollendung im ganzen Königreich bekannt war, verschaffte sich ganz auf ihre Art Genugtuung. Sie veräußerte alle ihre Juwelen, Möbel und Schlösser und erstand drei Schiffe. Mit dieser Flottille machte sie Jagd auf die (spärlichen) Einheiten des französischen Königs, die im Ärmelkanal aufkreuzten. Mit Hilfe ihrer beiden temperamentvollen Söhne leitete die Dame de Clisson vom Bug ihres Flaggschiffes aus alle Operationen höchstpersönlich. Nach jedem Überfall auf ein Schiff ließ sie alle Gefangenen enthaupten und das Schiff verbrennen. Nebenbei überfiel die rachsüchtige Piraten-Lady die armen Fischerdörfer an der Küste der Normandie und der Bretagne entlang, die regelmäßig von Banden, genannt »Coquillards«, ausgeraubt wurden.

Es war die Zeit der »Grande Désolation« (große Verzweiflung) während des Hundertjährigen Krieges, als der englische König in Paris residierte und der Dauphin in Bourges Hof hielt.

Der französische König, der in Bourges allen sinnlichen Genüssen frönte – man nannte den französischen Hof um diese Zeit »Venushof« – tat nichts (und konnte nichts tun) gegen die dreisten Überfälle der Dame de Clisson. Wie lange Jeanne de Belleville alias Dame de Clisson ihr Piraten-Metier ausübte, wie, wann und wo sie starb, wissen wir nicht.

In der Geschichte der französischen Seeräuberei gilt sie als die markanteste Piratin des 14. Jahrhunderts und als die eigentliche Begründerin des französischen Seeräubertums. Im Laufe des 16. Jahrhunderts gingen aus der Bretagne, der Gascogne (Landschaft im südwestlichen Frankreich) und der

Englisches Paketboot wird im Ärmelkanal durch nordamerikanische Kaperschiffe überwältigt (1777).

Saintonge (ehemalige französische Provinz, jetzt Charente-Inférieure) eine Reihe von Piraten hervor, die sich die Dame de Clisson zu ihrem Vorbild machten. So segelten z. B. die beiden Seeräuber aus La Rochelle, *Jacques de Sore* und *François Le Clerc*, »das Holzbein«, mit einer Flottille nach Havanna auf Kuba, raubten alle Kirchen und Klöster aus und brachten alle Gefangenen um. Mit einer enormen Beute kehrten sie nach Frankreich zurück.

Jenseits des Ärmelkanals: Ein Wikinger auf dem englischen Königsthron

Vom historischen Standpunkt aus gesehen, stellt Weihnachten 1066 wohl das memorabelste Datum und die größte Prise in der Geschichte des Seeräubertums dar. Ein normannischer Adliger namens *Wilhelm »der Eroberer«*, der von räuberischen »Golf- oder Seekönigen« aus dem Hohen Norden abstammte, wurde an diesem ehrwürdigen Tag zu London als anerkannter Erbe Edwards des Bekenners feierlich gekrönt. Im Osten von London ließ der Wikinger, als Sinnbild seines Herrschaftswillens, den steinernen Tower errichten. 1069 unternahm er, nach der Hinmetzelung von 500 seiner normannischen Ritter bei Durham, einen blutigen Rachezug quer durch England und ließ nach »Wikingerart« an die 1000 Bauern und Adlige abschlachten. Darnach war England fest in »Wikingerhand«.
Als im Jahre 1154 mit Heinrich Plantagenet das Haus Anjou-Plantagenet den englischen Thron be-

stieg, erlebte das Seeräubertum im Ärmelkanal urplötzlich einen ungeahnten Aufschwung. Unter Heinrich III., der 1316 den englischen Thron bestieg, nahm das Seeräubertum an der englischen Südküste derart zu, daß sich nur ab und zu ein Kapitän von England nach Nordfrankreich wagte. Irische, schottische und wallonische Piraten machten nach Belieben Jagd auf englische Schiffe im Ärmelkanal. Unter Edward I. und II. gingen die Kaperfahrten der Piraten leicht zurück. Als Edward II. im Jahre 1327 zugunsten seines fünfzehnjährigen Sohnes abzudanken gezwungen wurde, flackerte die Piraterie an der englischen Südküste wieder auf. Der neue König vernachlässigte den Bau von Kriegsschiffen, und so konnten die Seeräuber ziemlich frei schalten und walten.

Die Cinq Ports und die Foweys

Angesichts dieser nationalen maritimen Schwäche taten sich verschiedene reiche Handelsherren der Städte Hastings, Dover, Sandwich, Hythe und Romney zusammen und gründeten, nach dem Muster der deutschen Hanse, die »Liga der Fünf Häfen« (oder Union Cinq Ports), um die Piraterie erfolgreich bekämpfen zu können. Ihre Flotte kontrollierte die gesamte englische Südküste und übernahm somit eine königliche Prärogative. Als Gegenleistung erhielt die Liga verschiedene Privilegien vom König, und ihr oberster Offizier residierte in der Festung von Dover. Bald schlossen sich die Städte Rye und Winchelsea der »Union« an. Darauf erhielt die Liga der Cinq Ports vom König das Recht, alle Schiffe, mit Ausnahme der englischen, zu kapern. Dabei sollte es jedoch nicht lange bleiben, denn der ehrbare Bürgermeister von Winchelsea z. B., *Robert von Battayle,* ließ zwei reiche Kauffahrer aufbringen, die zwei angesehenen Bürgern der englischen Stadt Sherborne gehörten, und ausrauben. Jedes Jahr nahmen die Klagen von englischen Schiffsbesitzern bei ihrem König wegen der Übergriffe der Piraten von Cinq Ports zu. Im Jahre 1453, als Heinrich VI. in England regierte, bat das englische Parlamentsmitglied William Lofote seinen König um Pardon. Er war aus dem Gefängnis von Dover ausgebrochen, wo er eine Gefängnisstrafe wegen eines Piratenaktes absaß. Kurz nach seiner Flucht war er wieder aufgegriffen worden.
Die Schöne Helene, Jeanne de Belleville alias Dame de Clisson, brach des öfteren in das Hoheitsgebiet der Herren der Cinq Ports ein und nahm diesen die Beute vor der Nase weg. Besonders bunt trieb es Kapitän *Harry Pay,* als er im Jahre 1406 angeblich 106 Schiffe jeder Art kaperte und nach seinem Heimathafen Poole brachte. Pays Dreistheit jedoch hatte manchmal Nachteile für die Flotte des englischen Königs. So drangen noch im selben Jahr kastilische Kriegsschiffe in den Hafen von Poole ein und zerstörten alle vor Anker liegenden englischen Schiffe, auch die der Krone.

Fast zur selben Zeit spielte das anmutige englische Städtchen Fowey eine ähnliche Rolle im privaten Kaperkrieg gegen Frankreich wie Poole. Das wirtschaftliche Wachstum des Städtchens Fowey beruhte vor allem auf den Prisen, die seine tollkühnen Seeräuber mit nach Hause brachten. Im ganzen Ärmelkanal waren die »Foweys« – wie man sie kurz nannte – wegen ihrer Bravourstücke bekannt. Edward III., der Bezwinger der Stadt Calais, die bis 1558 in englischer Hand blieb, war besonders stolz darauf, daß ihm die »Foweys« bei der Eroberung von Calais Schützenhilfe geleistet hatten. Die »Tapferen von Fowey«, wie sie sich selbst nannten, führten ihre Aktionen nicht nur gegen die französischen Korsaren der Bretagne, sondern ebenfalls gegen die Liga der Cinq Ports durch. Die städtischen Behörden der westenglischen Häfen arbeiteten Hand in Hand mit den »Foweys« und unterstützten sie mit Rat und Tat.

Jede Hafenstadt in Westengland hatte ihre eigenen Piraten-Chefs: So schwang z. B. ein gewisser *William Kyd* das Zepter in der Stadt Exmouth, und in Portsmouth amtierte der Seeräuber *Clay Stephen* als Leiter aller Kaper-Unternehmen.
Ab und zu versuchte der englische König den selbstherrlichen Piraten der englischen Südküste das Handwerk zu legen; doch waren die feinen Herren des englischen Adels mit den Piraten so tief in Geschäfte verstrickt, daß es einfach nicht möglich war, das Seeräubertum bei der Wurzel zu packen. Während des ganzen Hundertjährigen Krieges leisteten die Piraten von Plymouth, Exmouth, Dartmouth, Fowey u. a. m. ihren Herrschern bei der Bekämpfung ihrer französischen Erzfeinde unschätzbare Dienste. Die Geister, die die Krone rief, wurde sie nicht mehr so schnell los.
Erst unter der Regierung Heinrichs V., der von 1413 bis 1422 regierte, mußten die meisten englischen Piraten einen Berufswechsel vollziehen, denn er versprach den Kastiliern und den Franzosen, die englischen Seeräuber nicht mehr als »Angestellte« oder »Protegierte« der Krone anzusehen.
Unter der Regierung Heinrichs VI., des letzten Herrschers aus dem Hause Lancaster, nahm das englische Seeräubertum wiederum stark zu. Um Waren von London nach Venedig zu transportieren, mußten sich die Schiffseigner von Kriegsschiffen eskortieren lassen oder den langen und strapaziösen Landweg wählen, so unsicher war wiederum der Ärmelkanal.
Heinrich VII., der erste Herrscher des Hauses Tudor, der 1485 den englischen Thron bestieg, erfand eine neue Methode, um das Seeräubertum »unter Kontrolle zu bringen«. Er verlieh den Piraten die berühmten »Letters of Marque« (Kaperbriefe), kraft derer sie im Namen der Krone bestimmte fremde Schiffe kaperten und dem König einen festgelegten Anteil überließen. Diese Kaperbriefe jedoch bewirkten genau das Gegenteil dessen, was der König sich erhofft hatte.

Darstellung auf einem Wandteller:
Angriff eines Piratenschiffes auf ein Kriegsschiff.

Englische Piraten unter Elisabeth I.

Champaney · Poole · Die Killigrew
John Hawkins, Begründer der englischen Seemacht
»Weltpirat« Francis Drake

Unter der Herrschaft Elisabeths I., die am 17. November 1558 den englischen Thron bestieg, nahm das englische Seeräubertum völlig neue Aspekte an. Im Jahre 1558 waren Hunderte von englischen Matrosen arbeitslos, strolchten in den Häfen Ihrer Majestät herum und überfielen laufend englische und fremde Handelsherren. Um diesen arbeitslosen Untertanen wieder einen Arbeitsplatz zu verschaffen, gab ihnen die Königin grünes Licht zum Kapern von fremden, besonders spanischen Handelsschiffen. Unter ihrer Herrschaft machten eine Reihe von Piraten Geschichte: Sir Francis Drake, John Hawkins, Sir Richard Grenville, Sir Walter Raleigh, John Oxenham, Lord George Clifford und Francis Knollys, um nur die wichtigsten zu erwähnen. Viele dieser ehrbaren Herren wurden wegen ihrer Bravourstücke auf See mit dem Adelstitel belohnt und von der Königin geehrt. Bei all diesen lukrativen Kaperunternehmen war Elisabeth I. finanziell direkt beteiligt. Mit dem erbeuteten spanischen Gold und Silber aus Lateinamerika bezahlte sie einen Teil der Unterhaltskosten ihrer Flotte. Wenn wir die Korrespondenz der in London 1560–1580 akkreditierten Diplomaten durchlesen, stellen wir fest, daß die Beschwerden der französischen und spanischen Gesandten wegen der dreisten Überfälle englischer Schiffe auf die Schiffe ihrer Landsleute die meisten Seiten ausfüllen. Die Wut des Repräsentanten des spanischen Königs Philipp II. z. B. richtete sich besonders gegen zwei englische Seeräuber namens *Champaney* und *Poole*. Beide hatten mehrere spanische Schiffe in den Gewässern der Azoren und der Kanaren gekapert und waren dann seelenruhig an Land der »Fortunaten« gegangen, um dort ihre Beute an den Mann zu bringen. Die Behörden seiner Allkatholischen Majestät Philipp II. nahmen die beiden dreisten Seeräuber fest und sperrten sie ein. Von 1560 bis Weihnachten 1561 schmachteten die beiden in einem Verlies auf den Kanarischen Inseln. Als dann zu Weihnachten ihre Bewacher an der Mitternachtsmesse teilnahmen, gelang es den beiden Seeräubern, das Weite zu suchen. Im Hafen konnten sie ein Boot organisieren, und wohlbehalten landeten sie in Plymouth. Die spanischen Behörden waren ob dieser Unverschämtheit derart erbost, daß sie alle englischen Kaufleute auf den Kanarischen Inseln festnehmen und ihre Schiffe beschlagnahmen ließen. Elisabeth I. versuchte den heimlich von ihr geduldeten (und geförderten) Piratenakt herunterzuspielen und ließ sich durch ihren Gesandten in Madrid bei Philipp II. wegen dieses unbesonnenen Aktes entschuldigen.

Eine besondere Rolle in der Geschichte der englischen Piraterie spielte das *Piraten-Syndikat der Killigrew* aus dem Cornwall. Aus dieser Familie, die durch das Piratengeschäft finanziell und politisch

Sir Francis Drake, der englische Meisterpirat und Weltenumsegler.

Nachdem die Piraten an Bord des Kauffahrteischiffes gesprungen waren, begann der Kampf Mann gegen Mann.

groß geworden war, gingen sowohl berühmte Seeräuber als auch Minister und Diplomaten hervor. Die Wiege dieses räuberischen Geblüts stand in Arwenack im Cornwall. John Killigrew übte das Amt eines Vize-Admirals der königlichen Flotte aus und war gleichzeitig erblicher Verwalter des Schlosses von Pendennis. Johns Vater war noch ein gemeiner Seeräuber gewesen, und sein Onkel Peter hatte die Schiffe in der Irischen See ausgeraubt. Einer von Johns Verwandten, Sir John Wogan, sicherte als Vize-Admiral von Süd-Wales die Familieninteressen der Killigrews in diesem Raume. Zu den stillen Teilhabern des Syndikats zählten u. a. der prominente irische Lord Conchonbar O'Driscoll und der berüchtigte Räuber *John Piers,* der wiederum Hand in Hand mit seiner Mutter, einer alten Hexe aus dem Cornwall, im Piratengeschäft arbeitete. John Piers' Mutter erledigte im Namen der Killigrew-Familie alles, was Geld einbrachte: Außer kleinen Hehlereien, Unterschlagungen, Diebstählen, die sie persönlich leitete, verteilte sie Schmiergelder an königliche Beamte, brachte ganze Prisen für ein Fünftel des Erlöses an den Mann und verschaffte den Piraten in ihrem Hause einen sicheren Aufenthalt.

Unter der Herrschaft Elisabeths I. schwang *Lady Killigrew* (ihr eigentlicher Name ist nicht bekannt; sie wurde kurz mit Lady angesprochen) das Zepter über dem Clan. Sie gilt als das weibliche Gegenstück der schönen Jeanne de Belleville alias Dame de Clisson, die rund 200 Jahre zuvor den Ärmelkanal unsicher machte. Im Gegensatz zu der Schönen Helene aus der Bretagne unternahm sie nur selten persönlich eine Kaperfahrt. In einer friedlichen Ecke des Hafens von Falmouth stand ihr fürstliches Domizil. Um nicht in Schwierigkeiten mit der Krone zu kommen, suchte Lady Killigrew ihre Prisen mit Akkuratesse aus. Ab und zu blieb es nicht aus, daß die Lady mit der königlichen Justiz in Konflikt geriet. Im Jahre 1573 kaperte ein Kapitän des Killigrew-Syndikats das Schiff des Grafen von Worcester, das von Dover nach Boulogne unterwegs war und das u. a. eine prachtvolle goldene Schale an Bord hatte, die dem französischen König Karl IX. von der englischen Königin als Geschenk für seine soeben zur Welt gekommene Enkelin überreicht werden sollte. Die Killigrew-Piraten erbeuteten Waren für insgesamt 500 Sterling, eine für damals ansehnliche Summe. Des weiteren waren zehn Mitglieder der Suite des Grafen niedergemetzelt worden. Als das Piratenschiff dann in Falmouth einlief, wurden alle Besatzungsmitglieder verhaftet und nach London gebracht. Weil nur drei der Spezi von 28 zum Tode durch den Strang verurteilt wurden, darf angenommen werden, daß Lady Killigrew den Gerichtsbeamten ansehnliche Schmiergelder gezahlt hatte.

Eines Tages machte die ehrwürdige Lady dann doch einen Fehler, der ihr beinahe das Leben kostete. Dieser Mißgriff darf wohl auf die zunehmende geistige Verkalkung der Lady zurückzuführen sein. Am Neujahrstag 1582 lief in Falmouth ein stattliches Segelschiff der Hanse ein. Weil Elisabeth I. mit der Hanse in Frieden lebte, hatten die Besatzung und die Schiffseigner im Grunde nichts zu befürchten. Stundenlang hatte die Lady das stolze Schiff von ihrem Domizil aus beobachtet, und am Abend wußte sie genau, aus welchen kostbaren Waren die Ladung bestand. Während das Schiff im Hafen lag, begaben sich die beiden Eigentümer, die edlen Herren Juan de Charis und Philipp de Orozo, nach London, um einige Geschäfte zu tätigen. Am 6. Januar beschloß die Lady, trotz ihres hohen Alters, den Überfall auf das Schiff höchstpersönlich zu leiten und durchzuführen. In der Nacht zum 7. Januar steuerte die streitbare Dame mit einem kleinen Boot, das mit schwerbewaffneten Matrosen vollbesetzt war, lautlos zum Hanseschiff. Unter ihrer Regie kletterten die Gesellen an Bord des hanseatischen Kauffahrers, metzelten die Besatzung nieder und warfen die Leichen über Bord. Während Lady Killigrew zwei wertvolle Stoffballen und zwei Fässer voll mit Goldmünzen nach Arwenack bringen ließ, machten die andern Kumpanen das Schiff flott, segelten nach Nordirland und setzten den Rest der Beute mitsamt dem Kauffahrteischiff ab.

Oben:
Während eines Seegefechts mit einer englischen Fregatte fliegt das holländische Kaperschiff »De Dapperen Patriot« in die Luft.

Unten:
Drei englische Kaperschiffe jagen ein holländisches Fischerboot bei Scheveningen.

Rechte Seite:
Piraten nehmen Stadt und Festung Porto Velo ein (Portobello?), um 1668 Puerto Rico. Kupferstich 1678.

Nach der Rückkehr der beiden Schiffseigner nach Falmouth erhoben diese sofort Beschwerde bei den Kommissaren von Cornwall, die für derartige »Dinge« zuständig waren. Der Präsident der Kommissaren-Vereinigung aber war kein anderer als der leibliche Sohn der Lady Killigrew selbst. Er stellte lediglich fest, »daß mangels Zeugen keine Anklage gegen die Lady erhoben werden könne«. Die »Jury« fällte folgendes Urteil: »*Wohl war das Schiff überfallen und nach einem unbekannten Ort entführt worden. Durch wen, wann und wie, war nicht festzustellen.*«
Die Herren aus Madrid aber gaben sich mit diesem »Urteil« nicht zufrieden. Sie gingen nach London zurück und übergaben die Angelegenheit dem Grafen Bredford, dem Präsidenten des privaten Rates der Königin Elisabeth I. Dieser ordnete eine zweite Untersuchung an. Während einer Hausdurchsuchung wurden die erbeuteten Stoffballen gefunden, und sie brachten Licht in die Affäre. Die Lady und ihre beiden engsten Mitarbeiter *Kendall* und *Hawkins* (nicht mit dem berühmten Piraten John Hawkins zu verwechseln) wurden verhaftet, nach London gebracht und zum Tode verurteilt. Während die beiden Gesellen gehängt wurden, entging die ergraute Lady ihrer Hinrichtung in letzter Minute: Wegen ihres hohen Alters – sie soll angeblich 78 Jahre alt gewesen sein – wurde sie begnadigt. Von ihrem Lebensende ist nichts bekannt.

Der eigentliche Begründer der englischen Seemacht war *John Hawkins*, Vetter und Lehrmeister des großen Piraten *Francis Drake*. Hawkins hatte im Jahre 1532 in Plymouth das Licht der Welt erblickt. Über seine Jugendzeit wissen wir nichts. Wir wissen nur, daß Hawkins in guten Beziehungen zu portugiesischen, spanischen und französischen Handelsherren stand und daß er, kaum dreißigjährig, ein wohlhabender Mann war. Mit seinem tüchtigen Assistenten *Robert Reneger* unternahm Hawkins mit seinem bestausgerüsteten Kauffahrteischiff »Paul« – einem 250-Tonner – lukrative Kaperfahrten nach der Karibischen See. Im Bund mit einigen portugiesischen und spanischen Sklavenhändlern beteiligte er sich am Transport der schwarzen Menschenfracht von Westafrika nach der Karibik. Um in der Karibik frei schalten und walten zu können, scheute sich Hawkins nicht einmal, den spanischen König Philipp II. um einen »Letter of Marque« zu bitten. Seine Allkatholische Majestät lehnte Hawkins' unverschämte Anfrage wutentbrannt ab.

1564 unternahm Hawkins eine zweite Kaperfahrt nach der Karibischen See. An diesem Unternehmen waren die Königin Elisabeth I., Lordadmiral William Cecil und der Graf von Leicester finanziell beteiligt. Elisabeth I. hatte Hawkins den 700-Tonner »Jesus von Lübeck« leihweise zur Verfügung gestellt. Obwohl der spanische Gesandte zu London heftige Kritik an der Fahrt ausübte, schlug die Königin alle seine Proteste und Warnungen in den Wind. Als Hawkins' Flottille dann in San Juan de Ulua einlief, traf gleichzeitig eine starke Flottille der spanischen Silberflotte ein. Die Spanier eröffneten das Feuer, und nur zwei englische Schiffe mit Hawkins konnten entkommen.
Trotz dieses eindeutigen Fiaskos rüstete Hawkins eine dritte Expedition nach der Karibik aus. Am 2. Oktober 1567 verließ die Flottille den Hafen von Plymouth. An Bord von Hawkins' Flaggschiff befand sich ein junger Mann namens *Francis Drake*. Über den Ausgang dieses Unternehmens sind wir im unklaren. Als Hawkins nach England zurückkehrte, schlug er Elisabeth I. vor, sie solle von nun an die spanische Silberflotte energisch bekämpfen. Die jungfräuliche Königin jedoch war ganz anderer Meinung als ihr Ratgeber in Sachen Strategie und befahl Hawkins, sich von nun an dem raschen Ausbau der englischen Flotte zu widmen, denn sie wußte, daß der große militärische Konflikt auf See zwischen England und Spanien nur mehr eine Frage der Zeit war. Elisabeth I. ernannte Hawkins zum Schatzmeister der »Royal Navy«. Dieser setzte sich mit aller Kraft für den Ausbau der englischen Kriegsflotte ein, und diesem einstigen Piraten verdankte die jungfräuliche Königin weitgehend ihren Sieg über die riesige Armada Philipps II.

Sir Francis Drake, »Weltpirat Nummer eins«

Francis Drake, wohl einer der gefeiertsten Piraten und Seeleute überhaupt, erblickte mutmaßlich im Jahre 1541 das Licht der Welt in Tavistock (Grafschaft Devonshire). Seine Familie bewirtschaftete einen Hof, und sie waren Freisassen, d. h. sie besaßen so viel, daß sie besteuert werden konnten. Zur Zeit von Drakes Geburt regierte Heinrich VIII., Englands Frauenheld, die britischen Inseln mit ziemlich starker Faust. Das Einkommen der Familie reichte nicht aus, um den jungen Francis zur Schule zu schicken, und der Vater sah sich gezwungen, seinen Sohn bereits in jungen Jahren auf einem Küstenfahrer zu verdingen. Hier erlernte Drake sehr früh das harte Seemannshandwerk, denn die Schiffahrt in der Themsemündung machte die absolute Beherrschung des Schiffes durch den Steuermann notwendig. Als der Schiffseigentümer dann plötzlich verstarb, erbte Drake das Schiff. Im Alter von etwa 20 Jahren verkaufte er sein Küstenboot und trat in den Dienst der Brüder Hawkins.

Drake unternahm seine erste Fahrt als Proviantmeister nach der Biscaya, und im Jahre 1566 diente er als Matrose unter Kapitän Lowell, der Spanisch-Amerika mit Sklaven aus Westafrika versorgte. Auf einer weiteren Fahrt segelte er auf der »Jesus von Lübeck« mit, einem Schiff, das Elisabeth I. Hawkins geliehen hatte und mit dem Hawkins Sklaven von Kapverde nach Mittelamerika transportierte. In den Gewässern von Kapverde hatten sich der »Jesus von Lübeck« weitere Schiffseinheiten angeschlossen, und Drake erhielt das Kommando über die »Judith«. Von der westafrikanischen Küste aus steuerten Hawkins und Drake nach Mittelamerika. Zunächst machten die beiden Piraten Station auf der Insel La Margarita, wo sie von den Spaniern freundlich aufgenommen wurden und einen Teil ihrer Sklavenfracht absetzten. In Rio de la Hacha, wo die beiden ebenfalls Sklaven an den Mann bringen wollten, wurden sie mit Kanonenschüssen empfangen. Nun nahmen beide Kurs auf Florida. Weil die »Jesus von Lübeck« durch einen Sturm beschädigt worden war, beschloß Hawkins, den Hafen von Juan de Ulua anzulaufen, um dort die notwendigen Reparaturen durchführen zu lassen. Kurz nachdem die Engländer den Hafen erreicht hatten, traf – wie bereits erwähnt – die spanische Silberflotte mit dem neuen Vizekönig von Mexiko, Don Martin Henriquez, ein. Die Spanier eröffneten das Feuer und schossen die »Jesus von Lübeck« manövrierunfähig. Hawkins und Drake konnten sich mit den beiden Schiffen »Judith« und »Minion« dem weiteren Beschuß durch die Spanier entziehen und gelangten nach einer strapaziösen Fahrt wieder nach Plymouth. Hawkins hatte über 300 Mann und nicht weniger als 1000 Tonnen Schiffsraum verloren. Nach dieser noch ziemlich günstig verlaufenen Unternehmung betrieb Drake bis 1569 mit den holländischen Seegeusen und den französischen Korsaren aus La Rochelle gemeinsame Kaperfahrten gegen spanische Kauffahrer im Atlantik. Außer den Hawkins waren die Winters und die Fenners, zwei angesehene englische Familien, an Drakes Unternehmungen finanziell beteiligt. Nach jedem Unternehmen sandte Hawkins seinen gelehrigen Schüler Drake zur Berichterstattung zu Sir William Cecil, dem Lordadmiral. Dieser war an Drakes Husarenstücken höchstpersönlich interessiert und gab jedesmal die Berichte an Elisabeth I. weiter.

Am 4. Juli 1569 heiratete Drake in Saint Budeaux bei Plymouth Miss Mary Newman. An Seßhaftigkeit jedoch dachte Drake auch nicht nach seiner Heirat, und ein Jahr später führte er das Kommando seiner ersten bedeutsamen Kaperfahrt nach Westindien. Über dieses Unternehmen ist nichts außer einem sehr dürftigen Bericht der Spanier bekannt, in dem es u. a. heißt, »daß Drake einige Greueltaten verübte«. Von Drakes zweiter Kaperfahrt nach dem mittelamerikanischen Inselgewirr liegen ebenfalls spärliche Nachrichten vor. Wir wissen, daß ein englischer Kaufmann namens Richard Dennys ihn begleitete und daß er einige spanische Barken bei Nombre de Dios und zwei Flußkähne auf dem Rio de Chagres überfiel. Ob Drake einen offiziellen Kaperbrief seiner Königin besaß, ist nicht bekannt. Immerhin hatte der zukünftige Meisterpirat die geographischen Verhältnisse der Küste von Panama, von Acla bis zur Mündung des Rio Chagres, kennengelernt.

Die dritte Kaperfahrt, die Drake 1572 unternahm und die von den Hawkins und den Fenners finanziert wurde, bereitete Drake bei weitem besser als diejenigen von 1570 und 1571 vor. Des weiteren hatte Drake von jetzt an vor, sich nicht mehr mit Überfällen auf Flußbarken und kleine Handelsschiffe zu begnügen, sondern sich auf schwere Brocken zu spezialisieren. Für diesen großangelegten Beutezug nach den westindischen Gewässern ließ Drake demontierbare Pinassen, die mit Segel und Ruder versehen waren, an Bord bringen, um nötigenfalls auf den südamerikanischen Flüssen operieren zu können.

Ende Mai 1572 stachen Drake und Hawkins mit dem 70-Tonner »Pascha« und dem 25-Tonner »Swan« von Plymouth aus in See und gelangten am 12. Juli nach Port Pheasant (einem kleinen Hafen östlich von Panama, so von Drake benannt, weil er dort 1571 auf eine Menge von Fasanen gestoßen war). In Port Pheasant traf er mit Kapitän *James Ranse* zusammen, der sich am Unternehmen beteiligte. Von Port Pheasant aus segelte Drake mit seinen zusammengesetzten Pinassen nach Nombre de Dios. Die Überrumpelung der Stadt gelang nicht vollends, denn zahlreiche Einwohner waren von Drakes Ankunft in Kenntnis gesetzt worden und hatten sich rechtzeitig in die Wälder geflüchtet. Während eines Handgemenges mit spanischen Soldaten wurde Drake verwundet. Als dann die Nachricht in der Stadt kursierte, daß die Spanier eine Streitmacht unweit von Nombre de Dios zusammenzögen, verließen Drake und seine Kumpanen fluchtartig die Stadt und segelten nach Port Pheasant zurück. Weil Kapitän James Ranse mit dem Resultat des Unternehmens unzufrieden war, zog er sich zurück und begab sich nach England.

Drake segelte dann nach Cartagena, um diese Stadt auszuplündern. Auch hier waren die Bewohner von Drakes Ankunft gewarnt worden, und seine Beute sah, im Verhältnis zum Aufwand, recht mager aus.

Vom September 1572 bis Januar 1573 führte Drake von der Bucht von San Blas aus eine Reihe von kecken Überfällen gegen Curaçao, einer dem venezolanischen Festland vorgelagerten Insel, durch. Ende Januar aber war Drakes Mannschaftsbestand durch das Gelbe Fieber auf 30 Mann herabgesunken. Außerdem hatte Drakes Bruder John auf Curaçao während einer Auseinandersetzung mit den Spaniern den Tod gefunden. Um seinen Mannschaftsbestand aufzustocken, hatte Drake mit entlaufenen Negersklaven, »Cimarrones« genannt, Verbindung aufgenommen. Einer dieser Negersklaven teilte Drake mit, daß die spanische Silberflotte in Nombre de Dios vor Anker liege. Drake brach unverzüglich mit 17 Landsleuten und einer Anzahl von Cimarrones auf und marschierte in Richtung Panama. Ein Neger, den Drake in die Stadt hatte einschleusen lassen, konnte die genaue Marschroute der spanischen Maultierkarawane erfahren, die das Silber bei Nacht aus dem Innern des Landes nach Nombre de Dios brachte. Unweit des kleinen Ortes Casa de Cruces bereiteten Drake und seine Spezis einen Hinterhalt vor. Warum dann die Maultierkarawane einen anderen Weg einschlug, wissen wir nicht. Drake jedenfalls ging leer aus und kehrte unverrichteterdinge nach der Bucht von San Blas zurück.

Kurze Zeit nach diesem Fiasko plante Drake bereits einen weiteren Überfall auf spanische Silberkonvois. Inzwischen war der französische Kapitän *Le Testu* (auch Le Têtu genannt), Pirat, Geograph und Hydrograph, in der Karibischen See eingetroffen, wo er im Auftrag des gewichtigen Filippo Strozzi, eines Verwandten der Katharina von Medici, spanische Schiffe kaperte. Gemeinsam führten nun Drake und der Wissenschaftler Le Testu einen Überfall auf eine spanische Maultierkarawane durch, die Silberbarren nach Nombre de Dios transportierte. Zwar gelang Drake die Überrumpelung der Karawane, doch nahmen spanische Soldaten, die dem Zug folgten, die Verfolgung der Piraten und Straßenräuber auf und holten Le Testu und einige Gesellen ein. Ohne viel Federlesens schlugen die Spanier Le Testu den Kopf ab. Drake und seine Kumpanen konnten die Verfolger abschütteln, und sie trafen im August 1573 wohlbehalten und mit einer ansehnlichen Beute an Silber in Plymouth ein. Durch diesen dreisten Überfall hatte sich Drake unter den karibischen Seeräubern einen Namen gemacht. In London schien Elisabeth I. bemüht zu sein, mit seiner Allkatholischen Majestät Philipp II. einen Vertrag abzuschließen, der den Unternehmen der englischen Piraten in der Karibik einen Riegel vorschieben sollte. Dieser Vertrag, der in Bristol im August 1574 zwischen spanischen und englischen Bevollmächtigten unterzeichnet wurde, hatte nur drei Jahre lang seine Gültigkeit: 1577 trat Drake seine große Weltkaperfahrt an.

Wann Drake den Entschluß faßte, eine bis dahin noch nie in diesem Stil durchgeführte Kaperfahrt rund um die Welt zu unternehmen, wissen wir nicht genau. Fest steht, daß Drake im Jahre 1576 keine Schwierigkeiten hatte, um gewichtige Herren, wie den Earl of Leicester, den Earl of Lincoln, Staatssekretär Walsingham und ihre jungfräuliche Majestät Königin Elisabeth I. für die Durchführung seines phantastischen Planes zu gewinnen. Drakes Flotte bestand aus seinem Flaggschiff »Pelican«, der »Elisabeth« (unter dem Kommando von *John Winter*), der »Swan« (*John Chester*), der »Marigold« (*John Thomas*) und der »Christopher« (auch »Bark Benedict« genannt, unter *Thomas Moone*). Die »Pelican« wurde dann von Drake auf den Namen »Golden Hind« umgetauft.
Am 15. November 1577 verließ Drake mit seiner Flotte den Hafen von Plymouth, mußte aber wegen eines heftigen Sturmes im Ärmelkanal wieder nach Plymouth zurückkehren und konnte erst am 13. Dezember wieder auslaufen. Von der marokkanischen Küste aus, wo ein Treffpunkt vereinbart worden war, segelte Drake in Richtung Südafrika. Unterwegs ging Drake ein 40-Tonner ins Netz, und dieser wurde gegen die »Bark Benedict« umgetauscht. Anfang Februar verließ Drake mit seiner Flotte die Kapverden und gelangte nach einer schwierigen Fahrt nach der brasilianischen Küste, wo der Meisterpirat dann wegen eines Sturmes über zwei Wochen in der Mündung des Rio de la Plata ausharren mußte. Auf seiner Weiterfahrt legte Drake in Port St. Julian an, wo Magellan achtundvierzig Jahre zuvor überwintert hatte.
Während Drake vor Anker lag, zettelte *Thomas Daughty* angeblich eine Revolte an. Drake ließ ihn kurzerhand wegen Hochverrat hinrichten. Nach einem fast zweimonatigen Aufenthalt in Port St. Julian lief Drake mit seinen drei noch übriggebliebenen Schiffen am 17. August nach der Magellanstraße aus. Nach dem Passieren dieser gefährlichen Wasserstraße nahm die Flottille Kurs in Richtung Nordwest. Durch einen Sturm ging dann die »Marigold« verloren, und die beiden Schiffe »Pelican« und »Elisabeth« kamen aus der Sicht. Es gelang Kapitän Winter, nach der Magellanstraße zu segeln; dort wartete er mehrere Wochen lang auf Drake. Als die »Pelican« dann nicht eintraf, entschloß sich Winter, nach Plymouth zurückzusegeln.

Drakes »Golden Hind« (»Pelican«) war inzwischen durch einen neuen Sturm nach Süden verschlagen worden. Am 20. Oktober warf er in einer Bucht an einer kleinen Insel der Magellanstraße Anker. Nachdem sich seine Kumpanen eine Woche lang ausgeruht hatten, segelte Drake in Richtung des Vizekönigreiches Peru, wo er am 25. November auf der Mocha-Insel (etwa unter 30 Grad südlicher Breite) in der Nähe der heutigen chilenischen Stadt Coquimbo an Land ging. Als Drake und

seine Spezis dann versuchten, mit den Inselbewohnern in Kontakt zu kommen, wurden sie mit einem Hagel giftiger Pfeile empfangen. Drake selbst wurde durch einen Giftpfeil im Gesicht leicht verletzt. Von Mocha aus segelte Drake ungefähr bis unter 32 Grad südlicher Breite, wo er von einem Indio die Nachricht erhielt, daß ein spanisches Schiff mit einer wertvollen Ladung an Bord im Hafen von Valparaiso ankere. Am 5. Dezember (1578) kaperte Drake das spanische Kauffahrteischiff, nahm eine beträchtliche Menge an Gold- und Silberbarren an Bord und nahm mit dem erbeuteten Schiff wieder Kurs nach Süden, wo er unter dem 30. Breitengrad Süd an Land ging. Hier lag die »Golden Hind« einen Monat lang vor Anker, um kalfatert und getalgt zu werden.
Am 19. Januar 1579 ging Drake wieder auf Nordkurs, und am 5. Februar gelangte die »Golden Hind« nach der (heutigen) Hafenstadt Arica. Hier überfiel er ein spanisches Silberschiff und steckte ein zweites in Brand. Die nächste Station hieß Callao, die Hafenstadt von Ciudad de los Reys (Lima). In Callao erfuhr der Meisterpirat, daß die »Nuestra Senora de la Concepcion« – von den spanischen Matrosen kurz »Cacafuego«, d. h. »Feuerspeier« genannt – mit einer reichen Silberladung von Callao nach Panama unterwegs sei. Drake leitete unverzüglich die Verfolgung der »Cacafuego« ein, die er unmittelbar nördlich des Äquators einholte. Am 1. März um neun Uhr abends kam die »Golden Hind« längsseits der »Cacafuego«, und Drake befahl dem spanischen Kapitän Juan de Anton, die Segel sofort zu streichen. Dieser jedoch entgegnete dem Engländer in keckem Ton:
»Welcher alter Kahn befiehlt mir, die Segel zu streichen. Kommen Sie selbst an Bord und streichen Sie die Segel.« Nach dieser für Drake äußerst beleidigenden Antwort eröffnete die »Golden Hind« das Feuer aus allen Rohren, während eine Pinasse, die unbemerkt an die »Cacafuego« herangekommen war, das reichbeladene Silberschiff kaperte. Im Nu hatten Drakes Gesellen die erschrockenen Spanier auf der »Cacafuego« überwältigt und den Kapitän gefangengesetzt. Die Ladung wurde von Drake auf 360 000 Pesos geschätzt. Nachdem Drakes Gesellen die Silberladung an Bord der »Golden Hind« verstaut hatten, ließ er den spanischen Kapitän samt Mannschaft wieder frei, gab ihnen die »Cacafuego« zurück und befahl Juan de Anton, nach Lima zu segeln, um dem spanischen Vizekönig mitzuteilen, *»falls er beabsichtige, die vier sich in seiner Gefangenschaft befindlichen englischen Matrosen hinrichten zu lassen, werde er 2000 Spanier töten«.*
Mitte März gelangte die »Golden Hind« nach der Küste von Nicaragua, wo Drake zwei kleine Schiffe kaperte und zwei Lotsen, die die Seeroute nach den Philippinen gut kannten, gefangennahm. Daraufhin segelte er nach dem kleinen mexikanischen Hafen Guatalco, wo er das Städtchen plünderte und die Kirche ausraubte. Von hier aus nahm Drake Kurs nach der Bucht von San Francisco, wo die »Golden Hind« gründlich überholt wurde und wo Drake Bekanntschaft mit den Miwok-Indianern machte. Die Miwoks gaben sich friedlich, und während einer feierlichen Zeremonie nahm Drake »Besitz« von der Küste und taufte sie auf den Namen »Neu-Albion«. Kurz vor seiner Abfahrt stellte Drake eine Tafel auf, auf der der Name Elisabeth I. eingraviert und ein Bild der Königin in der Form eines Sixpence-Geldstückes angebracht wurde. 1937 wurde in der Drake-Bucht eine Messingtafel gefunden, die dieser Beschreibung entspricht. Weil jedoch die Tafel, anstatt des Sixpence, ein Loch aufweist, muß an der Echtheit der Tafel gezweifelt werden.
Ende Juli verließ die »Golden Hind« die amerikanische Nordwestküste in Richtung der Molukken. Drake ging zuerst auf einer Inselgruppe unter 8 Grad nördlicher Breite an Land, bei der es sich um die »Ladronen« (= Diebesinseln, so genannt, weil die Bewohner den Fremden alles stahlen, was nicht niet- und nagelfest war) gehandelt haben könnte. Von den »Ladronen« aus steuerte Drake in Richtung Mindanao (der zweitgrößten Insel der Philippinen) und segelte dann direkt auf die Molukken zu. Nachdem die »Golden Hind« eine Bucht auf der Insel Tidor angesteuert hatte, sandte Drake eine Gesandtschaft zum Sultan der Insel. Dieser ließ sich sofort zur »Golden Hind« heransegeln, verzichtete jedoch darauf, Drake auf seinem Schiff zu empfangen.

Wenige Tage nach dieser distanzierten Begrüßung gelang es dem Meisterpiraten, sechs Tonnen Gewürznelken zu kaufen. Nachdem diese kostbare Ladung an Bord verstaut worden war, nahm Drake Kurs auf Celebes, wo er vor einer kleinen Insel Anker warf und Proviant aufnahm. Am 12. Dezember setzte die »Golden Hind« die Segel. Kurz nach der Abfahrt brach ein Sturm aus und die »Golden Hind« lief auf ein Riff auf. Nach zwanzig Stunden langem Bangen und mühevoller Arbeit gelang es Drake, daß Schiff wieder flottzumachen. Kaum waren sie wieder auf hoher See, als erneut ein Sturm das Schiff zwischen den Gewürzinseln hindurch, durch die Bandasee, bis in die Nähe der Insel Timor trieb. Am 11. März ging Drake mit seinen Spezis auf Java an Land, wo sie sich zwei Wochen lang von den Strapazen ausruhten. Nach einem lukrativen Warenaustausch mit einigen einheimischen Radschas überquerte die »Golden Hind« den Indischen Ozean, umschiffte das Kap der Stürme (Kap der Guten Hoffnung) und gelangte am 26. September 1580 nach Plymouth.

Im übrigen Europa waren Drakes erste Bravourstücke im Laufe des Sommers 1579 bekanntgeworden. Seine Allkatholische Majestät Philipp II. von Spanien forderte Elisabeth I. ultimativ auf, Drakes Beutegut sofort nach Madrid zu schaffen. In dieser Hinsicht wurde der noble (und naive) König von Spanien enttäuscht. Francis Drake wurde von Elisabeth I. in Privataudienz empfangen und das Beutegut »offiziell beschlagnahmt«. Als Entgelt erhielt Drake 10 000 Pfund Sterling. Als Elisabeth I. dann sicher war, daß Philipp II. wegen der Affäre des »Cacafuego« keinen Krieg anzetteln würde, schlug sie Drake an Bord seines Schiffes »Golden Hind« zum Ritter. Über Nacht war Drake zum Adligen und zum Volkshelden geworden. Der Titel »Meisterdieb der unbekannten Welt«, den verschiedene Gesellschaftskreise zu London ihm »verliehen« hatten, störte Drake nicht im geringsten. In England wurde Drakes Weltumseglung kurz »die berühmte Fahrt« genannt, und in Seemannskreisen wurde seine Expedition rund um die Welt als eine nautische Leistung ersten Ranges angesehen.
Nach der Flucht des portugiesischen Thronprätendenten Dom Antonio (1580) auf die Insel Terceira (Azoren), plante Elisabeth I., Drake den Auftrag zu geben, dieses strategisch wichtige Eiland zu besetzen, um von hier aus der spanischen Silberflotte besser auflauern zu können. Wegen Unstimmigkeiten in der Admiralität wurde der Plan fallengelassen.
Im November 1584 wurde das sogenannte Molukken-Projekt in London ausgearbeitet. Mit einem finanziellen Riesenaufwand von 40 000 Pfund Sterling sollten elf Kriegsschiffe ausgerüstet werden, mit denen Drake einen Angriff auf die Gewürzinseln (Molukken) durchführen sollte. Weil sich urplötzlich die Beziehungen zwischen England und den Niederlanden verschlechterten, entschloß sich die Königin, Drake nach Westindien zu schicken, um Jagd auf die spanischen Silberschiffe zu machen. Als Philipp II. von diesem Plan erfuhr, ließ er alle englischen Schiffe, die in spanischen Häfen ankerten, kurzerhand beschlagnahmen. Elisabeth I. reagierte sofort und gab Drake grünes Licht zur Durchführung seiner großen Kaperfahrt nach der Karibik.

Im September 1585 stach Drake mit einer starken Flotte nach Westindien in See. Die Königin war mit 10 000 Pfund Sterling am Unternehmen beteiligt. Drakes Armada bestand aus den beiden königlichen Schiffen »Elisabeth Bonaventure« und »Aid«, aus der »Primrose«, einem mit schwerer Artillerie bestückten Kauffahrteischiff, der Galeone »Leicester« sowie aus 20 kleineren Einheiten. Acht Pinassen begleiteten den imposanten Konvoi und weitere zehn zerlegte Pinassen wurden an Bord der verschiedenen Fahrzeuge mitgeführt. 2300 englische Marinesoldaten unter dem Kommando von Christopher Cerleill befanden sich an Bord der Flotte, um gegebenenfalls in Erdkämpfe eingreifen zu können. Die Expedition soll insgesamt 60 000 Pfund Sterling gekostet haben. Drake nahm direkten Kurs auf die Bayone-Inseln, dann nach dem spanischen Hafen von Vigo. Obwohl Philipp II.

alle beschlagnahmten englischen Schiffe wieder freigegeben hatte, kaperte Drake alle spanischen Schiffe, die in der Bucht von Vigo vor Anker lagen, ließ eine Kompanie Soldaten an Land und gab die Umgebung von Vigo zur Plünderung frei.
Am 9. (oder 11.) September verließ Drake die galicische Küste, und am 8. Oktober lief die spanische Silberflotte in San Lucar ein. Doch verpaßte Drake, sehr zu seinem Leidwesen, die Silberflotte, die diesesmal Tausende von Silberbarren an Bord hatte. Wegen eines Sturmes nahm Drake Kurs auf Madeira; doch konnte er hier wegen der starken Küstenbatterien nicht landen, sondern mußte nach den Kapverden weitersegeln. Am 17. November ging der Meisterpirat mit über 1000 Marinesoldaten auf der Insel San Tiago an Land und nahm die gleichnamige Hauptstadt der Insel im Handstreich. Während Drake eine ansehnliche Menge Lebensmittel erbeutete, war die Ausbeute an Wertsachen gering. Als nach zehn Tagen kein Lösegeld von seiten der Stadtverwaltung für die Freilassung der Gefangenen bei Drake eintraf, ließ er die Umgebung der Stadt ausrauben. Nur wenige Tage nach seiner Abfahrt von San Tiago brach an Bord der Schiffe eine Fieberkrankheit aus und raffte über 200 Marinesoldaten dahin. Auf den beiden Inseln Dominica und Saint Christopher wurden die Lebensmittelvorräte aufgestockt und die Schiffe geteert. Dann nahm Drake mit seinen Marinesoldaten die Stadt Santo Domingo im Sturmangriff, ließ sich 25 000 Dukaten als Lösegeld auszahlen und gab die Stadt dennoch zur Plünderung frei. Von Santo Domingo aus segelte die Armada nach Cartagena im heutigen Kolumbien. Dem spanischen Gouverneur der Stadt standen insgesamt 1000 gut bewaffnete Soldaten und zwei Galeeren zur Verteidigung von Cartagena zur Verfügung. Als die Nachricht von der Plünderung Santo Domingos durch Drake in Cartagena eintraf, sank die Kampfmoral der spanischen Garnison rasch. Nach dem ersten Kampftag mit Drakes turbulenten Gesellen ließ der Gouverneur die Festung räumen. Weil Drake nur wenige Wertsachen in Cartagena fand, forderte er die Zahlung eines Lösegeldes von 107 000 Dukaten, die ihm ohne lange Verhandlungen ausbezahlt wurden. Am 24. April brach Drake wieder auf und segelte nach Florida, um dann die englische Kolonie Virginia zu besuchen. Bevor er die Küste von Virginia erreichte, überfiel er die spanische Stadt San Augustin im Norden von Florida und plünderte sie aus. Am 9. Juni begrüßte Drake den ersten Gouverneur von Virginia, Ralph Lane. Dieser stellte Drake noch einen 70-Tonner, den Segler »Francis«, zur Verfügung, und am 28. Juli 1586 traf der Meisterpirat wieder in Portsmouth ein. Das Unternehmen hatte über 750 Kumpanen das Leben gekostet. Die gesamte Beute wurde auf 60 000 Pfund Sterling geschätzt. Sie bestand aus Gold, Silber, Perlen und Kanonen. Der Schaden, den Drake in Spanisch-Amerika angerichtet hatte, belief sich auf rund 400 000 Dukaten.

Kaum hatte sich Drake ein wenig von der strapaziösen Fahrt erholt, als seine Königin ihn mit einer weiteren Aufgabe betraute. Anfang 1587 zog der Marquis von Santa Cruz eine gewaltige Flotte in der Meerenge von Gibraltar zusammen. Philipp II. hatte vor, die englische Seemacht zu brechen und Drakes dreiste Unternehmen ein für allemal zu unterbinden. 60 000 Mann sollten des weiteren in England an Land gesetzt werden, um vermutlich bis nach London vorzustoßen und Elisabeth I. in die Knie zu zwingen. Den Hauptstoß hatte der Herzog von Parma von den Niederlanden aus gegen England zu führen. Im August 1588 spitzte sich der englisch-spanische Konflikt zu.
Drake hatte den Auftrag, eine Vereinigung portugiesischer und spanischer Schiffseinheiten zu verhindern (seit 1580 stand Portugal unter der Herrschaft Spaniens, die bis 1640 dauerte). Elisabeth I. stellte Drake vier Kriegsschiffe und zwei Pinassen für diese Aufgabe zur Verfügung. Am 15. März 1588 ernannte Elisabeth I. Drake zum Admiral, und am 2. April verließ Drake Plymouth. Auf der Höhe von Lissabon versammelte sich die Piratenflotte, mit der Drake nun sein Zerstörungswerk gegen spanische Hafeneinrichtungen und Schiffsansammlungen begann. Als Drake dann durch einen holländischen Kapitän erfuhr, daß in Cadiz mehrere spanische Schiffe vor Anker lagen, nahm der

Francis Drake erhält den Dank des Staates: Elisabeth I., die große Förderin der englischen Piraten, schlägt Drake zum Ritter.

Königin Elisabeth I. von England, Protektorin aller großen und kleinen englischen Piraten ihrer Zeit.

Admiral unverzüglich Kurs auf Cadiz, drang, ohne lang zu überlegen, in den Hafen ein und kaperte oder zerstörte alle dort liegenden spanischen Schiffe, deren Zahl auf 24 geschätzt wurde. Nach diesem einmaligen Coup steuerte Drake nach Kap St. Vincent, um das Geschwader des berüchtigten Juan Martinez de Recalde zum Kampf zu stellen. Recalde jedoch hatte bereits St. Vincent verlassen und war auf dem Weg nach Lissabon. So mußte Drake sich damit begnügen, das Fort am Kap Sagres zu zerstören. Drake, der Santa Cruz, Herzog von Medina, Sidonia, Oberbefehlshaber der Armada, in der Mündung des Tejo zum Kampf auffordern wollte, kreuzte vorerst 10 Tage lang vor der Tejo-Mündung hin und her und zerstörte alle Schiffe, die Reifen und Dauben für die spanische Armada geladen hatten. Als Santa Cruz jedoch nicht aus dem Hafen von Lissabon auslief, nahm Drake Kurs auf die Azoren. Durch einen Sturm wurden die Einheiten seiner Flotte auseinandergetrieben. Nur die »Golden Lion« schloß sich Drake nicht mehr an, und der Admiral ließ den Kapitän dieses Schiffes, Borough, wegen Meuterei in Abwesenheit zum Tode verurteilen.

In der Nähe der Azoren ging Drake die Karacke »San Felipe« ins Garn. Die Beute wurde auf 114 000 Pfund Sterling geschätzt. Am 26. Juni traf Drake wieder in Plymouth ein. Drakes Störangriffe gegen die Schiffsansammlungen hatten bewirkt, daß Philipp II. seinen Angriff gegen England um Monate hinausschieben mußte.
Am 30. Mai lief die »unbesiegbare« Armada Philipps II. von Lissabon in Richtung England aus, und am 20. Juli erreichte sie Kap Lizard, Englands südlichsten Punkt. Drake machte wohl die bedeutendste Prise, indem er die »Nuestra Senora del Rosario«, Don Pedro de Valdés' Flaggschiff, kaperte. Wind und Wetter setzten der Armada dann so stark zu, daß das Unternehmen kläglich scheiterte. Nach der Niederlage der »unbesiegbaren« Armada richtete Drake sein Augenmerk auf Portugal, wo viele Portugiesen jederzeit bereit waren, sich gegen die verhaßten Spanier zu erheben. Elisabeth I. jedoch machten die 50 Schiffe, die in den Häfen von San Sebastian und Santander lagen, mehr Sorgen, denn sie konnten schnell bemannt werden, um eine neue Invasion gegen England durchzufüh-

»Der spanische Pirat.« Martialische und furchterregende Darstellung einer englischen Karikatur während der spanisch-englischen Auseinandersetzung unter Elisabeth I.

Linke Seite:
Das im Jahre 1533 gegründete Cartagena am Karibischen Meer (heute Hauptstadt des Dep. Bolivar in Nord-Kolumbien) war wegen seines Reichtums ein beliebter »Ausflugsort« der karibischen Flibustiers. Nach der Plünderung zogen die Flibustiers stets wieder ab, um ihre Beute auf Tortuga oder auf Jamaika zu verteilen.

ren. Drake kommandierte diesesmal 150 Schiffe aller Art, um Santander und San Sebastian anzugreifen. Mehrere holländische Truppentransporter waren ebenfalls mit von der Partie. Am 24. April (1589) traf Drake vor La Coruna ein, wo er eine spanische Galeone zerstörte. Hierauf ließ Drake die Wohnviertel im Hafen ausrauben. Kaum war dieser Raubzug abgeschlossen, als sich die holländischen Soldaten weigerten, noch weiter mitzumachen. Glücklicherweise trafen weitere englische Schiffe mit Verstärkungen ein, so daß der Ausfall der Holländer wieder wettgemacht werden konnte. Beim Ort Penich, rund 25 Meilen nördlich von Lissabon, ließ Drake Marinesoldaten an Land setzen, während er in den Tejo hineinfuhr, um die portugiesische Hauptstadt von See her anzugreifen. Zu seiner Überraschung mußte Drake feststellen, daß die Spanier in der Lage waren, jeden Angriff abzuschlagen. Als dann Sir John Norris, der Befehlshaber der englischen Marinesoldaten, ebenfalls einsah, daß er sich vor Lissabon eine Abfuhr holen würde, brach er den Angriff ab und marschierte nach dem Fischerdörfchen Cascais, 20 Kilometer von Lissabon entfernt. Am 8. Juni lichtete Drake die Anker, mußte aber seinen Plan, die spanischen Schiffe in Santander und San Sebastian zu zerstören, wegen ungenügender Truppenstärke aufgeben und kehrte nach England zurück. In London war

Ihre Majestät Elisabeth I. ob dieses Scheiterns sehr erzürnt. Drake fiel dann bei der Königin in Ungnade, und er zog sich für mehrere Jahre aufs Land zurück.

Im Sommer 1594 betrat Drake zum letztenmal die große Bühne der Piraten. Gemeinsam mit seinem Kollegen Hawkins erhielt er von Elisabeth I. den Auftrag, Panama zeitweise zu besetzen. Diesesmal aber waren die Spanier auf Drakes Kommen vorbereitet. Seine Flotte bestand aus sechs Linienschiffen Ihrer Majestät, der funkelnagelneuen »Defiance« und aus 21 Handelsschiffen. An Bord der Flotte befanden sich 2500 Marinesoldaten, von denen allerdings keiner über Kampferfahrung verfügte. Am 27. Oktober warf Drake Anker vor Guadeloupe. Als die Spanier dann die englische Barke »Delight« aufgebracht hatten, wußten Drake und Hawkins, daß ihre Marschroute den Gegnern bekannt war. Inzwischen hatte der spanische Kommandeur Pedro Tello in Puerto Rico weitere 25 Kanonen aufstellen und die Silberbarren des im Hafen vor Anker liegenden Silberschiffes nach dem Fort transportieren lassen. Am 11. November gelangte Drake nach Puerto Rico, und am 13. November nachts wagte er den ersten Angriff auf die Stadt. Der Sturmangriff schlug fehl, und 40 tote Engländer blieben zurück. Um die Spanier in Puerto Rico abzulenken, marschierte Drake nach der Perlenfischersiedlung Rio de la Hacha und plünderte sie. Von hier aus segelte er mit seinen Gesellen nach Panama. Inzwischen hatte eine Fregatte des Vizekönigs weiteren Nachschub an Truppen und Munition nach Puerto Rico gebracht, und mit ihr war der tüchtige Offizier Alonso de Sotomayor gekommen. Am 27. Dezember tauchte Drake vor Nombre de Dios auf und plünderte den Ort. Zwei Tage später brach *Baskerville,* Drakes Kompagnon, mit rund 800 Marinesoldaten in Richtung Panama auf. Das Unternehmen endete mit einem Fiasko. Am Campira-Paß wurden Baskervilles Marinesoldaten von den Spaniern geschlagen, und Baskerville mußte sich unter schweren Verlusten schleunigst zurückziehen. Nur unter letzter Kraftanstrengung gelangte er mit einem Häuflein von demoralisierten Marinesoldaten nach Nombre de Dios, eben als Drake mit seinen Kumpanen im Begriff war, den Rio Chagres flußaufwärts zu fahren. Drake lud Baskerville mit seinen Mannen ein, die Boote zu besteigen, und beide steuerten nach der Küste von Honduras. Wegen des schlechten Wetters mußten sie auf der Escudo-Insel an Land gehen. Am 20. Januar 1596 erkrankte Drake an Fieber. Acht Tage später befahl der todkranke Pirat seinen Soldaten, ihm beim Anlegen seiner Rüstung zu helfen, weil er wie ein Soldat sterben wollte. Am Nachmittag des 28. Januar hauchte Drake, fern von seiner Heimat, das Leben aus. Sein Leichnam wurde in einen Bleisarg gelegt und in der Bucht von Nombre de Dios in die See versenkt.
Endlich konnten die Spanier aufatmen.

Die Sarazenen, »Wikinger« des Südens

Verwegene Wüstensöhne
Spezialisten der Landräuberei

Anfang des 9. Jahrhunderts machten Allahs Söhne in Nordafrika, Spanien und Südfrankreich Geschichte. Sie kamen aus der arabischen Wüste, trugen Mohammeds Lehre nach den entferntesten Winkeln von Nordafrika und raubten und stahlen in Allahs Namen alles, was nicht niet- und nagelfest war.
Im Jahre 848 tauchten sie vor Marseille, dem einstigen punischen Massilia, auf, überfielen die dort vor Anker liegenden Schiffe und plünderten die Vorratshäuser im Hafen aus.
869 drangen die kecken Wüstensöhne bis nach Arles vor, überfielen das bischöfliche Palais und schleppten den entsetzten Bischof, der gerade sein Abendgebet verrichtete, mitsamt seinen Bediensteten als Geiseln mit.
In Eze hatten die Sarazenen ihr Hauptquartier. Es lag 392 Meter über dem Meeresspiegel und galt als uneinnehmbar. Von diesem Horst aus konnten sie alles Leben und Treiben bis zum Kap Ferrat erspähen. Erst im Laufe des 12. Jahrhunderts, als die Landräuberei der Sarazenen für die Bevölkerung unerträglich wurde, beschlossen die weltlichen und geistlichen Herren der Provence und die Grimaldis, die Vorfahren des heutigen monegassischen Herrschers, gemeinsam gegen die räuberischen Mohammedaner vorzugehen. Um ihren dreisten Unternehmen einen Riegel vorzuschieben, wurden Kastelle in Nizza, Saint-Raphael und Cannes gebaut und mit Garnisonen versehen. Die Küstenüberwachung wurde den wackeren Templern (oder Tempelrittern) anvertraut. Nach jahrelangen Bemühungen der Templer und der Adligen der Provence gelang es dann endlich, die Sarazenen aus Südfrankreich zu vertreiben.
Nachdem die beutegierigen Sarazenen ihr Operationsgebiet in Südfrankreich verloren hatten, suchten sie sich den italienischen Stiefel für ihre Raubzüge aus. 831 überfielen sie Palermo, 843 war Messina und 877 Syrakus an der Reihe. Im Jahre 902 machten sie einen »Ausflug« nach dem idyllischen Taormina. 1005 drangen sie von See her in den Hafen von Pisa ein, und wenig später erschienen sie vor Ostia. Als dort die Beute recht mager ausfiel, drangen die tolldreisten Söhne des Propheten bis zur Stadt Rom vor. Hier statteten sie den Basiliken des heiligen Petrus einen pietätlosen Besuch ab und raubten die Apostelgräber aus. Die römische Mauer hinderte die gesetzlosen Sarazenen daran, in den Stadtkern der Heiligen Stadt vorzudringen.
Erst im Jahre 1016 gelang es den vereinten Seestreitkräften der Seestädte Genua und Pisa, die Seeräubernester der Sarazenen auf Sardinien und Korsika auszuheben.

Neuzeit, 16. Jahrhundert

Die »Großen« im Mittelmeer
»Superstar« Cheyreddin und seine Schüler: Murad, Dragut und Ali-el-Uluji · Simon der Danser · Jansz

Im Jahre 1372 wurden die beiden Seeräubernester Malta und Mehdiya in Marokko von den vereinigten Seestreitkräften der italienischen Republiken Venedig, Genua und Pisa zerstört. Gegen Ende des 14. Jahrhunderts war das westliche Mittelmeer von Piraten gesäubert. Im östlichen Mittelmeer aber machten türkische (oder osmanische) Korsaren die Gewässer um die reiche Insel Rhodos herum zusehends unsicherer. Nach dem Fall von Konstantinopel im Jahre 1453, als das politisch morsche Byzantinische Reich zu bestehen aufhörte, traten die meisten osmanischen Korsaren in den Dienst der Hohen Pforte. Um ihrem obersten Gebieter in Istanbul zu huldigen, brachten sie ihrem Sultan großzügige Geschenke in Form von Juwelen, Sklaven und jungen Mädchen dar. Im Laufe des 15. und 16. Jahrhunderts traten eine ganze Reihe von osmanischen Korsaren hervor, die im Namen der Hohen Pforte unter dem Titel eines Beglerbeg, d. h. Gouverneurs, selbstherrlich über Nordafrika regierten, die als große Flottenadmirale der osmanischen Marine und als Gegenspieler der spanischen Könige auftraten und den Islam bis zu den Gestaden des Atlantiks verbreiteten.
Der Leitstern aller osmanischen Korsaren war *Cheyreddin*, »Barbarossa« (franz. Barberousse) genannt. Cheyreddin entstammte einer bescheidenen christlichen Töpferfamilie von der griechischen Insel Mytilene (früher Lesbos) zwischen den Inseln Chios und Lemnos in der Ägäis. Sein Geburtsdatum und sein genauer Geburtsort auf Mytilene sind unbekannt. Über seine Kindheit wissen wir nichts. Eine Schulbildung scheint er nicht genossen zu haben. Fest steht, daß er bereits im Jugendalter in den Dienst eines osmanischen Korsaren trat, der ihm den letzten Schliff des Seeräuberhandwerks gab.
Cheyreddin und sein Bruder *Uruj* (Azor), beide wegen ihrer roten Bärte kurz »Barbarossa« genannt, traten zunächst in den Dienst der Hafsiden-Dynastie, die die Stadt Tunis bis 1574 beherrschte. Auf der Insel Djerba im Golf von Gabès heuerten die beiden jungen Korsaren eine Mannschaft an und machten Jagd auf alle kastilischen Transportschiffe, die ihnen in die Quere liefen. Im Jahre 1504 gelang Cheyreddin erstmals ein bemerkenswerter Coup, der große Bestürzung in der Christenheit hervorrief. Der Dominus Orbis, Papst Julius II., hatte zwei seiner stärksten Galeeren zum Geleitschutz eines Kauffahrtei-Konvois von Rom nach Genua geschickt. Der Kommandeur der beiden Kriegsschiffe, Paolo Victor, sicherte den Geleitzug von Genua nach Civita Vecchia. Weil es während der letzten 200 Jahre keinen Überfall mehr auf ein Schiff in diesen Gewässern gegeben hatte, segelte er einige Meilen hinter dem Geleitzug, denn wer sollte sich schon an den Gütern des obersten Herrn

der Christenheit auf Erden vergreifen? Auf der Höhe der Insel Elba erblickte Paolo Victor dann urplötzlich eine Galeote. Weil dieser Teil des Tyrrhenischen Meeres jedoch als absolut seeräubersicher galt, maß er dem Auftauchen der Galeote keine Bedeutung bei und segelte weiter hinter dem Geleitzug her. Mit einemmale aber befand sich Cheyreddins Galeote längsseits der stolzen Galeere des Kirchenstaates.
Mit wildem Kriegsgeschrei sprangen Dutzende von bärtigen Gesellen, den Säbel schwingend, auf das Deck der Galeere. Der Besatzung des päpstlichen Schiffes standen die Haare derart zu Berge, daß sich keiner von ihr zur Wehr setzte. Blitzschnell hatte sich das Entern abgewickelt. Im Nu befanden sich alle überlebenden Besatzungsmitglieder der Galeere im untersten Raum ihres eigenen Bootes. Dieser Husarenstreich beflügelte Cheyreddin und Uruj zu einem noch tollkühneren Unternehmen. Sie gaben ihren Kumpanen den Befehl, sich auf das Entern der zweiten päpstlichen Galeere vorzubereiten. Nun mußte die schlotternde Besatzung der päpstlichen Galeere ihre Uniformen ablegen. Flugs schlüpften Cheyreddins und Urujs Gesellen in die Uniformen der Matrosen des Kirchenstaates, zogen deren Flagge hoch, nahmen ihre Galeote ins Schlepptau und segelten mit aller Kraft auf ihr nächstes Opfer zu. Beim Herannahen der päpstlichen Galeere drängte sich die gesamte Crew auf Deck, um einmal die »Prise« ihres Schwesterschiffes in Augenschein zu nehmen. Mit derselben Schnelligkeit wie bei dem Überfall auf die erste Galeere wurde das zweite päpstliche Schiff geentert, und binnen mehreren Stunden befanden sich die Untertanen des Papstes auf dem Weg nach Tunis.
Um sich eine sichere Operationsbasis im Mittelländischen Meer zu verschaffen, schlossen Cheyreddin und Uruj nach ihrer triumphalen Heimkehr einen Vertrag mit dem Bey von Tunis ab, demgemäß sie Tunis anlaufen konnten und dafür dem Bey 20 Prozent von jeder Prise abtraten. Um den beiden osmanischen Korsaren das Handwerk zu legen, rüsteten Ferdinand und Isabella von Spanien eine starke Flotte aus und blockierten die nordafrikanische Küste von Oran bis nach Tunis. Während einer großangelegten Kampagne gegen die Seeräuber in den nordafrikanischen Gewässern durch das katholische Herrscherpaar wurden die Seeräuber-Trutzburgen von Algier, Oran und Bougie 1510 zerstört. Schließlich gelang es dann König Ferdinand, in Algier die Oberhand zu gewinnen, und er ließ auf Kosten der Bevölkerung von Algier auf der Insel Penon am Hafeneingang der Stadt eine Festung erbauen, um den Seeräubern die Hafeneinfahrt zu untersagen. Zweimal versuchte Cheyreddins Bruder Uruj die Stadt Bougie (heute Bejaia) einzunehmen, und beide Male wurde er von den Spaniern zurückgeschlagen.
Nach Ferdinands Tod lehnte sich die Bevölkerung von Algier gegen die spanische Vorherrschaft auf und übertrug einem gewissen *Salim-ed-Teumi*, einem See- und Landräuber aus Blida, die politische Herrschaft über Algier. Salims erster kriegerischer Schritt begann mit einem Angriff auf Penon. Weil er nicht genügend Soldaten besaß, um die Festung zu erobern, bat er Uruj um Hilfe. Dieser stellte Salim 5000 bewaffnete Gesellen zum Sturm auf Penon zur Verfügung, während Cheyreddin mit einer Flotte Algier von der See her angriff. Uruj, der mutmaßlich nicht gewillt war, sich dem Oberbefehl des Seeräubers Salim unterzuordnen, erwürgte diesen kurzerhand. Dann bot er sich der Hohen Pforte als Vasall an. Binnen kurzer Zeit gelang es Uruj, große Teile von Algerien und Tunesien zu erobern und der Bevölkerung von Algier seine Herrschaft aufzuzwingen. Als dann Algiers Bevölkerung Urujs Macht zu eisern fand, bat sie die Spanier wieder um Hilfe. Karl V. ließ eine Armee von 10 000 Mann nach Algier hinübersetzen. Unglücklicherweise wurde Uruj in der Nähe des Städtchens Tilimsan von den spanischen Streitkräften überrascht, als er eine feurige Ansprache vor 1500 seiner Kumpanen hielt. Überstürzt raffte Uruj seine Beute und seinen privaten Schatz zusammen und marschierte mit seinen Gesellen nach Algier. Die Spanier jedoch blieben Uruj auf den Fersen. Um seine Verfolger zu verwirren und um Zeit zu gewinnen, ließ Uruj ab und zu einen Teil seiner Beute auf dem Weg liegen. Der Marquis von Comares, der Oberbefehlshaber der spanischen

Uruj und Cheyreddin »Barbarossa«, das berühmteste Zweigespann aller Korsaren zu allen Zeiten im Mittelmeer. Cheyreddin »Superstar« gab nicht nur allen bekanntesten Spezis den letzten Schliff im Seeräuberhandwerk, sondern herrschte als ungekrönter König von Algier unumschränkt über fast ganz Nordafrika, führte Andrea Doria und Karl V. an der Nase herum und war der Begründer der osmanischen Seemacht im Mittelmeer. Zu seinem vierhundertjährigen Todestag wurde in Istanbul auf dem Platz gegenüber der Türbe seine Denkmalstatue enthüllt. Sie ist das Werk des türkischen Bildhauers Zühtü Müridoglu. Auf der Rückseite sind sechs Verszeilen des türkischen Lyrikers Yahya Kemal eingelassen. Hier die Übersetzung:

»Was dröhnt so laut am Horizont entlang?
Kehrt Cheyreddin zurück, erwartet lang
aus Tunis, Algier und dem Inselmeer.
Auf Wogen reitet ein Schiff daher,
zurück aus Ländern, die vom Halbmond hell,
Woher, ihr Schiffe, kommt ihr? Sagt es schnell!«

Seetreffen zwischen zwei Malteser-Schiffen und drei algerischen Kaperschiffen.

Türkische Piraten-Matrosen, die auf dem Schiff eines osmanischen Piraten Dienst taten.

Streitkräfte in Nordafrika, der Uruj verfolgte, ließ sich durch Urujs Tricks jedoch nicht irritieren. Beim Überschreiten des Flusses Salado (Rio Salado) gelang es den Spaniern, Uruj und seine Seeräuber einzuholen. Während der blutigen Auseinandersetzung wurde Uruj mitsamt seinen 1500 Mannen erschlagen.

Nach Urujs Tod trat Cheyreddin, der inzwischen eine mächtige Flotte von Galeeren aufgestellt hatte, voll in Erscheinung. Binnen mehreren Monaten hatte Cheyreddin die nordafrikanische Küste von Melila über Algier (ohne die Festung Penon) bis nach Tunis fest in seiner Hand. Nachdem sein oberster Kriegsherr zu Istanbul den Mameluken-Sultan aus Ägypten vertrieben hatte, machte Cheyreddin einen ersten staatsmännischen Schachzug, indem er dem Sultan die Provinz Algier zur Aufnahme in sein Reich anbot. Der Sultan nahm das Angebot an, ernannte den Korsaren zum Beglerbeg (Gouverneur) und schickte ihm obendrein noch 2000 Janitscharen (türkische Bezeichnung für Fußsoldaten bis 1824).

Im selben Jahr, als Karl beim Tod seines Großvaters (väterlicherseits) Maximilian unter dem Namen Karl I. König von Spanien und unter dem Namen Karl V. Kaiser von Deutschland wurde, hatte Cheyreddin in Nordafrika bereits ein mächtiges Reich errichtet. In seiner Flotte diente eine ganze Garnitur von Seeräubern: *Dragut* aus Anatolien, der sich auf das Kapern von Handelsschiffen aus der Levante spezialisiert hatte. *Sinan* der Jude, der aus Smyrna stammte und in der schwarzen Kunst besonders versiert war, und *Aydin*, ein abtrünniger Christ, bei den Osmanen unter dem Namen »Schrecken der Spanier« und bei den Spaniern unter dem Namen »Schrecken des Teufels« bekannt. Ab und zu kaperten Cheyreddins Schüler ein aus Spanisch-Amerika kommendes Silberschiff in den Gewässern von Gibraltar, das Silber- und Goldbarren nach dem »Goldturm« von Sevilla brachte.

Um 1520 herum hielt sich der »Superstar« am liebsten in den Gewässern der Balearen, von Minorca und der Pituysen auf. Ein Jahr zuvor hatte Cheyreddin den Spaniern eine erste vernichtende Niederlage beigebracht. Der spanische Admiral Don Hugo de Moncada war mit einer Armada von 50 Schiffen nach Algerien gesegelt, um Cheyreddin Algier zu entreißen. Moncadas Flotte wurde vor Algier

Raubzug nordafrikanischer Seeräuber gegen die italienische Küste. Die westitalienische Küste von Genua bis nach Sizilien war ein beliebter »Ausflugsort« der Barbaresken-Piraten. Sie hatten es nicht nur auf Kleinodien, sondern, wie das Bild zeigt, ebenfalls auf Schöne Helenen abgesehen. Die meisten verschwanden in den Harems von Istanbul.

Rechte Seite: Algerische Seeräuber, Gemälde von Lecomte (1781–1857).

größtenteils in Grund und Boden geschossen, und der Admiral mußte in Eile mit den restlichen Schiffen das Weite suchen, um nicht in Cheyreddins Gefangenschaft zu geraten.

Von 1520 an – in diesem Jahr bestieg Soliman II. den Osmanenthron – versammelten sich jedes Jahr im Frühjahr die berühmtesten osmanischen Korsaren in Algier, um gemeinsam ihre »Tourneen« oder Kreuzfahrten zu besprechen und abzustecken. Cheyreddins Flotte umfaßte um diese Zeit Hunderte von Galeeren und Galeonen fast aller Anrainerstaaten des Mittelmeeres, die des Kirchenstaates mitinbegriffen.

Als Aydin, der »Schrecken des Teufels«, im Auftrag seines Herrn zu Algier 1521 in Richtung der Balearen segelte, erhielt er auf hoher See von einem französischen Kapitän die Nachricht, daß in Oliva, einem kleinen Hafen in der Nähe von Valencia, Hunderte von Mauren darauf warteten, gegen hohe Bezahlung nach den Balearen gebracht zu werden, weil sie sich von den christlichen Spaniern verfolgt glaubten. Ohne Zögern machte sich Aydin zum Fluchthelfer, schiffte an die 200 Familien auf seine Galeeren ein und transportierte sie nach Formentora. Kaum aber hatte der Korsar die Anker gelichtet, als acht spanische Galeeren unter dem Kommando des gewichtigen Generals Portunodo hinter Aydin her segelten. Weil seine Schiffe vom Bug bis zum Heck mit Flüchtlingen vollgepfropft waren, beschloß Aydin, mit aller Kraft nach Formentora zu segeln, um zuerst die Mauren an Land zu bringen und sich dann gegen den General zu wenden.

Nachdem er dann alle Mauren an Land gesetzt hatte, bereiteten sich die Korsaren auf die Auseinandersetzung mit den Spaniern im Hafen vor. Die Korsaren waren dann baß erstaunt, als die Spanier nicht einmal einen Schuß abfeuerten, als sie am Pier anlegten. Portunodo beabsichtigte nämlich, mit den Korsaren zu verhandeln, um ein möglichst hohes Lösegeld für die Mauren herauszuschlagen. Aydin sah in dem Gebaren des stolzen und naiven Spaniers eine Schwäche, nutzte den richtigen Augenblick aus und bemächtigte sich im Handumdrehen sechs der acht spanischen Galeeren. Der General wurde während des kurzen Gefechtes erstochen und die meisten Spanier gerieten in Gefangenschaft. Die maurischen Galeerensträflinge wurden durch Spanier ersetzt, die 200 maurischen

Familien wieder eingeschifft und nach Nordafrika transportiert. In Algier wurde Aydin wegen seines einmaligen Bravourstückes von Cheyreddin hoch geehrt.
Nach der Rückkehr seines gelehrigen Schülers Aydin hatte der Meister in Algier den Plan gefaßt, die Festung Penon endgültig in die Hand zu bekommen. Noch immer saß eine spanische Besatzung in der Festung, und niemand durfte ohne ausdrückliche Erlaubnis des spanischen Kommandanten in den Hafen segeln. Die Korsaren mußten in einer gewissen Entfernung von Penon an Land gehen und konnten nur auf einem Umweg »ihre« Stadt erreichen. Cheyreddin leitete die Eroberung der Festung mit einer 16 Tage lang dauernden Beschießung des Forts ein, die angeblich nicht einmal nachts aufhörte. Nachdem der Meister die Festung hatte sturmreif schießen lassen, gaben rund 1000 Kumpanen dem Fort den Todesstoß. Der spanische Festungskommandant Don Martin de Vargas, der es gewagt hatte, Cheyreddins Angebot, die Festung kampflos zu übergeben, schroff zurückzuweisen, wurde zu Tode geknüppelt. Während dieser Prozedur saß Superstar Cheyreddin auf einem Stuhl und sah sich das makabre Schauspiel seelenruhig an. Als dann neun spanische Frachter mit Munition und Truppen an Bord in der Nähe von Penon eintrafen und die Kapitäne sahen, was eigentlich los war, versuchten diese durch ein geschicktes Manöver wieder auf hohe See zu gelangen. Es gelang den Korsaren jedoch, mit ihren schnellen Galeoten die Spanier einzuholen und die Schiffe zu kapern. 2700 gefangene Spanier, Munition und Proviant fielen den kecken Gesellen in die Hände.
1534 unternahm Cheyreddin, der des Landlebens überdrüssig war, eine großangelegte Aktion nach der westitalienischen Küste. Mit einer Flotte von 61 Galeeren segelte der Meister zuerst durch das Tyrrhenische Meer, passierte die Meerenge von Messina und ging in Reggio an Land. Im Handstreich bemächtigte sich der Beglerbeg aus Algier der im Hafen vor Anker liegenden Schiffe. Daraufhin gab Cheyreddin seinen Kumpanen den Befehl, die Burg Santa Lucia von Reggio zu erstürmen. Die Eroberung der Festung brachte 800 Gefangene ein. Auf seiner Weiterfahrt in Richtung Scilla überfiel Cheyreddin einige Küstendörfer und sorgte für die Rekrutierung der Ruderer auf seinen Galeeren. Inzwischen hatte der alte Fuchs von der Existenz einer schönen Helene in der Person der Herzogin von Trojetto und Gräfin von Fondi namens Julia Gonzaga gehört. Um sich gegenüber seinem Gebieter in Istanbul wieder einmal erkenntlich zu erweisen, faßte er den Plan, die Circe zu kidnappen und sie als Geschenk zum Sultan zu expedieren. Leider war Cheyreddins Präsenz der Schönen gemeldet worden. Die ehrbare Dame hat noch Zeit gehabt, aus dem Schlafzimmer zu flüchten, sich im Negligé auf einen schnellen Rappen zu schwingen und sich mit einem ihrer Diener davonzumachen. Nach gelungener Flucht ließ die Herzogin den Diener, der ihr angeblich während der Flucht zu nahe gekommen war, hinrichten. Cheyreddin war ob dieses Fehlschlags sehr wütend und ordnete die systematische Plünderung des Städtchens Fondi an.
Über Cheyreddins nächstes Ziel wußten nicht einmal seine engsten Vertrauten Bescheid. Während man in Nordeuropa an den Kaminfeuern der Burgen noch ausführlich über Cheyreddins tolldreiste Unternehmen lang und breit diskutierte, änderte er urplötzlich den Kurs und segelte in Richtung Tunis. Mit der Munition, die er den Spaniern nach der Eroberung von Penon abgenommen hatte, ließ er die Stadt einen Tag lang heftig bombardieren und dann erstürmen. Sultan Hassan von Tunis, Spaniens Protegé, gab Fersengeld. Durch diesen Husarenstreich kontrollierte Cheyreddin von nun an die gesamte Schiffahrt in der heutigen Straße von Tunis. Die Eroberung von Tunis jedoch konnte sich seine Allkatholische Majestät Karl V. nicht gefallen lassen. Um das militärische Gleichgewicht in diesem Raume des Mittelländischen Meeres wiederherzustellen, zog Karl V. über 600 Schiffseinheiten jeder Art zusammen. Den Oberbefehl über diese gewaltige Armada übertrug Karl seinem Verbündeten Andrea Doria. Von Barcelona aus setzte sich die Armada in Richtung Tunis in Marsch. Die Schiffsbesatzungen bestanden aus Italienern, Spaniern, Deutschen und Franzosen. Unterwegs stieß noch die Flotte der Malteser-Ritter hinzu und verstärkte die kosmopolitischen Seestreitkräf-

te. In Reichweite von Tunis angelangt, gab Doria den Befehl, vorerst Tunis mit Schiffsartillerie zu beschießen. Cheyreddin selbst war nicht in der Stadt. Sein Stellvertreter Sinan »der Jude« leitete die Verteidigung der Zitadelle. Es gelang Doria dann, eine Bresche in die Mauer des Forts von La Goulette zu treiben, die die Stadt schützte. Trotz drei Gegenangriffen mußte Sinan der Übermacht der Spanier weichen und sich nach der Zitadelle zurückziehen. Inzwischen jedoch hatte sich Superstar Cheyreddin mit 10 000 Mann in Richtung Tunis in Marsch gesetzt, um seinen bedrängten Spezis zu Hilfe zu kommen. Als die Kumpanen jedoch in die Nähe von Tunis kamen, meuterte ein Teil von ihnen, und Cheyreddin und Aydin mußten sich nach Bône in Sicherheit bringen, wo Cheyreddin seine Flotte stationiert hatte. Auch Sinan »der Jude« war gleichzeitig in Bône eingetroffen, nachdem er die Zitadelle hatte aufgeben müssen. Drei Tage lang ließ Karl V. seine Soldaten in Tunis schalten und walten. Wie viele Bewohner von Tunis ermordet und ausgeraubt wurden, ist nie bekanntgeworden. Mit dem wieder inthronisierten Sultan Hassan schloß Karl V. einen Beistandspakt gegen Cheyreddin. Dann kehrte der Kaiser nach Spanien zurück, wo er als »europäischer« Held gefeiert wurde. Kaum aber hatte Karl V. der Stadt Tunis den Rücken gedreht, als Superstar Cheyreddin in den Gewässern der Balearen-Insel Menorca auftauchte. Kurz vor Cheyreddins Erscheinen vor Menorca hatten die Inselbewohner erfahren, daß ihr Kaiser den nordafrikanischen Seeräubern Tunis entrissen hatte, und weil Cheyreddin unter spanischer Flagge segelte, glaubten die Menorcaner, daß es sich um die ersten siegreichen spanischen Einheiten handele.
Um die »kaiserliche« Flotte würdevoll zu empfangen, gaben die Menorcaner einige Salutschüsse ab. Cheyreddin beantwortete den Gruß mit einem Hagel von Pfeilen und mehreren wohlgezielten Kanonenschüssen. Die Überraschung der Inselbewohner war gelungen. Ein großes portugiesisches Kauffahrteischiff, das im Hafen vor Anker lag, wechselte im Nu den Besitzer. Mit rund 6000 gefangenen spanischen Untertanen setzte sich Cheyreddin in Richtung Istanbul in Marsch. Um den Affront von Tunis gegenüber seinem obersten Herrn in Istanbul wiedergutzumachen, schenkte Cheyreddin dem Sultan diese imposante Menschenfracht. Der Sultan war ob dieser edlen Spende hocherfreut, ernannte den Superstar zum Beglerbeg von Algier und zum Großadmiral seiner Flotte.

Im Jahre 1537 hatte Andrea Doria eine ziemlich glückliche Hand im Kampf gegen die osmanischen Korsaren von Nordafrika. In der Meerenge von Messina stellte er eine Flotte aus Algier zum Kampf und erbeutete 12 türkische Galeeren. Cheyreddin jedoch blieb nichts schuldig und unternahm einen Raubzug gegen mehrere Küstendörfer von Apulien. Als Cheyreddin dann zu Ohren bekam, daß Venedig seinem Sultan den Krieg erklärt hatte, nahm er sofort Kurs auf die Insel Korfu, die damals zur Dogenrepublik gehörte. Ohne Schwierigkeiten landete der Meister 25 000 Kumpanen und 30 Geschütze auf der Insel. Dann ließ er die Festung der Insel von See her beschießen. Erstmals setzte der Superstar die größte Kanone der Welt gegen das Fort ein. Wegen technischer Mängel aber funktionierte das Monstrum nicht gut und richtete mehr psychologischen als effektiven Schaden an. Nur fünf Fünfzig-Pfund-Geschosse erreichten ihr Ziel. Als die Festungsbesatzung dann noch immer nach einer fast dreimonatigen Belagerung hartnäckigen Widerstand leistete, befahl Soleiman »der Prächtige« (auch »der Gesetzesgeber« genannt) seinem Großadmiral Cheyreddin, die Belagerung abzubrechen. Um aber nicht mit leeren Händen vor seinem obersten Kriegsherrn in Istanbul zu erscheinen, unternahm Cheyreddin einen Raubzug längs der heutigen jugoslawischen Küste, der ihm insgesamt 1000 junge Mädchen, 1500 Knaben und rund 400 000 Goldmünzen einbrachte. Mit dieser enormen Beute gab sich Soleiman zufrieden und verzieh Cheyreddin sein Mißgeschick vor Korfu. Anfang 1538 erfuhr Superstar Cheyreddin, daß sich sein Gegenspieler Andrea Doria mit einer Flotte in der Adria aufhielt. Ohne Verzug steuerte Barbarossa mit seiner Flotte nach der Adria und lockte Doria in die Bucht von Preveza (Albanien) hinein. Dorias Seestreitkräfte umfaßten 80 venezianische, 30 spanische und 36 päpstliche Galeeren sowie 50 Galeoten. An Bord dieser gewaltigen Armada befanden sich rund 30 000 Marinesoldaten. Cheyreddin konnte Doria nur knapp 140 Schiffe entgegensetzen. Sinan »der Jude«, Dragut und Murad waren ebenfalls mit von der Partie. Am 25. September begegneten sich die beiden damaligen stärksten Flotten der Welt. Drei Tage lang bewahrten die beiden Oberbefehlshaber Distanz. Am 28. September wagte Doria dann den Ausfall. Cheyreddins Gesellen, die in der Handhabung der kurzen Säbel und Dolche wahre Meister waren, besiegten in einer mörderischen Seeschlacht Dorias Streitkräfte. Tausende von christlichen Streitern mußten den Weg in die osmanische Knechtschaft antreten, und Soleiman »der Prächtige« war durch den Seesieg von Preveza unumschränkter Herrscher im Mittelmeer. Es vergingen drei Jahre, bis sich die Christenheit von dieser Niederlage erholt hatte.

Im Jahre 1541 zog Karl V. eine riesige Armada von über 500 Schiffen in den Häfen von Barcelona bis nach Cadiz zusammen, um Cheyreddins Flottenstützpunkt und Ausgangsbasis für alle seine Kreuzfahrten, Algier, zu zerstören. An Bord der christlichen Armada befanden sich rund 12 000 Marinesoldaten. Karl V. hatte Andrea Doria, der zunehmend an geistiger Verkalkung litt, den Oberbefehl über die Armada übertragen. Der tüchtige Herzog Alba kommandierte die Marinesoldaten. Doria hatte Karl V. seine Bedenken wegen der Durchführung dieser großen Landeoperation im jahreszeitlich ungünstigen Monat Oktober ausgesprochen; doch seine Allkatholische Majestät war vom Sieg über Cheyreddin so fest überzeugt, daß er Dorias Ratschläge in den Wind schlug. Karl V. nahm sogar höchstpersönlich am Unternehmen teil und lud obendrein noch mehrere gewichtige spanische Granden auf sein Flaggschiff ein, um Cheyreddins Niederlage gebührend feiern zu können. Dorias Prophezeiungen, daß das Unternehmen wegen der fortgeschrittenen Jahreszeit möglicherweise schiefgehen könnte, gingen in Erfüllung. Als die Flotte auf der Höhe von Algier erschien, erhob sich ein gewaltiger Sturm. Drei Tage lang mußte die spanische Flotte vor der sturmgepeitschten Küste von Algier hin und her segeln, um die Marinesoldaten an Land zu setzen. Die Einnahme der Stadt jedoch verlief ohne besondere Schwierigkeiten, denn die Truppen des Stadtkommandanten namens Hassan leisteten nur geringen Widerstand. Nachdem Alba die Stadt eingenommen hatte, erhob sich erneut ein Sturm, dem ein Platzregen folgte. Alba hatte aber den Fehler gemacht, seine Truppen eilfertig an Land zu setzen und den Proviant und die Zelte noch auf den Schiffen zu lassen. Dann kamen zahlreiche osmanische Seeräuber aus ihren Verstecken in der Stadt heraus und überfielen haufenweise die verdutzten Spanier. Die christlichen Streiter hatten alle Mühe, sich aus der Stadt nach dem Strand abzusetzen. In letzter Minute retteten die Malteserritter durch ihr blitzschnelles Eingreifen in das Kampfgeschehen Albas zusammengeschrumpfte Streitkräfte vor einer totalen Niederlage. Die kümmerlichen Reste der siegesbewußten Armee Karls V. schifften sich eiligst auf die noch nicht durch die Stürme zerstörten Schiffe ein und suchten das Weite. In Spanien wurde diese schändliche Niederlage gegen die osmanischen Korsaren als nationales Desaster empfunden. Rund 3000 Offiziere und 8000 Soldaten waren umgekommen. Die Stelle, wo Karl V. diese Blamage erlitt, wird noch heute im Volksmund »Tombeau des Chevaliers« (d. h. Grab der Ritter) genannt.

Die Allianz des katholischen Königs von Frankreich, Franz I., mit Soleiman II. gegen Spanien war für das christliche Abendland ein weiterer Schock. Um diesen Vertrag zu feiern, sandte Soleiman II. seinen Großadmiral Cheyreddin nach Marseille. Von Algier aus setzte sich Cheyreddin mit seiner Flotte zuerst nach der Straße von Messina in Bewegung. Als er in der Nähe der Stadt Reggio segelte, ließ der Gouverneur der Stadt unvorsichtigerweise einige Kanonenschüsse auf des Meisters Flotte abfeuern. Hierauf geriet Cheyreddin in Zorn, ließ die Stadt von See her mehrere Stunden lang beschießen und dann erstürmen. Mit Hunderten von Gefangenen verließ Cheyreddin die Straße von

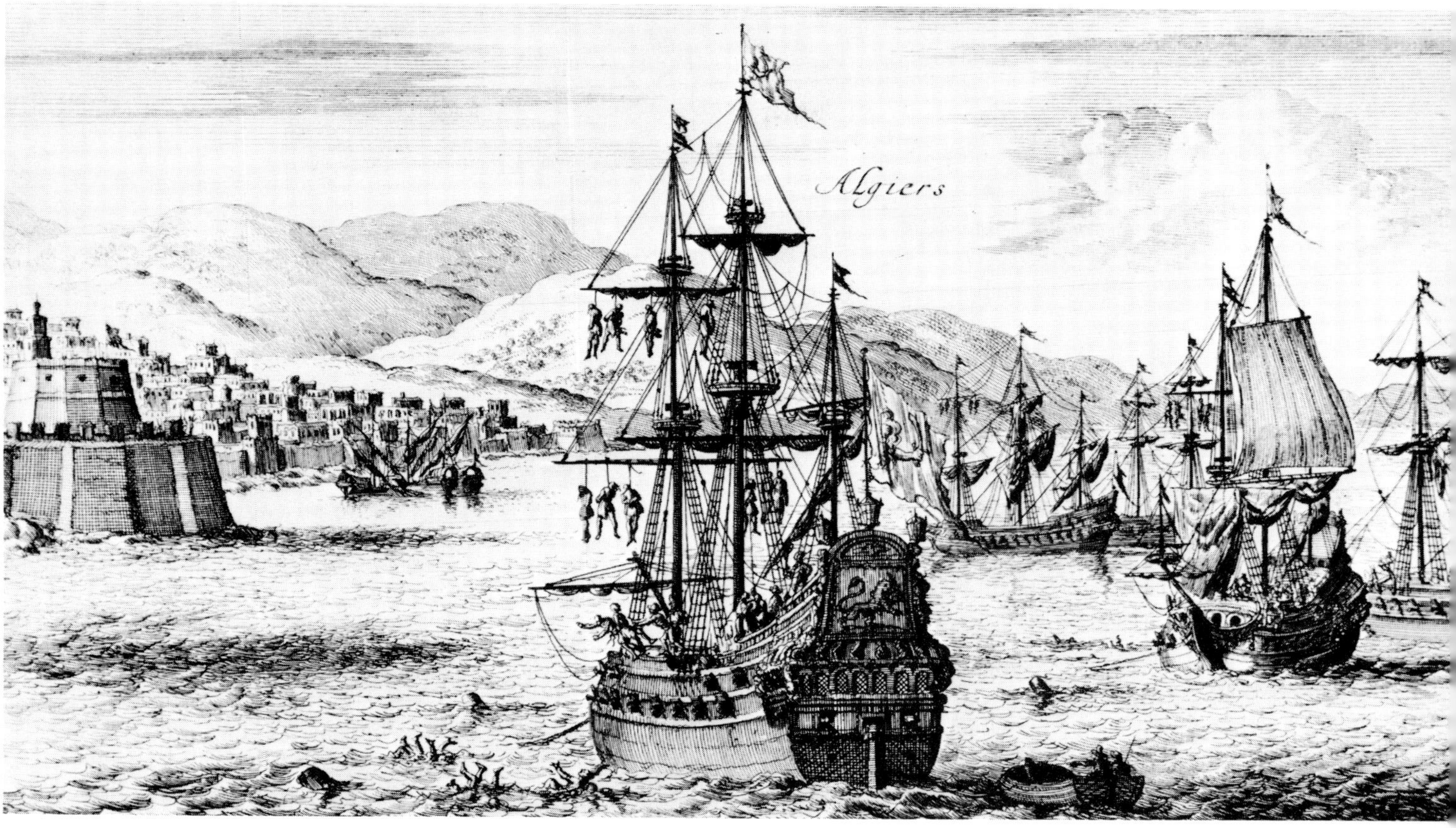

Der holländische Kapitän Lambert läßt algerische Piraten an die Rahen seines Schiffes aufhängen (1619?).

Der »Korsarenhasser« Karl I., König von Spanien, und unter dem Namen Karl V. deutscher Kaiser. Er schloß mit Sultan Hassan einen Beistandspakt gegen Cheyreddin.

Messina und nahm Kurs auf Marseille. Unter den Gefangenen befand sich die bildhübsche, achtzehn Jahre alte Tochter des Gouverneurs von Reggio. Zwei Tage nach der Abfahrt von Reggio verliebte sich Cheyreddin in die schöne Helene und heiratete sie. Die ersten Flitterwochen verbrachte der angeblich achtzigjährige Korsar mit seiner blutjungen Gemahlin in Civita Vecchia, wo sich die Circe an der systematischen Plünderung der Stadt delektieren konnte. In Marseille angekommen, wurde dem »unheiligen« Ehepaar durch die Stadtbehörden ein grandioser Empfang bereitet. Alle Marseiller von Rang und Würde waren im Hafen zum Empfang angetreten, denn niemand wollte sich dieses Schauspiel entgehen lassen.
Einige Tage nach diesem Zeremoniell machte der Meister einen Abstecher nach Nizza, das zu dieser Zeit dem Herzog von Savoyen gehörte (und erst 1860 französisch wurde). Einem Malteserritter namens Paoli Simeoni, Cheyreddins einstigem Gefangenen, oblag die Verteidigung der Stadt. Dieser jedoch hatte Nizza zu einer fast uneinnehmbaren Bastion gemacht, und Cheyreddin mußte unverrichteterdinge abziehen. Nach dieser Schlappe segelte Cheyreddin nach Toulon, wo seine Kumpane mit der weiblichen Bevölkerung der Stadt nicht gerade zimperlich umgingen. Von Toulon aus unternahm Cheyreddin noch einige Raubzüge gegen französische Küstendörfer, trotz des Vertrages, den er mit Franz I. geschlossen hatte. Des weiteren gelang es dem »Roi très catholique« Franz I. nicht, die mehreren hundert französischen Galeerensträflinge an Bord von Cheyreddins Flotte freizubekommen. Dort, wo der Superstar auf französischem Boden abstieg, verbot er den Pfarrern strikt jedes Kirchengeläut, denn für Cheyreddin war jedes Glockengeläut »Teufelsmusik«. Für Franz I. war Cheyreddin alles andere als ein bequemer Partner. Schlußendlich wurden die Franzosen des Treibens der Gesellen aus Algier überdrüssig. Nach wochenlangem Aufenthalt auf Kosten Franz I. baten die Franzosen Cheyreddin, die Anker zu lichten. Kurz bevor sich Cheyreddin von den städtischen Behörden von Marseille verabschiedete, ließ er sich eine fette Summe in Gold auszahlen, um seinen Kumpanen den noch ausstehenden Sold zu bezahlen.
Marseille war Cheyreddins letzter »historischer« Auftritt im Mittelmeer. Er zog sich mit seiner italienischen Lieblingsfrau nach Istanbul zurück, wo er sich einen prunkvollen Palast am Bosporus errichten ließ und bis zu seinem Todestag (wahrscheinlich im Jahre 1546) ein prasserisches Leben führte. Cheyreddin ist einer der wenigen osmanischen Korsaren, die hochbetagt im Bett eines natürlichen Todes starben.
Cheyreddin gilt als der Begründer der osmanischen Seemacht und als einer der größten Strategen auf See überhaupt. Fast ein halbes Jahrhundert lang spielte er mit den Spaniern und den italienischen Seerepubliken »Katze und Maus« und führte den damals größten Admiral der Christenheit, Andrea Doria, dauernd an der Nase herum. Keine osmanische Schiffsbesatzung segelte zur Zeit der Osmanenherrschaft am Goldenen Horn vorbei, ohne des Begründers der Barbareskenstaaten Tunis, Algier und Tripolis durch ein stilles Gebet zu gedenken. Vor einigen Jahren wurde Cheyreddin eine Statue in Istanbul errichtet.

Drei osmanische Korsaren verbrachten ihre Wanderjahre bei Cheyreddin: *Murad, Dragut* und *Ali-el-Uluji*. Sie traten in die Fußstapfen ihres Meisters und übertrafen ihn manchmal durch ein besonderes Bravourstück.

Murad »der Dämon«

Wann und wo Murad geboren wurde, wissen wir nicht. Sein Vater war ein rechtschaffener albanischer Landarbeiter, der Tag für Tag hart schuften mußte. Im Alter von knapp 12 Jahren wurde der junge Murad während einer Razzia nordafrikanischer Korsaren entführt und an den politisch mächtigen Korsaren namens *Kara Ali* aus Algier als Sklave verkauft. Dieser Seeräuber fand alsbald Gefallen an dem kleinen aufgeweckten Murad und behandelte ihn wie seinen leiblichen Sohn. Kara Ali sah in Murad einen zukünftigen Stern und sorgte dafür, daß er durch Cheyreddin den letzten Schliff im Seeräuberhandwerk bekam.
Im Jahre 1565 nahm Murad an der Belagerung der Festung Malta teil, die zu einem völligen Fiasko für die osmanischen Belagerer wurde. Sowohl auf See als auch vor den Befestigungsanlagen wurden die osmanischen Seeräuber von den Malteserrittern kläglich geschlagen. Hierauf quittierte Murad den Dienst bei der osmanischen Marine, deren Anführer er Disziplinlosigkeit vorwarf. Seinem ehemaligen Brotgeber Kara Ali stahl er im Hafen von Algier ein Schiff, machte sich als Korsar selbständig und kaperte auf eigene Faust im westlichen Mittelmeer.

An der Küste der Toskana passierte Murad ein Malheur, das schlimme Folgen hätte haben können. Sein Schiff zerschellte an einem Felsen. Zum Glück konnten sich er und seine Ruderknechte retten, und ein zufällig vorbeifahrendes Korsarenschiff aus Algier brachte Murad und seine Besatzung wieder nach Algier zurück. Wegen Murads eigenmächtigem Vorgehen geriet Kara Ali in Wut, nahm ihm alle Sklaven weg, die er ihm geschenkt hatte, und warf ihn obendrein noch vor die Tür, obwohl Murad seinen ehemaligen Brotgeber um Verzeihung gebeten hatte. Murad jedoch ließ sich ob dieses Affronts nicht entmutigen. Es gelang dem Korsaren, sich im Hafen von Algier einer Galeone zu bemächtigen, er heuerte eine Mannschaft an und nahm Kurs auf die spanische Küste. Kurz bevor Murad in der Nähe von Valencia an Land gehen wollte, liefen ihm drei spanische Galeonen in die Quere. Nach einem kurzen, aber hitzigen Gefecht hatten die drei Schiffe den Besitzer gewechselt, und Murad nahm sofort Kurs auf Algier. Durch dieses Bravourstück hatte er nicht nur seine »Meisterprüfung« im Seeräuberhandwerk abgelegt und sich im Korsarenmilieu einen Namen gemacht, sondern sein ehemaliger Beschützer Kara Ali verzieh ihm seine früheren Fehltritte und schenkte ihm obendrein noch eine Galeone. Aus ungeklärten Gründen verließ dann Murad Kara Ali und empfing von nun an seine Befehle nur mehr von der Hohen Pforte, die ihm über *Ali-el-Uluji*, einer bekannten Zelebrität, übermittelt wurden.
Im Jahre 1578 erwarb dann Murad eine ganze Flottille von Galeonen. Während einer Kaperfahrt in den sizilianischen Gewässern entwischte Murad nur knapp der Herzog von Tierra Nova und Vizekönig von Sizilien, der in Richtung Barcelona segelte. Im Jahre 1580 bewies Murad, daß er Superstar Cheyreddin im handwerklichen Können kaum nachstand. In aller Stille verließ er eines Morgens des Jahres 1580 den Piratenhorst Algier, passierte die Südspitze Sardiniens und kreuzte im Tyrrhenischen Meer längs der Küste von Toskana. Hinter einem Felsen erblickte er urplötzlich die beflaggten Mastspitzen zweier Schiffe. Beide Galeeren gehörten seiner Heiligkeit, dem Dominus Orbis Gregor XIII. Eine davon war das päpstliche Flaggschiff »Capitania«. Beim näheren Hinsehen

wurde Murad in bezug auf das Kapern der beiden Prunkstücke wegen der vorzüglichen Bewaffnung etwas nachdenklich. Dann aber kam ihm der Zufall zu Hilfe. Zur selben Zeit tauchten zwei algerische Galeoten in Murads Nähe auf, und es gelang ihm, die beiden Seeräuberkapitäne zu überreden, um sie ins Schlepptau zu nehmen. Murad steuerte nun zu den päpstlichen Galeeren, so, als ob die beiden Schiffe reparaturbedürftig wären. Erst in letzter Minute erspähten die Beobachter vom Mastkorb der »Capitania« die Korsaren aus Algier. Unglücklicherweise verweilten die beiden Kommandeure der päpstlichen Galeeren an Land. So gerieten die führerlosen Mannschaften der beiden Schiffe beim Anblick der Korsaren in Panik, und die Kumpanen aus Algier hatten keine besonderen Schwierigkeiten, die beiden fetten Prisen in Besitz zu nehmen. Außer einer beträchtlichen Menge an Gold und Silber aus der päpstlichen Schatzkammer zu Rom fielen Murad über 100 Ruderknechte aller Nationalitäten in die Hände. Murad war dann baß erstaunt, als sich unter ihnen einige katholische Ordensbrüder befanden, die der Papst zu Galeerendiensten abkommandiert hatte. Laut ihren Aussagen hatte sie Gregor XIII. wegen Ketzerei zu einigen Jahren Zwangsarbeit in Form des äußerst strapaziösen Ruderdienstes verurteilt. In Glaubenssachen duldete der Heilige Vater zu Rom nicht den geringsten Widerspruch. Murad befreite alle muselmanischen Ruderknechte von ihrem schweren Job, und an ihre Stelle traten die Untertanen des Dominus Orbis, die von nun an im Dienst des Sultans Selim II. »dem Säufer« (so genannt, weil er angeblich mehrmals am Tag voll des süßen Weines war) standen.

Je zahlreicher Murads Erfolge im westlichen Mittelmeer wurden, desto größer wurde die Zahl der Neider in den Reihen seiner Berufskollegen. Selbst der steinreiche Admiral von Algier, Memi, wurde wegen Murads tolldreisten Unternehmen brotneidisch. Um Murad von seiner Tüchtigkeit zu überzeugen, ging auch er auf Kaperfahrt. Nach einer vierzehn Tage lang dauernden großaufgezogenen Tournee kehrte Memi nach Algier zurück. Das Resultat: einen einzigen blinden Sklaven hatte er gefangennehmen können!
Der neue Gouverneur von Algier war besonders darüber entrüstet, daß durch Murads »große Wäsche« im Mittelmeer sein Anteil an den Prisen stetig sank. Auch fand es Murad nicht mehr nötig, an den Gouverneur den obligaten Zehnten von jeder Prise abzuliefern. Um Murad ein für allemal zu zeigen, wer der eigentliche Herr im Mittelmeer war, stach der Gouverneur mit einer Flotte von mehr als 100 Galeeren und Galeoten von Algier aus in See und nahm Kurs auf Sardinien.
Der erste Coup des Gouverneurs war ein Schlag ins Wasser. Um die sardische Stadt Iglesias zu überrumpeln, versteckte der Gouverneur seine Gesellen auf der kleinen Insel San Pietro an der Südwestküste Sardiniens gegenüber dem heutigen Porto Vesmo. Die Sarden jedoch hatten das Vorhaben des »superklugen« Gouverneurs längst durchschaut. Als er mit seinen Kumpanen nach Iglesias hinübersetzen wollte, erschienen alle waffenfähigen Sarden urplötzlich vor der Stadt, und der Gouverneur mußte unverrichteterdinge wieder absegeln. Er versuchte dann, seine Tüchtigkeit im Golf von Oristano, unweit des Flusses Tirso, unter Beweis zu stellen.
Mit seinen rund 1500 Mann marschierte er vom Golf von Oristano landeinwärts, überfiel ein ahnungsloses Städtchen und schleppte 700 Bewohner auf die kleine Insel Mal di Ventri. Hier richtete der Gouverneur eine Art Verkaufsstand ein und forderte die Sarden zum Rückkauf ihrer Familien auf. Als dann die sardische Delegation den Kaufpreis rundweg ablehnte, ließ er alle Sarden an Bord seiner Schiffe gehen, um sie bei der nächstbesten Gelegenheit zu verkaufen. Als der Gouverneur zu Ohren bekam, daß Andrea Doria im Ligurischen Meer patrouillierte, nahm er Kurs auf Barcelona. In der Nähe von Kataloniens Hauptstadt überfiel der Gouverneur ein zweites Mal ein friedliches Städtchen und nahm 50 Untertanen Seiner Majestät Philipps II. gefangen.
Den nächsten Streich führte der Korsar gegen die Stadt Alicante. Während der Nacht ließ er mit

Hilfe der Moriskos seine Mannschaft an Land setzen. Eine nächtliche Razzia erbrachte über 2000 Männer, Frauen und Kinder, die an Bord der Galeeren gehen mußten. Der Handstreich war angeblich so gründlich geplant worden, daß der Gouverneur nicht einen einzigen Kumpanen verlor. Nach einer fast dreimonatigen Kreuzfahrt im Mittelmeer kehrte der Gouverneur nach Algier zurück. Murad jedoch war ob des sogenannten Erfolges dieser Kaperfahrt nicht einmal beeindruckt. Er machte seinem (nominellen) Gebieter nicht die gewohnte Aufwartung.
Reis Murad hatte bereits andere Gedanken im Kopf, als mit dem Gouverneur seine Zeit zu verlieren. Im Jahre 1585, drei Jahre nach der Rückkehr seines nominellen Herrn von Algier, verließ Murad sein Standquartier und nahm Kurs nach der Meerenge von Gibraltar. Bislang hatte es noch kein osmanischer Korsar – nicht einmal Superstar Cheyreddin – gewagt, im Atlantik zu operieren, denn die Galeere war für den stürmischen Atlantik nicht gerüstet. In Salé, unweit Rabat, einem aufstrebenden Seeräubernest, wurde Murads Flottille noch durch einige kleine Einheiten verstärkt. Obschon Murad der Atlantik nautisch unbekannt war, segelte er unter der Leitung eines Ortskundigen nach den Kanarischen Inseln, wo er in Lanzarote an Land ging. Eines Nachts ließ Murad dann über 200

Türkische Korsaren greifen ein Kauffahrteischiff in den tunesischen Gewässern an.

seiner tüchtigsten Kumpanen zusammenrufen und überfiel die noch im tiefen Schlummer liegenden Bewohner der Hauptstadt der Insel. Nachdem er die Stadt einen Tag geplündert hatte, zog er mit 300 spanischen Untertanen nach dem Hafen ab. Unter den Gefangenen befanden sich die Frau, die Mutter und die Kinder des spanischen Gouverneurs von Lanzarote. Eines Mittags ließ Murad auf der Insel verkünden, daß er zum Loskauf seiner Beute bereit sei. Murads Preis richtete sich nach der jeweiligen Vermögenslage des Losgekauften. Der Gouverneur mußte den höchsten Preis für seine Familie zahlen. Nur die finanziell Schwachen mußten ihre Angehörigen als Ruderknechte auf den Galeeren zurücklassen, denn sie konnten Murads Preis nicht zahlen.

Die Nachricht von Murads Unverfrorenheit hatte Madrid schneller erreicht, als der Seeräuber es vermutet hatte. Unverzüglich beauftragte Philipp II. den erfahrenen Don Martin Padilla damit, Murad und seinen dreisten Gesellen das Handwerk zu legen. Unweit der Meerenge von Gibraltar lauerte Padilla mit 12 schwerbewaffneten Galeeren auf Murads Flottille. Doch der schlaue Fuchs aus Algier kam nicht. Murad wartete einen ganzen Monat lang in einem kleinen Hafen an der westmarokkanischen Küste, bis sich die Lage etwas geklärt hatte. Alsbald bot sich für Murad die Gelegenheit, den selbstherrlichen Feldherrn aus Madrid lächerlich zu machen. Während einer stürmischen Nacht durchbrach Murad die Blockade in der Meerenge von Gibraltar und kehrte wohlbehalten und reicher als zuvor nach Algier zurück.

1589 unternahm Murad eine weitere Kaperfahrt, deren Ergebnis ihn in seiner Selbstherrlichkeit und in seinem handwerklichen Können noch weiter stärkte. Mit nur einer einzigen Galeere kreuzte er in den Gewässern von Korsika, wo ihm zuerst ein Handelsschiff ins Garn ging, das er seiner wertvollen Ladung entledigte. Auf seiner Weiterfahrt benachrichtigte ihn ein vorbeifahrender französischer Kapitän, daß das stolze Malteserschiff »La Serana« von Malta nach Tripolis unterwegs sei. Murad nahm sofort Kurs auf Tripolis. Als dann urplötzlich das schwerbewaffnete Schiff am Horizont auftauchte, bekam seine Crew Angst. Murad aber war auch dieser Situation gewachsen. Während einer feurigen Ansprache erinnerte er seine Kumpanen an die Worte des Propheten, daß jeder, der im Kampf falle, sofort Einzug ins Paradies halte. Der Trick half; doch hatte Murad das Schiff aus den Augen verloren. Nach einer mehrstündigen Verfolgungsfahrt hatte er dann sein Opfer erreicht. Ein wohlgezielter Kanonenschuß von Murads Chef-Kanonier tötete fast alle Kanoniere auf dem Malteserschiff. Dann gab Murad den Befehl zum Angriff, und nach einem viertelstündigen blutigen Handgemenge hatte Murad die Galeere in Besitz. Als er dann in Küstennähe einen Piratenkapitän erblickte, der seine Beute unter seine Kumpanen verteilte, beschloß er, die gesamte Mannschaft gefangenzunehmen. Derartige Konkurrenz ließ Murad nicht zu. Nach kurzem Feuerwechsel hatten seine Gesellen die Konkurrenten überwältigt und als Ruderknechte auf der »La Serana« angekettet. Durch diese unprogrammierte Begegnung lief Murad erst zwei Tage später als geplant in Algier ein. Die gesamte Bevölkerung der Stadt war auf den Beinen, um ihren Star würdig zu begrüßen. Der Pascha von Algier schickte ihm sein schnellstes Pferd zum Hafen, damit er so rasch wie nur möglich zum Palast kommen konnte, wo bereits ein Schlemmermahl auf ihn wartete.

1595 wurde Murad zum Admiral von Algier ernannt. Die administrativen Arbeiten jedoch waren seiner unwürdig, und er ließ sie durch einen tüchtigen Schreiber ausführen. Jedes Jahr begab sich Murad auf Routinefahrt ins westliche Mittelmeer. Wann er die letzte Fahrt durchführte, ist nicht bekannt. Wir wissen nur, daß er sich um 1597 im Kampf mit den Johannitern eine Verletzung zuzog und dann vermutlich nicht mehr zur See fuhr. Sein Todesjahr ist ebenfalls unbekannt.

Murad gilt neben Superstar Cheyreddin, Dragut und Ali-el-Uluji als einer der Großen des Piratenmilieus. Wegen seiner Dreistheit und Furchtlosigkeit, mit der er seine Überfälle gegen die Schiffe der Christenheit durchführte, wurde er von allen christlichen Kauffahrern schlicht »der Dämon« genannt.

Dragut, »die Teufelsbrut« und »das Schwert des Islams«

Der zweite »hochachtbare« Vertreter und Schüler Cheyreddins hieß *Dragut.* Wann er irgendwo in Anatolien das Licht der Welt erblickt hatte, wissen wir nicht. Seine Eltern sollen arme Bauern gewesen sein. Dragut hatte jedoch bereits in jungen Jahren keinen Sinn für ländliche Romantik. Im Alter von 12 Jahren kehrte er den Seinen den Rücken und ließ sich als Schiffsjunge auf einem türkischen Kriegsschiff anheuern. Binnen kurzer Zeit erwarb sich Dragut die Reputation eines verläßlichen Steuermannes und zielsicheren Kanoniers. Nach einiger Zeit war er des Befehlsempfangens müde, stahl eine Galeere und machte sich selbständig. Seine erste Kaperfahrt verlief bereits erfolgreich. In der Nähe der Insel Rhodos ging ihm ein Kauffahrteischiff aus der Levante ins Netz. Nach dieser ersten lukrativen Kaperfahrt spezialisierte er sich im Entern levantinischer Transportschiffe, die mit Luxusgütern von der Levante nach Venedig unterwegs waren.
Inzwischen war Draguts handwerkliche Befähigung der anerkannten Fachgröße der Seeräuberei, Superstar Cheyreddin, zu Ohren gekommen. Dieser hatte stets für derartige Talente ein besonderes Fingerspitzengefühl und ließ Dragut zu einer Unterredung nach Algier kommen. Cheyreddin stellte dann Dragut in seine Dienste, gab ihm den Befehl über sechs schwerbewaffnete Galeeren und ließ seinem neuen Schützling in bezug auf die Wahl des Operationsgebietes freie Hand.
Dragut verlegte sich besonders auf das Kapern spanischer Handelsschiffe, die ihre Waren von Spanien nach dem italienischen Stiefel transportierten. Manchmal, wenn die Beute auf See ihm nicht fett genug war, begab sich Cheyreddins Schüler an Land, überfiel wehrlose Fischerhäfen, machte alle Dorfbewohner, deren er habhaft werden konnte, zu Sklaven und ließ sie gegen ein Lösegeld wieder frei.
Langsam aber trieb Draguts Unverschämtheit Seine Majestät Kaiser Karl V. von Spanien auf die Palme. Um Dragut unschädlich zu machen, beauftragte Seine Hoheit aus Madrid den stolzen Genuesen Andrea Doria damit, das Mittelmeer von diesen Kanaillen zu säubern. Das war natürlich schneller gesagt als getan. Der alternde Doria war vermutlich nicht mehr fähig, eine derartige Aktion selbst durchzuführen; er beauftragte seinen Neffen Gian Andrea Doria mit dem Unternehmen. Diesem gelang es dann durch Zufall, den kecken Korsaren mit seinen Spezis in einer Bucht von Korsika zu überraschen, zum Kampf zu stellen und zu überwältigen. Vier Jahre lang mußte Dragut nun auf seinem eigenen Schiff Ruderdienst tun. Wegen angeblich »guter« Führung und nach zähen Verhandlungen zwischen Cheyreddin und einer Abordnung Karls V. sowie mit Andrea Doria ließ Karl V. Dragut frei.
Noch nie hatte die Christenheit eine Freilassung wie die von Dragut so verwünscht und bereut. Dragut trat die Nachfolge des »pensionsberechtigten« Cheyreddin an und vollbrachte Bravourstücke auf See, die manchmal an Impertinenz diejenigen seines Meisters übertrafen.

Als Oberkommandierender des »Westabschnitts« des osmanischen Mittelmeeres führte Dragut seinen ersten erfolgreichen Schlag gegen ein Malteserschiff, das 70 000 Dukaten von Malta nach Tripolis transportierte, um damit die Rechnung der Instandsetzung der Befestigungswerke bezahlen zu können. Nach diesem dreisten Coup hatte Dragut sein flüssiges Kapital um ein Erkleckliches erhöht.
Als Dragut sich in Algier eines Tages nicht mehr so recht wohl fühlte, hielt er nach einem anderen Seeräuberhorst Ausschau. Seine Wahl fiel auf Djerba, eine im Golf von Gabès im Südosten vorgelagerte Insel. Sie war seit mehr als zweihundert Jahren im Besitz der illustren Dorias. Weder die noble

Deszendenz der Doria noch ihre militärische Stärke hielt ihn davon ab, sich auf Djerba häuslich niederzulassen. Von diesem Hauptquartier aus unternahm Dragut seine Blitzaktionen gegen die nordafrikanische Küste und eroberte im Nu die Städte Sfax, Sousse, Monastir und Madhia.
Damit trieb ein zweitesmal Draguts Unverfrorenheit den Welt- und Lebemann Karl V. auf die Palme. Wiederum beauftragte Karl V. den bereits militärisch verschlissenen Andrea Doria damit, den füchsischen Dragut von Djerba zu vertreiben oder ihn gar zu fangen.
Während sich eine große Flotte unter Dorias Befehl der tunesischen Küste näherte, segelte Dragut seelenruhig im Golf von Genua, dem Heimatgewässer seines Gegenspielers, wo er nach genuesischen Kauffahrteischiffen Ausschau hielt. Draguts Neffe, *Reis Hisar,* vertrat seinen Herrn interimistisch auf Djerba. Durch ein kleines Mißgeschick des Neffen fiel dann die kleine Stadt Mahdia in die Hände der Kastilier.
Als Dragut von diesem Vorfall hörte, nahm er unverzüglich Kurs auf Djerba. Weil er sich hier sicher glaubte, ließ er seine Galeeren zum Ausbessern aufs Trockene ziehen. Wie angeflogen jedoch erschien Doria vor der Insel und sperrte den schmalen Ausgang des Binnensees der Insel zum Meer.

Der algerische Korsar Dragut war jahrelang der prominenteste Gefangene der Spanier, in deren Diensten er auf einer Galeere als Ruderknecht schuften mußte. Dank seiner robusten Gesundheit überlebte er den äußerst strapaziösen Ruderdienst und wurde dann, nach langen und schwierigen Verhandlungen zwischen Cheyreddin und Andrea Doria, gegen ein Lösegeld freigelassen. Noch nie hatte die Christenheit eine solche Freilassung am eigenen Leibe zu spüren bekommen.

Die Seeräuber
(Gemälde von Max Slevogt).

Vorangehende Seite:
Korsaren um 1643.

Piraten »ködern« ein nordamerikanisches Schiff.

Britische Matrosen entern ein algerisches Piratenschiff (Kolorierter Stich, 19. Jh.).

Dann ließ Doria eilfertig in den Habsburger Landen verkünden, daß »der Fang des Jahrhunderts unmittelbar bevorstünde«. Siegesbewußt wartete Doria am Ausgang des Kanals auf Dragut. Doch der Meister kam nicht. Draguts Rezept, dem militärisch abgegriffenen Doria zu entkommen, war denkbar einfach gewesen. Weil Doria es unterlassen hatte, die gesamte Insel abzuriegeln, ließ Dragut alle Bauern der Insel zusammentrommeln und einen Kanal bauen. Auf diese Weise konnten Draguts Galeeren ungehindert das Meer erreichen. Obendrein fing Dragut noch eine aus Genua kommende Galeere ab, die Munition an Bord hatte.
Nach diesem Bravourstück beauftragte ihn sein oberster Herr zu Konstantinopel, Suleiman der Prächtige, die Festung Malta, die 1530 mit Tripolis von Karl V. an die Malteser abgetreten worden war, zu erobern. Dragut jedoch nahm nur als Zweitkommandierender an dieser Aktion teil; die Führung des Unternehmens hatte Sinan »der Jude«, ein bekannter Meister des Seeräuberhandwerks. Als sich Sinan »der Jude« der Festung Malta näherte und sich die Befestigungswerke genauer ansah, verzichtete er auf den Angriff. Statt dessen nahm er Kurs auf Tripolis, überfiel die Stadt und plünderte sie.
Im Jahre 1565, dem Todesjahr Suleimans des Prächtigen, erfolgte der Hauptstoß gegen Malta. Dieses Unternehmen sollte Draguts letzter Auftritt auf der Bühne der Korsaren im Mittelmeer sein. Auch diesmal übte Dragut nur ein zweites Kommando aus; der Oberbefehlshaber der osmanischen Flotte war *Ali-el-Uluji*, »der Abtrünnige«. 135 Galeeren mit 30 000 Mann standen zum Sturm auf die Inselfestung bereit. Zum Nachteil für Dragut und Ali-el-Uluji war der Umstand, daß die Festung von Johann von Valetta, der über 50 Jahre Kampferfahrung mit den Osmanen hatte, befehligt wurde. Er kannte alle Tricks und Belagerungskniffe der osmanischen Seeräuber, besonders von Dragut. Sowohl Dragut als auch Valetta wußten, worum es bei Malta ging. Die Belagerung Maltas durch die osmanischen Seestreitkräfte dauerte sechs Monate lang. Trotz Anwendung aller Belagerungskünste gelang es Ali-el-Uluji und Dragut nicht, den Durchbruch zu erzielen. Als die Osmanen dann eines Tages von der Ankunft spanischer Truppen auf Malta hörten, brach in ihren Reihen urplötzlich eine Panik aus. Dragut jedoch focht mit seinen Mannen bis zum letzten und wurde von einem Malteserritter auf seinem Schiff erschlagen. Dragut galt neben seinem Lehrmeister Cheyreddin als ein besonders geschickter Taktiker. Seine nautischen Erfahrungen machten ihn zum gefährlichen Gegner des Andrea Doria. Die Historiker der Hohen Pforte gaben ihm den Namen »Schwert des Islams«.

Ali-el-Uluji »der Abtrünnige«, auch Ali-el-Fartas »der Skorbutige« genannt

Ali-el-Uluji war der dritte im Bunde und war bei den Christen unter dem Namen Ochiali bekannt. Er hatte im Jahre 1508 irgendwo in Kalabrien das Licht der Welt erblickt. Weil er sich bereits in jungen Jahren zum Priesteramt berufen fühlte, trat er angeblich mit 12 Jahren in ein Kloster ein. Eines Tages geriet er während einer Razzia algerischer Korsaren gegen Castelli (Kalabrien) in deren Gefangenschaft. Während 14 Jahren tat Ali, an einer Ruderbank angekettet, den äußerst schweren Dienst eines Ruderknechtes. Dank seiner außerordentlich robusten Gesundheit überlebte Ali alle seine Leidensgenossen. Trotz allem Zureden seiner Kapitäne, daß die Bekehrung zum Islam ihm die Freiheit brächte, schob er sie immer wieder hinaus. Er glaubte fest daran, daß das Kloster, in dem er zum Priester ausgebildet werden sollte, ihn eines Tages freikaufte. Doch die geistlichen Herren des Klo-

sters waren im Geben niemals vorschnell. Obschon Ali unerschütterlich an den Edelmut der Gottesdiener glaubte, traf das Geld zum Loskauf niemals auf seinem Schiff ein. Ali trat dann nach 14jähriger »Wartezeit« zum Islam über und wurde von nun an von den Malteserrittern »der Abtrünnige« genannt. Dragut, dem die nautischen und militärischen Kenntnisse Alis zu Ohren gekommen waren, stellte ihn in seine Dienste, und alsbald wurde er Draguts engster Mitarbeiter und Intimus.
Nach der Teilnahme an der Belagerung der Inselfestung Malta wurde Ali-el-Uluji nach Istanbul berufen und vom Sultan zum Beglerbeg von Algier ernannt. Ali trat somit Hassans Nachfolge an.
Im Jahre 1566 bestieg Sultan Selim II., der den wenig respektvollen Namen »der Säufer« trug, den Osmanenthron. Zum Glück für die Hohe Pforte stand Selim II. der einfallsreiche und politisch nüchterne Großwesir Mehmed Sokolli mit Rat und Tat zur Seite. Selim, der Frauenheld, war des öfteren so volltrunken, daß er außerstande war, Befehle zu geben.
Im Jahre 1570 gelang Ali sein erstes Bravourstück. Während einer Routinefahrt längs der Südküste Siziliens sichtete er vier Galeeren seiner Erzfeinde, der Malteser. Nach einer fast zweistündigen blutigen Auseinandersetzung hatte Ali drei der vier Galeeren gekapert. Der Befehlshaber der Flottille, San Klemenz, war Ali jedoch entwischt. Er hatte sich während des Gefechtes »abgesetzt« und schwimmend mit einem Geldsack die Küste erreicht, während 60 Malteser von den Korsaren umgebracht worden waren. San Klemenz jedoch wurde von einem Malteser Gericht wegen Feigheit vor dem Feind zum Tode verurteilt und in seiner Gefängniszelle erwürgt. Sein Körper wurde in einen Sack genäht und ins Meer geworfen.
In Algier verkaufte Ali die gefangenen Malteser an Hamet Bey, einen Neffen Cheyreddins, der mit allen christlichen Galeerensträflingen alles andere als zimperlich umging.

Sultan Selims II. nächstes strategisches Ziel bestand in der Eroberung der Insel Zypern. Die Insel gehörte der Serenissima Republica di San Marco (Venedig), die um diese Zeit jedoch politisch und wirtschaftlich im Abstieg begriffen war. Um jedoch im Besitz dieser strategisch wichtigen Mittelmeerbasis zu bleiben, suchte der Doge verzweifelt nach Bundesgenossen. Auf Empfehlung des Papstes versprach dann Kastilien dem Dogen einigen Beistand im Kampf gegen die Hohe Pforte.
Nach Alis Auffassung war Zypern ein Hort christlicher Piraten, die ab und zu osmanische Schiffe überfielen und ausraubten. Als Nicolo Dondo, der Gouverneur von Zypern, von Selims Vorhaben Wind bekam, ließ er seine Truppen an drei Stellen: bei Nicosia, Famagusta und Kyrenia, aufmarschieren. Ali und der osmanische Oberbefehlshaber Mustapha Pascha waren sich einig, daß der Hauptangriff gegen Nicosia geführt werden mußte. Mit einer gewaltigen Flotte setzte Ali nach Zypern über. Als die Belagerung sich dann über sechs Wochen lang hinauszog, wurde Mustapha Pascha nervös und drängte auf eine schnelle Entscheidung. Als die Zyprioten dann den ehrenvollen Abzug, den ihnen Mustapha Pascha anbot, ablehnten, ließ er rund 30 000 osmanische Streiter zum Sturm auf Nicosia antreten. Am 9. September begann im Morgengrauen das Gemetzel in Nicosia, und gegen Abend waren rund 20 000 Zyprioten von Alis und Paschas Truppen abgeschlachtet worden. Nunmehr ergab sich auch Kyrenia. Nur Famagusta hielt noch stand. Nach der Überwinterung auf der Insel nahm Ali im Frühjahr 1571 Kurs nach der Adria. Als er an Kreta vorbeisegelte, erwies er der Insel eine »besondere« Ehre. Um seine Reisekosten zu decken, ließ er eine Reihe von Küstenortschaften des ehemaligen Minos-Reiches plündern, wobei eine Menge von Altertümern zertrümmert wurden.
Nach dem Fall von Zypern ging ein Schrei der Entrüstung durch die gesamte Christenheit. Um Selim »dem Säufer« die Zähne zu zeigen, übernahm Michele Ghislieri alias Papst Pius V. die geistige Führung eines Kreuzzuges gegen die Hohe Pforte. Nach Bekanntgabe des Kreuzzuges in Westeuropa strömten Tausende von gelangweilten und arbeitslosen Rittern nach Italien. Sogar das stolze

Der bekannte algerische Korsar Ali-el-Uluji »der Abtrünnige«, im Okzident unter dem Namen Ochiali bekannt. Er eroberte im Auftrag seines obersten Herrn in Istanbul, Selim II., die Insel Zypern. Als Ali 1580 friedlich im Bett starb, war die Zeit der »ungekrönten Könige« von Algier vorbei.

Albion, dessen König erst kurz zuvor vom Papst in Acht und Bann geschlagen worden war, schickte den protestantischen Seemann Sir Richard Glenville mit hundert Recken nach Italien, und der dünkelhafte König Philipp II. stellte die Flotte zur Verfügung. Die christliche Flotte stand unter dem Oberbefehl von Gian Andrea Doria, der sich selbst neben seinem Onkel zum genialsten Feldherrn der gesamten Christenheit bezeichnete. Rund ein halbes Jahr vor dieser kapitalen Begegnung Islam–Christentum bei Lepanto hatte der Papst die Heilige Liga ausgerufen. Doch nicht die Gründer dieser Liga, sondern nur der Name war heilig. Generalkapitän der Liga war Dom Juan d'Austria, der uneheliche Sohn Karls V. und der schönen Barbara Blomberg. Am 7. Oktober 1571 prallten die beiden Flotten Ihrer Majestäten des Okzidents und des Orients bei Lepanto zusammen. Die Begegnung wurde zum Debakel für die Hohe Pforte. Ali jedoch gelang es, inmitten des Kampfes mit seiner in Algier gebauten Galeere »Aslan« zu entkommen.
In Istanbul versuchte der Sultan, die Niederlage herunterzuspielen. Jedenfalls ließ sich die Hohe Pforte ob dieses Debakels nicht entmutigen, ernannte Ali zum Oberbefehlshaber der osmanischen Flotte und beauftragte ihn mit dem Wiederaufbau der osmanischen Seestreitkräfte.
Ali-el-Uluji »der Abtrünnige« lebte nach der Katastrophe von Lepanto noch neun Jahre. Als er 1580 starb, wurde mit ihm der »letzte ungekrönte König von Algier« zu Grabe getragen.

Rif-Piraten, die ihre Heimat im Rifatlas, einem Gebirge an der Mittelmeerküste Marokkos, hatten. Weniger zahlreich als die Piraten der Barbareskenstaaten, operierten sie meistens im (heutigen) Küstentiefland der marokkanischen Meseta, wo sie die Kaufleute überfielen. Im Gegensatz zu den Korsaren der Barbareskenstaaten waren sie Landräuber.

Die »Barbareskenstaaten« bis zur Einnahme Algiers Zwei Holländer im Dienste der nordafrikanischen Seeräuber

Gegen Ende des 17. Jahrhunderts hatten sich die Barbareskenstaaten, auch »Raubstaaten« genannt, in Nordafrika im Innern politisch gefestigt. Sonderbarerweise waren ihre »Könige« weder Türken noch Mauren, sondern zum Islam übergetretene Christen, kurz »Renegaten« genannt. Die Verwaltung ihrer »Staaten« überließen die Seeräuber-Herren einer Schar von Beamten. Die meiste Zeit verbrachten sie auf hoher See und kaperten meistens spanische Schiffe. Der Hohen Pforte lieferten sie regelmäßig Sklaven, Gold und Silber ab, »Konsumgüter«, die ihr oberster Herr zu Istanbul stets gerne empfing.

Ein weltpolitisches Ereignis gegen Ende des 16. Jahrhunderts bewirkte eine Änderung im Leben und Treiben der »Könige« von Algier. Durch die Fahrt des portugiesischen Seefahrers Vasco da Gama wurde die sogenannte »Gewürzroute« Lissabon–Calicut an der Malabarküste eröffnet. Das Mittelmeer verlor zu Gunsten des Atlantiks an wirtschaftlicher Bedeutung, und der rapide Rückgang der Seefahrt im Mittelmeer bedeutete zugleich einen merklichen Rückgang der Prisen der nordafrikanischen Seeräuber. Um ihre Operationstätigkeit nun vom Mittelmeer in den Atlantik zu verlegen, mußten die Seeräuber über schnellere, vor allem über robustere Schiffe als die Galeeren verfügen. Durch Zufall kam ihnen ein Schiffsbaumeister aus den Niederlanden zu Hilfe. Es war *Simon de Danser* (»der Tänzer«) aus Dordrecht. Man nannte ihn auch »den Älteren«, um ihn von seinem Sohn »dem Jüngeren« zu unterscheiden.

Danser fing seine Karriere als einfacher Matrose in der kalvinistischen Marine der Niederlande an. Er arbeitete sich schnell bis zum Maat empor und erhielt dann von der Regierung das Kommando über ein Kriegsschiff, das sich im Einsatz gegen die spanische Kriegsmarine während des Unabhängigkeitskampfes der Niederlande gegen Spanien befand. Nach einer anstrengenden Kreuzfahrt im Mittelmeer, die wie das Hornberger Schießen endete, nahm er Kurs auf Marseille, um dort sein Schiff kalfatern zu lassen. Im Hafen jedoch verjubelte Danser soviel Geld, daß er das Schiff verkaufen mußte, das ihm nicht gehörte.

Eines Nachts überfiel Danser mit einigen Kumpanen ein im Hafen ankerndes Kauffahrteischiff, ließ sich zum Kapitän ausrufen und ging auf Kaperfahrt. Während dieser ersten großen Routinefahrt im Mittelmeer gingen Danser mindestens 25 Schiffe ins Netz. Innerhalb eines knappen Jahres hatte er eine stattliche Flotte aufgestellt, auf der Hunderte von englischen und maurischen Seeräubern ihren »Dienst« taten. Dansers Flaggschiff war mit 300 Seeleuten bemannt und mit 60 Kanonen bestückt. Mit einem gewissen *Warde,* einem englischen (oder irischen) Piraten schloß Danser ein Bündnis. 1606 ließ sich Danser in Algier nieder, wo man bereits seit langem über seine tolldreisten Unternehmen Bescheid wußte. Bei den dortigen Korsaren fand Danser, der Seeräuber und Schiffsbaumeister, liebevolle Aufnahme, denn er war es, der den Seeräubern der Barbareskenstaaten die Konstruktion von atlantikgängigen Schiffen beibrachte und ihnen dazu verhalf, sich der neuen Situation anzupassen, die sich nach Vasco da Gamas Fahrt nach Calicut im Mittelmeer ergeben hatte.

Zwischen 1606 und 1609 unternahm Danser noch manch eine lukrative Kaperfahrt im Mittelmeer und »verdiente« soviel Geld, daß er sich in Algier einen prunkvollen Palast errichten ließ. Bei den Paschas und Beys von Algier war Danser stets ein willkommener Gast.

Im Februar 1609 erhielt Danser plötzlich die Nachricht, daß ein englisches und ein spanisches

Geschwader im Mittelmeer mit dem Auftrag operiere, ihn lebend oder tot aufzufinden. In Algier gingen gleichzeitig Gerüchte um, daß das Leben wohlhabender Ausländer (oder Christen?) gefährdet sei. In dieser heiklen Lage beschloß der nicht zum Islam übergetretene Danser, Abschied von Algier und der Seeräuberei zu nehmen.

Weil zahlreiche europäische Staaten eine hohe Belohnung für seine Ergreifung ausgesetzt hatten, hatte Danser vorerst einige Schwierigkeiten bei der Wahl seiner neuen Heimat. Dann kam der französische König Heinrich IV. Danser zu Hilfe und bot ihm gegen ein hohes Entgelt in Marseille Asylrecht an. Aber auch in Marseille fühlte sich Danser nicht wohl. Er konnte nur in Begleitung einer Leibwache durch die Straßen der Hafenstadt gehen, denn während seinen Kaperfahrten hatte er zahlreiche Marseiller Kaufleute ausgeplündert. Also siedelte er nach Paris über, wohin ihn Heinrich IV. gebeten hatte. Nachdem Danser während mehreren Wochen in Paris auf Kosten des Königs das Leben eines Gastrosophen geführt hatte, bat Heinrich IV. ihn zu sich und offenbarte ihm seinen Plan.

Heinrich IV. hatte sich mit der Hohen Pforte überworfen und plante deshalb eine Strafexpedition gegen La Goulette, einer Stadt im Norden von Tunesien, am Golf von Tunis. La Goulette war im Jahre 1535 von Karl V. erobert und befestigt worden. 1574 hatte Spanien es dann an die Osmanen abtreten müssen. Nach Heinrichs Konzept »sollte ein Seeräuber den andern erledigen«, und er übertrug Danser alle Vollmachten für das Unternehmen. Danser führte die Expedition zur vollsten Zufriedenheit seines Arbeitgebers aus. Er zerstörte die gesamte Flotte des Beys im Hafen von La Goulette und soll mit 400 Geschützen (so die Quellen!) nach Marseille zurückgekehrt sein.

Sieben Jahre nach diesem Bravourstück ereilte Danser das Schicksal. Ein Augenzeuge, der Engländer William Lithgow, Schriftsteller und Reisender, hat Dansers dramatisches Ende festgehalten. Hier sein Bericht:

»Ich hatte mich bereits sechs Wochen in La Goulette aufgehalten, als mir die Ehre widerfuhr, am 16. Februar 1616 ein niederländisches Schiff namens »Meerwinden« in den Hafen einfahren zu sehen. An Bord dieses stattlichen Fahrzeuges befand sich ein Kapitän namens Danser, ehemals ein renom-

Kapitän C. Daniels alias Bracman überwältigt ein französisches Korsarenschiff, »La Chenay« genannt, in den Gewässern der Bretagne.

Linke Seite:
Der holländische Kapitän J. J. van Edam überwältigt ein Korsarenschiff der Barbareskenstaaten in der Straße von Gibraltar.

Unten links:
Nicolaas Jarry, Kapitän des Vlissinger Kaperschiffes »De Vlissinger«.

Unten rechts:
Pierre Le Turc, Kapitän des Vlissinger Kaperschiffes »De Zeeuw«.

mierter Pirat und Feind der Mauren. Der König von Frankreich hatte ihn nach La Goulette geschickt, um die 22 vom Pascha von Tunis (und hauptberuflich Pirat) gekaperten Schiffe zurückzufordern. Obwohl sich Danser unlängst vom Kapergeschäft zurückgezogen hatte und als Familienvater in Marseille lebte, nutzte der Pascha die Gelegenheit, Danser wegen seiner Unternehmung gegen La Goulette zu bestrafen. Der Pascha begab sich eigens nach Dansers Schiff und sagte nach kurzen Verhandlungen die Herausgabe der Schiffe an den französischen König zu. Anschließend lud der gewiefte Tunesier den nichtsahnenden und vertrauensseligen Danser zu einem Gelage nach seinem Palast ein. Als Danser mit zwölf französischen Gästen die Hängebrücke des Palastes passiert hatte, wurden allesamt überfallen und gefesselt. Danser wurde vor den Pascha geschleppt, der ihn wegen »Schurkereien, Raub und Mord« zum Tode verurteilen ließ. Wenige Tage nach der Urteilsverkündung wurde Danser hingerichtet. Die zwölf Franzosen aber ließ der Pascha wieder frei und schickte sie mit den 22 Schiffen nach Marseille zurück.«

Danser hatte die Barbareskenstaaten dadurch, daß er ihnen die Konstruktion eines atlantikgängigen Schiffes beibrachte, vor ihrem sicheren Untergang gerettet.
Nach Dansers Tod begnügten sich die nordafrikanischen Korsaren nicht mehr damit, ihre Nadelstiche gegen die südspanische und portugiesische Küste durchzuführen, sondern drangen, sehr zum Ärger der englischen Admiralität, bis in den Ärmelkanal vor. Nicht umsonst schrieb der englische Gesandte am spanischen Königshof Sir Francis Cottington, an den Herzog von Buckingham: »Die Stärke (militärische) und die Keckheit der Korsaren der Räuberstaaten in bezug auf ihre Unternehmen nimmt von Tag zu Tag zu. Ihre Flotte umfaßt nahezu 400 Einheiten, und jeder Segler verdrängt zwischen 200 und 400 Tonnen. Ihre Flaggschiffe sind mit schweren Kanonen bestückt. Ein Geschwader von 18 Schiffen kreuzt auf der Höhe von Malaga und lauert den spanischen Silberschiffen auf, die nach Sevilla fahren. Ein weiteres Geschwader überwacht den Schiffsverkehr zwischen Portugal und Amerika. Neulich raubten sie zwei englische Kauffahrteischiffe aus.«

Wenn wir dem Bericht des englischen Konsuls zu Algier Glauben schenken können, dann kaperten die nordafrikanischen Seeräuber 400 Schiffe im Zeitraum von 1569 bis 1619.

Im Jahre 1631 schrieb der englische Konsul von Algier an Karl I. von England:

»Wenn die Krone nicht auf dem schnellsten Wege das Lösegeld herbeischafft, dann werden in Kürze Hunderte von Engländern auf den Schiffen der Korsaren Ruderdienst tun müssen.« Am Ende des Briefes steht der Satz: »Wenn das Lösegeld ausbleibt, dann kommen die Korsaren nach England und holen die Untertanen Ihrer Majestät aus den Betten, wie sie es mit den Spaniern und Portugiesen tun.«

Die neue Operationsbasis der nordafrikanischen Korsaren war nicht mehr Algier, sondern der marokkanische Atlantikhafen Salé. Von hier aus führten sie ihre Überfälle auf die Schiffe Karls I. (von England) im Ärmelkanal durch. Als es der englischen Kriegsmarine dann gelang, ein Seeräuberschiff in der Themsemündung aufzubringen und die gesamte Mannschaft dingfest zu machen, geriet die Londoner Bevölkerung in Panik. Um die Seeräuber während der Nacht besser erspähen zu können, wurden längs der englischen Ärmelkanalküste große Feuer angezündet. Trotzdem sollen die nordafrikanischen Korsaren insgesamt 1000 Untertanen König Karls I. verschleppt haben, wenn die Angaben eines Bürgermeisters der Stadt Plymouth stimmen.

Der längste Zug, der jemals von einem nordafrikanischen Korsaren durchgeführt wurde, führte von Nordafrika nach Island. Die Leitung dieses tolldreisten Unternehmens hatte der niederländische Pirat *Jan Jansz.* Er machte den Anfang seiner »Karriere« als Freibeuter im Dienst der niederländischen Regierung. Er amtierte als sogenannter Wassergeuse (franz. gueux = Bettler, holl. Geuzen) gegen die Spanier während des großen niederländischen Freiheitskrieges, der mit dem Abfall der Niederlande von Spanien endete.
Wassergeusen waren niederländische Freiheitskämpfer gegen die Gewaltherrschaft Philipps II. und seines Statthalters, des Herzogs von Alba. Zunächst galt dies als Spottname für den aufständischen verarmten niederländischen niederen Adel, später war es die Bezeichnung für niederländische Korsaren, die gegen die Spanier während des niederländischen Freiheitskampfes auf See kämpften.

Diese Art von Freibeuterei hatte Jansz ein ansehnliches Vermögen eingebracht. Weil er jedoch immer reicher und reicher werden wollte, kündigte er seinen Vertrag mit der niederländischen Regie-

Der holländische Kapitän Le Turc überwältigt mit seinem Vlissinger Kaperschiff das französische Schiff »l'Amitiè Royale«.

Linke Seite:
Der holländische Kapitän Le Turc im Kampf mit einer englischen Schaluppe.

rung und machte sich als Seeräuber selbständig. Während seiner ersten Kaperfahrten scheute er sich nicht einmal, Schiffe Wilhelms von Oranien, seines ehemaligen Brotgebers, zu überfallen und auszurauben.
Jansz stellte sich nach seinen ersten erfolgreichen Kaperfahrten in den Dienst eines gewissen Soleiman Reis aus Algier. Als sein Schirmherr im Jahre 1619 starb, verließ er Algier und begab sich nach dem aufstrebenden Piratennest Salé. Von hier aus war es Jansz möglich, fast den gesamten Schiffsverkehr in der Meerenge von Gibraltar zu kontrollieren. Jansz hatte es besonders auf die spanischen Silberschiffe abgesehen, die ihre Schätze nach dem Goldturm von Sevilla brachten. Als Jansz in Salé sein Debüt feierte, hatten sich die beiden Städte Salé und Rabat zu selbständigen Seeräuber-Republiken erklärt. Dieser Prozeß hatte bereits beim Verfall der Merinidendynastie im Jahre 1470 eingesetzt und war erst um 1619 zum Abschluß gekommen. Die »Regierung« der Seeräuber-Republik Salé war aus 14 Vertretern zusammengesetzt; der »Premierminister« trug den Titel eines Admirals. Der erste Admiral der Republik von Salé war kein anderer als Jan Jansz. Obwohl er bereits in Holland verheiratet war, ehelichte er eine maurische Schöne, mit der er einige Kinder zeugte.
Unter Jansz' Zepter florierten die Geschäfte in Salé derart, daß er bald einen Beigeordneten in Dienst stellen mußte. Für das hohe Amt eines Vize-Admirals wählte er einen Landsmann namens Mathys van Bostel Oesterlynck aus. Bostel ließ sich zum Islam bekehren und heiratete eine 14jährige Spanierin, obwohl er bereits Frau und Tochter in Amsterdam hatte.
Jan Jansz wurde in Kürze durch seine fetten Einnahmen – sie bestanden aus dem festen Gehalt eines Admirals, aus den Hafengebühren und aus einem festen Anteil einer jeden Prise – ein betuchter Mann. Ab und zu überkam ihn die Sehnsucht nach dem Abenteuer, und er ging selbst auf Kaperfahrt aus. Im November 1622 befand sich Jan Jansz im Ärmelkanal und hatte plötzlich keinen Proviant mehr. So sah er sich genötigt, den niederländischen Hafen Veere (Seeland) anzulaufen. Obwohl er als »Admiral« und »Regierungschef« einer Republik nach Veere kam, empfingen die niederländischen Hafenbehörden ihren Gast sehr kühl. Die ersten Gäste an Bord seines Schiffes waren seine Frau und seine Kinder! Vergebens versuchten seine Frau und weitere Notabilitäten, Jansz dazu zu überreden, einmal einen »Spaziergang« durch Veere zu machen. Als eingefleischter Korsar jedoch wußte er, wie gefährlich ein solcher »Spaziergang« war, und auf das Schlemmerleben in Salé konnte er einfach nicht verzichten. Nach mehreren Tagen Aufenthalt in Veere lichtete Jansz die Anker und nahm einige jugendliche Draufgänger mit nach Salé.
Im Jahre 1626 wurde Jansz abermals vom Heimweh geplagt und nahm Kurs auf den Ärmelkanal. Auf der Höhe von Veere erblickte Jansz einen prachtvollen spanischen Kauffahrer, der unter der niederländischen Flagge segelte. Als Jansz und seine Kumpanen dann zum Entern auf das Schiff ansetzten, hißte es plötzlich die spanische Flagge, und an Deck stellten sich einige hundert spanische Soldaten auf. Es gelang Jansz mit knapper Mühe und nach einem hitzigen Seegefecht, den Hafen von Amsterdam zu erreichen. Hier verweigerten die Hafenbehörden Jansz, obschon er ein feindliches Schiff angegriffen hatte, die Betreuung der Verwundeten und Kranken, deren es zahlreiche an Bord gab. Der Bürgermeister verbot Jansz sogar, seine Toten in niederländischer Erde zu beerdigen. In dieser mißlichen Lage blieb ihm nichts anderes übrig, als so schnell wie möglich nach Salé zurückzukehren, das er nach endlosen Strapazen erreichte.
Als nach diesem mißglückten Coup noch einige weitere danebengingen, faßte Jansz den Entschluß, nach Island zu segeln, um die Hauptstadt Reykjavik auszurauben. Noch nie hatte sich ein Korsar in die isländischen Gewässer verirrt. 1627 nahm er einen Dänen in seine Dienste, der angab, einmal in Island gewesen zu sein und der behauptete, daß es dort viel zu »holen« gab. Für dieses Unternehmen ließ Jansz drei Schiffe ausrüsten. An Bord befanden sich außer Mauren einige fahnenflüchtige englische Matrosen. Jansz erreichte nach einer sehr gefährlichen Fahrt von Salé aus Islands Hauptstadt

Reykjavik. Doch bestand die Beute nur aus Fisch und Häuten. Um unter den enttäuschten Spezis eine Meuterei zu verhindern, ließ er die Stadt dann plündern. Mit über 400 Isländern, Männer, Frauen und Kinder, segelte Jansz nach Algier, wo er seine menschliche Fracht meistbietend verkaufte. Eines Tages geriet dann Jansz bei einem Aufenthalt in Algier in die Gefangenschaft der Malteserritter. Wie er den Maltesern entschlüpfen konnte, ist nicht bekannt. Am 30. Dezember 1640 erschien vor Salé ein Schiff, das den niederländischen Konsul von Salé, Jansz' Frau und Kinder, an Bord hatte. Jansz, der in Salé in Saus und Braus lebte, empfing seine Tochter mit orientalischem Prunk, während Frau Jansz an Bord des Schiffes bleiben mußte. Fräulein Jansz lebte dann einige Monate auf Schloß Maladia, einige Meilen von Salé entfernt, das zu Jansz' Familienbesitz gehörte, und kehrte wieder nach den Niederlanden zurück. Angeblich fühlte sie sich in der islamischen Welt ihres Vaters nicht ganz wohl.
Wann, wie und wo Jan Jansz gestorben ist, wissen wir nicht. Verschiedene Quellen sprechen von einem gewaltsamen Tod; doch kann man diese Dokumente nicht auf ihre Echtheit prüfen.

In der zweiten Hälfte des 17. Jahrhunderts nahm das Korsarentum in Salé und in den Städten von Algier, Tunis und Tripolis einen noch nie vorher gekannten Aufschwung. Kein europäischer Staat war imstande, den nordafrikanischen Korsaren das Handwerk zu legen. Philipp IV., König von Spanien, hatte im Innern alle Hände voll zu tun, um die Revolte in Katalonien niederzuschlagen. Sein Sohn Karl II., der 1665 den spanischen Thron bestieg und nur noch ein Schatten seiner selbst war, stand den Staatsaffären gleichgültig gegenüber. Graf Opresa, der 1685 Premierminister in Spanien wurde, versuchte vergebens, die politische Dekadenz des spanischen Königreiches aufzuhalten. Peter II. von Portugal versuchte von Brasilien noch zu retten, was zu retten war. Die Schiffsrouten im Atlantik und im Mittelmeer wurden durch das ständige Auftauchen der nordafrikanischen Korsaren immer unsicherer. Der Großvesir Ahmed Keuprulu II., »der Politiker« genannt, zeigte kein Inter-

Kapitän Le Turc im Kampf mit einem englischen Schiff, das mit 18 Kanonen bestückt ist.

esse an den Barbareskenstaaten und ließ die Deys und Beys frei schalten und walten. Nach der schweren Niederlage der Hohen Pforte vor Wien 1682 war Istanbul militärisch geschwächt und unfähig, die Korsaren von Salé, Algier, Tunis und Tripolis, die der Hohen Pforte nominell unterstanden, zur Vernunft zu bringen. Wenn es zu einer kriegerischen Auseinandersetzung zwischen Spanien und Frankreich kam, standen die Barbareskenstaaten immer auf seiten Frankreichs. Ab und zu machte dann ein Gesandter eines westeuropäischen Staates in Algier seinem Ärger Luft. Doch alle Zusagen der Piraten an die europäischen Gesandten halfen nichts. Sie fühlten sich nicht an einen papiernen Vertrag gebunden, der für sie nur Arbeitslosigkeit bedeutete. Im Jahre 1620 z. B. sandte König Jakob I. von England seinen Botschafter Sir Robert Mansell nach Algier, um beim Pascha das Versprechen einzuholen, in Zukunft keine englischen Schiffe mehr zu kapern. Als Mansell wieder in London war, hatte der Pascha nicht weniger als 20 englische Schiffe gekapert, trotzdem er dem Gesandten fest versprochen hatte, die Engländer beim Kapern auszuklammern.
1655 beschloß Oliver Cromwell, der sich zwei Jahre zuvor zum »Lord Protector« hatte ernennen lassen, die Korsarennester an der nordafrikanischen Küste ein für allemal auszuräuchern. Mit dem Unternehmen beauftragte er einen tüchtigen Seemann namens Blake. Diesem gelang es trotz heftigen Kanonenfeuers der Zitadelle von Tunis, in den Hafen einzudringen und alle dort vor Anker liegenden Korsarenschiffe zu vernichten. Außerdem befreite er Hunderte von englischen, schottischen und irischen Galeerensträflingen. Doch nutzte diese Aktion auch nicht sehr viel, denn knapp zwei Jahre nach dieser englischen Machtdemonstration begannen die Seeräuber von Algier und Tunis ihr Spiel aufs neue.
Der englische König Karl II. beauftragte 1671 den fähigen Seemann Edward Spragg mit einer Strafexpedition gegen die Barbareskenstaaten. Während er die algerische Stadt Bougie (heute Bejaïa) bombardierte, brach in der Stadt eine Revolte aus. Die aufgebrachte Bevölkerung ergriff den Aga, tötete ihn und brachte sein Haupt auf Spraggs Schiff. Obwohl Spragg einen Vertrag mit den Stadtbehörden unterzeichnet hatte, um dem Kapern englischer Schiffe Einhalt zu gebieten, begannen die nordafrikanischen Seeräuber bereits ein Jahr später wieder damit, englische Kauffahrteischiffe zu überfallen.
1673 sandte Karl II. seinen Botschafter John Narbrough nach Algier, um den Pascha an seine Abmachungen zu erinnern. Der Pascha empfing den Gesandten mit orientalischer Gastfreundlichkeit und knöpfte ihm 6000 Piaster zum Freikauf von einigen hundert englischen Galeerensträflingen ab.
Im Jahre 1677 schickte Karl II. seinen Gesandten Narbrough ein zweites Mal nach Nordafrika, diesmal aber, um den Seeräubern eine Lektion zu erteilen. Narbrough hatte den Auftrag erhalten, den Bey von Tripolis zu zwingen, seine Nadelstiche gegen die englische Schiffahrt im Mittelmeer ein für allemal aufzugeben. Als Narbroughs Verhandlungen dann nach mehreren Tagen in ein Geschwafel endeten, sah der Engländer ein, daß der Bey nur durch Waffengewalt zur Raison gebracht werden konnte. Unter der Leitung des Leutnants zur See (und später Admiral) Cloudesley Shovell drangen die Engländer mit zwölf Barken während einer Nacht in den Hafen ein und zündeten alle vor Anker liegenden Piratenschiffe an. Obendrein erbeuteten sie noch über 2000 Piaster.
Bis zur endgültigen Niederwerfung der Korsaren in Nordafrika im Jahre 1830 durch die französischen Truppen kam es noch zu zahlreichen Gefechten zwischen den Engländern, Franzosen und den Korsaren. Am 17. September 1681 holten sich der englische Kapitän Booth, Kommandant der »Adventure« und der Korsar *Hadje Ali* aus Algier, Kommandant des Schiffes »Zwei Löwen und eine Krone« auf der Höhe von Kap Trafalgar blutige Köpfe. Neun Stunden lang wogte der Kampf hin und her. Als beide Schiffe dann bedeutende Havarien aufwiesen, zogen sie sich zur Ausbesserung einen Tag lang zur Küste zurück. Dann begannen die Kanonaden und das Gefecht von neuem. Erst als um neun Uhr morgens des 19. September der Großmast des Korsarenschiffes brach, baten die Gesellen

Hassan Pascha, algerischer Korsarenkapitän und Gouverneur von Algier. Ein Spezi huldigt seinem Herrn.

aus Algier den englischen Kapitän um Gnade. Hadje Ali, ein Abtrünniger, der aus Kopenhagen stammte, mußte schwer verwundet den bitteren Weg der Gefangenschaft antreten. Mit ihm wurden zwei Fahnenflüchtige aus Hamburg und aus Amsterdam festgenommen.
1682 unternahm der französische Oberkommandierende der Mittelmeergeschwader, der Marquis de Duquesne, eine Strafexpedition gegen die Korsaren aus Algier. Auf der Höhe der Stadt angekommen, ließ der unerbittliche Marquis die Stadt stundenlang beschießen und zerstörte Hunderte von Wohnhäusern. Daraufhin entfachte der Mob eine Revolte. Der amtierende Bey wurde umgebracht und an seiner Stelle der Kapitän der Galeeren namens Hadje Hassan Pascha gewählt. Man nannte ihn kurz »Mezzomorte«, d. h. »der Halbtote« (angeblich wurde er wegen seines blassen Aussehens so genannt). Alsdann ließ der neue Bey dem Marquis mitteilen, daß er sofort das Bombarde-

ment einzustellen habe. Falls er dieser Aufforderung nicht nachkomme, werde er alle in Algier residierende Franzosen vor dem Abschuß einer Kanone an den Feuerschlund binden. Um dem Marquis zu zeigen, daß es sich nicht um eine leere Drohung handele, ließ der Bey als erstes Opfer den betagten Gottesmann namens Jean le Vacher, den Seelsorger der gefangenen Galeerensträflinge in Algier, ergreifen. Le Vacher wurde an das Rohr der Kanone festgebunden und in Fetzen gerissen. Dusquesne jedoch stoppte erst das Bombardement, als ihm die Munition ausgegangen war. Zwanzig Franzosen, unter ihnen der französische Konsul von Algier, erlebten dasselbe Schicksal wie der Kirchenmann Le Vacher.

Im Jahre 1683 – im selben Jahr starb Ludwigs XIV. berühmter Minister Colbert – ließ der französische Vizeadmiral Anne Hilarion de Cotentin Tourville, der bereits an der Strafexpedition von Duquesne teilgenommen hatte, Algier beschießen. Fünf Jahre später unternahm der französische Vizeadmiral Jean d'Estrée eine weitere Strafexpedition gegen das Korsarennest von Algier. Wegen der Beschießung der Stadt ließ der Bey 48 Franzosen vor die Feuerschlünde seiner Kanonen binden und in Stücke reißen. Im Musée de la Marine zu Paris steht die Kanone »La Consulaire«, mit der der Bey den französischen Konsul in Algier abfeuern ließ. Diese periodischen Bombardements der Stadt Algier durch Franzosen und Engländer, die zum Ziel hatten, die algerischen Korsaren in die Knie zu zwingen, bewirkten genau das Gegenteil. Diese antworteten nämlich umgehend mit zahlreichen Greueltaten gegenüber Franzosen und Engländern, die in Algier lebten. Was die Westeuropäer nicht fertigbrachten, das gelang den Amerikanern in Algier. Zwischen 1785 und 1789 mußten auch Onkel Sams Bürger, die in Algier residierten, hohe Summen an die Seeräuber entrichten, um einigermaßen in Ruhe gelassen zu werden. Als Mister Eaton, Konsul der Vereinigten Staaten in Algier, 1798 mit vier Schiffen in den Hafen von Algier hineinfuhr und ein hohes Ankergeld an den Bey entrichten mußte, schrieb er einen langen Brief an seine Regierung und stellte darin die Frage, »wie es denn möglich sei, daß sieben Könige Europas, zwei Republiken und ein Kontinent (= USA) einem

Als im Jahre 1688 der französische Vizeadmiral Jean d'Estrée eine Strafexpedition gegen das Piratennest von Algier unternahm, ließ der Bey 48 Franzosen vor die Feuerschlünder seiner Kanonen binden und abfeuern. Das erste Opfer war der Geistliche Vacher.

›gekrönten Schurken‹ in Algier einen so hohen Tribut zahlen mußten, wo doch die maritime Schlagkraft des Bey in allererster Linie nur aus Linienschiffen bestand?«.
Im Jahre 1699 beliefen sich die Abgaben der Fremden in Algier z. B. auf 50 000 US-Dollar, 28 Kanonen, 10 000 Geschosse und eine Menge von teuren Stoffen. Unter dem Druck der öffentlichen Meinung in den USA bewilligte der Kongreß die nötigen Kredite, um eine Flotte gegen den Bey von Algier auszurüsten. Die Maßnahme des amerikanischen Kongresses blieb nicht ohne Wirkung auf den Bey, denn dieser gab der amerikanischen Regierung das Versprechen, fürderhin amerikanische Schiffe in Ruhe zu lassen. Als »Belohnung« erhielt er vom Kongreß eine schnelle Fregatte. Als der Bey von Tunis von diesem großzügigen Geschenk hörte, schrieb auch er an den Kongreß nämlich die Bitte, die Amerikaner mögen ihm unverzüglich 10 000 Gewehre mit dementsprechender Munition liefern, andernfalls er kaum garantieren könne, daß seine Spezis schonend mit den amerikanischen Frachtern umgehen würden. Anschließend stellten auch noch marokkanische Korsaren dem Kongreß ihre Forderung hinsichtlich ihres Verhaltens amerikanischen Handelsschiffen gegenüber, und obendrein erklärte der Bey von Tripolis am 14. Mai 1801 den USA den Krieg.
Die USA nahmen die Herausforderung des Beys von Tripolis an, bestimmten jedoch selbst den Zeitpunkt, um dem kecken Despoten eine Lektion zu erteilen. Im Jahre 1803 nahm ein Geschwader vorzüglich bewaffneter Kriegsschiffe unter Kommodore Edward Preble Kurs auf Gibraltar. Die beiden Kampfschiffe »Vixin« und »Philadelphia« fuhren in Richtung Tripolis, um den Hafen zu blockieren. Am 31. Oktober lief die »Philadelphia«, die ein Korsarenschiff jagte, auf eine Sandbank auf. Als die Besatzung mit allen Kräften versuchte, das Schiff wieder flottzumachen, ruderten Dutzende von kleinen Booten mit bis an die Zähne bewaffneten Korsaren heran. Einer solchen Übermacht waren auch die amerikanischen Matrosen nicht gewachsen. Um das Schiff jedoch nicht in die Hände der Seeräuber fallen zu lassen, befahl Kapitän Bainbridge, alle Schiffskammern mit Wasser zu füllen. Dann nahmen die Korsaren allen Amerikanern ihre Wertsachen ab, machten das Schiff, zum größ-

Um das Piratennest von Algier auszuräuchern, unternahm der französische Marquis Duquesnes 1683 eine Strafexpedition gegen die Korsaren von Algier. Nach der intensiven Bombardierung Algiers durch Dusquesnes entstand in der Stadt eine Revolte, die einen Galeerenkapitän namens Hadji Hassan an die Macht brachte. Der neue Machthaber ließ Duquesnes wissen, daß er das Bombardement sofort einzustellen habe, andernfalls er alle in Algier residierenden Franzosen vor dem Abschuß einer Kanonenkugel an den Feuerschlund binden wolle. Duquesnes stellte jedoch erst das Bombardement ein, als ihm alle Munition ausgegangen war. Zwanzig Franzosen erlitten das grausame Schicksal. Dann erst ergaben sich die Korsaren.

ten Erstaunen ihrer früheren Besatzung wieder seetüchtig und transportierten die Gefangenen mit ihrem Schiff nach Tripolis. Sobald der Kommodore von dieser peinlichen Nachricht hörte, ließ er unverzüglich seinen besten Leutnant, Stephan Decatur, zu sich rufen, übertrug ihm das Kommando über die Galiote »Intrepide« und befahl ihm, den Bey lebend oder tot zu ihm zu bringen. Nach einer stürmischen Fahrt erreichte Decatur mit der »Intrepide« den Hafen von Tripolis, und eines Nachts gelangte die »Intrepide« ohne Schwierigkeiten längs der am Hafen vor Anker liegende »Philadelphia«. Einige als Marokkaner verkleidete Matrosen der »Intrepide« gaben dem wachhabenden Mauren auf der »Philadelphia« zu verstehen, daß sie während eines Sturmes ihren Anker verloren hatten und daß sie ihr kleines Schiff für eine Nacht an die »Philadelphia« anzuseilen wünschten. Der ahnungslose Maure warf das Seil zur »Intrepide« herüber, und im Nu befanden sich die amerikanischen Matrosen an Bord der »Philadelphia«. Nach einem kurzen Gefecht hatten die Matrosen der »Intrepide« die sich auf Deck befindenden Seeräuber niedergestochen und an verschiedenen Stellen der »Philadelphia« Feuer gelegt. Als die »Philadelphia« lichterloh brannte, gab Decatur den Befehl zum Rückzug.
Erst im Juli 1804 konnte Kommodore Peble einen Sturmangriff auf Tripolis durchführen. Es bedurfte allerdings fünf solcher Sturmangriffe auf die Stadt, um den Gesellen das Fort zu entreißen. Ein Jahr später unterzeichnete der Bey mit der US-Regierung einen Vertrag, demgemäß die Amerikaner keinen Tribut mehr zu zahlen brauchten und die amerikanischen Handelsschiffe ungehindert in der Großen Syrte segeln konnten.
Trotzdem die französischen, spanischen und englischen Monarchen laufend Tribute an die Beys von Algier, Tripolis und Tunis zahlten, fuhren deren Korsaren mit dem Kapern französischer, spanischer und englischer Schiffe fort. 1816 erhielt Lord Exmouth von der englischen Regierung den Befehl, die Seeräubernester von Algier, Tunis und Tripolis auszuräuchern. Mit einer starken Flotte, die noch durch holländische Einheiten unter dem Kommando des Vizeadmirals Baron van Capellen verstärkt war, erschien Exmouth im Sommer 1816 vor Algier. Kurz zuvor hatte der Bey von Algier den Befehl erlassen, alle von den Engländern protegierten Italiener in Bône und Oran festnehmen zu

lassen. In Bône wurden dann einige hundert Italiener massakriert, während sie die Messe besuchten. In der Nähe von Algier wartete das schnelle Kriegsschiff »Prometheus« auf den englischen Konsul, damit er sich in Sicherheit bringen könne. Es gelang diesem, seiner Frau und seinen Töchtern, nach einer höchst dramatischen Flucht an Bord der »Prometheus« zu kommen. Exmouth segelte in den Hafen von Algier und forderte den Bey auf, sofort alle europäischen Gefangenen freizugeben. Als der Bey jedoch nicht auf Exmouths Forderung einging, ließ er aus allen Rohren auf die Stadt schießen. Erst als alle Korsarenschiffe im Hafen in Flammen standen, gab der Bey nach und unterzeichnete einen Vertrag. 1642 Gefangene – Engländer, Franzosen und Holländer – erhielten ihre langersehnte Freiheit wieder. Der Mob von Algier war über die Handlungsweise seines Beys über alle Maßen empört, inszenierte einen Aufstand und erwürgte seinen Herrscher. Ein Korsar namens *Ali Khoja* amtierte von nun an als Bey. Dieser trieb es noch schlimmer als sein Vorgänger. Gemäß

einem Bericht des amerikanischen Konsuls Mr. Shaler, der Ali einen Höflichkeitsbesuch abstattete, mußte er (angeblich) über 30 Leichen schreiten, bis er zum Empfangszimmer des Beys kam. Dieser saß dann seelenruhig auf einem schönen Teppich und las in einem Buch.
Alis größter Wunsch bestand darin, zahlreiche europäische Frauenzimmer um sich zu haben. Wie es bei der Rekrutierung von Alis Harem zuging, schilderte uns Sir Sidney Smith, der Präsident des Vereins für den Loskauf von Sklaven:
»Ein junges, wohlgestaltetes Mädchen aus Sardinien namens Rosa Ponsombia, wurde eines Tages von harmlos aussehenden Mittelsmännern des Beys überredet, mit ihrer Mutter zu einer bestimmten Zeit zum französischen Konsulat zu kommen. Auf dem Heimweg wurde die Schöne überfallen, ihr ein Tuch über den Kopf gestülpt und vor Ali geschleppt. Sie mußte dem katholischen Glauben abschwören, den Islam annehmen und fortan im Palast des Beys leben.«
Als der Bey starb, fand man folgenden Zettel in seinem Schreibtisch: ». . . die Tochter von Mister MacDonald (englischer Konsul in Algier) soll Mitglied meines Harems werden. Die Tochter des spanischen Konsuls ist mir zu häßlich; sie soll nur Favoritin werden. Sollten der englische und der spanische Konsul sich gegen meine Wünsche auflehnen, dann werden sie enthauptet.«
Die schöne Rosa kam niemals mehr aus dem Palast heraus. Sie starb 1818 an der Pest, die in Algier wütete.

Zwischen 1818 und 1819 florierte der Sklavenhandel in Algier. Um diesem lukrativen Geschäft ein Ende zu bereiten und um sich in Nordafrika politisch und militärisch festzusetzen, beschlossen der französische König Karl X. und seine Regierung, die Barbareskenstaaten in Besitz zu nehmen. Mit einem Aufgebot von 37 000 Soldaten und einer imposanten Flotte gingen die Franzosen am 13. Juni 1830 an der algerischen Küste an Land. Am 4. Juli fiel das Fort von Algier, und tags darauf hielten die Franzosen ihren siegreichen Einzug in Algier. Der Bey und seine Familie wurden nach Neapel abgeschoben. Die Barbareskenstaaten und somit das nordafrikanische Korsarentum hatten definitiv zu bestehen aufgehört.

Algier war von 1529 bis 1830 der Hauptsitz der nominell unter türkischer Oberhoheit stehenden Barbareskenpiraten. 1541 scheiterte Karl V. an der Belagerung Algiers; 1816 zerstörten englische und holländische Kriegsschiffe die Korsarenflotte und bombardierten die Stadt. 1830 besetzten die Franzosen die Stadt.

Linke Seite:
Die Kanone »La Consulaire«, mit der der Bey den französischen Konsul 1683 in Algier abfeuern ließ. Die Kanone steht im Musée de la Marine zu Paris.

Die »Großen« der Karibik

Belain d'Esnambuc · Le Vasseur · Watts
Arundell · Deschamp · Montbars · Legrand · Grammont
Nau · Morgan

Als der Dreißigjährige Krieg durch den Westfälischen Frieden 1648 beendet wurde, standen Tausende von Landsknechten vor dem Ruin. In Frankreich herrschte der Sonnenkönig mit strenger Hand und schob alle Landstreicher über die Grenze. So blieb den meisten entlassenen Landsknechten nichts anderes übrig, als sich nach dem mittelamerikanischen Inselgewirr abzusetzen. In Spanisch-Amerika konnte man sich auf einem Seeräuberschiff anheuern lassen, das sich auf das Kapern der spanischen Silberflotten spezialisiert hatte. So wurde im 17. Jahrhundert der Golf von Mexiko zum Tummelplatz Tausender von Flibustiers aller Nationen. Die französischen und englischen Gouverneure der vielen kleinen Inseln in den Gewässern der Karibik kamen den Flibustiers sehr entgegen, ja steckten in ihren Unternehmungen mit drin. Im Laufe des 17. Jahrhunderts entstand in den Gewässern der Antillen eine Art Flibustier-Gesellschaft, die sich »*Brüder der Küste*« (Frères de la Coste) nannte. Sie hatte ihre eigenen Gesetze, und alle Mitglieder der »Gesellschaft« waren sich einig, wenn es darum ging, Jagd auf spanische Handelsschiffe zu machen. Zu den berühmtesten Flibustiers der Antillen oder »Brüder der Küste« zählten *Jon Cox* aus Neu-England, Kapitän *John Coxon, William Dampier, Edward Davis, Pierre le Grand* (Pierre François), *François Lolonais, Sir Henry Morgan, Basil Ringrose* und *Bartolomew Sharp.*

Verschiedene Historiker, die sich mit der Geschichte der Karibik beschäftigten, sind der Ansicht, daß die erste Niederlassung der Flibustiers auf der Insel Tortuga (franz. Tortue), zu Haiti gehörend, entstanden ist. Diese Behauptung stimmt nicht. Das erste »Flibustier-Nest« befand sich auf der kleinen Insel St. Christoph (die heute St. Kitts genannt wird), die lange Gemeinschaftsbesitz der Engländer und Franzosen war. Im Jahre 1625 hatte sich ein Abenteurer namens *Belain d'Esnambuc,* der während 18 Jahren lang Handelsschiffe in der Karibik gekapert hatte und der berufliche Ermüdungserscheinungen zeigte, auf der lieblichen Insel niedergelassen. Diese Niederlassung war seit diesem Jahr den Spaniern ein Dorn im Auge, denn sie bedrohte ihre Schiffahrtslinien in den Gewässern der Antillen. Als 1630 der spanische Admiral Fadrique de Toledo die Insel St. Christoph eroberte, mußten sich die Flibustiers eine andere Bleibe suchen. Unter der Leitung des Sieur de Belain d'Esnambuc verließen die Flibustiers die Insel und ließen sich auf Tortuga nieder. Kolumbus hatte die Insel entdeckt und so getauft, weil sie die Form einer Schildkröte hat, deren Kopf nach Westen und deren Schwanz nach Osten zeigt. In Wirklichkeit hatten die Flibustiers in der Insel Tortuga einen weit besseren Schlupfwinkel als auf St. Christoph gefunden, denn Tortuga bot vor allem reiche Trink-

wasservorräte, und wegen ihrer hohen Steilküste konnte man nur an einer Stelle an Land gehen. Ferner lag die Insel nur knapp sieben Meilen von Hispaniola entfernt.
Anfang des 17. Jahrhunderts ergoß sich ein zweiter großer »Arbeitslosenstrom« aus Frankreich, Deutschland und England nach Mittelamerika. Wegen ihrer religiösen Überzeugung hatten die meisten von ihnen ihre Heimat verlassen müssen. Andere hatten sich in der starren europäischen Gesellschaftsschicht nicht mehr zurechtgefunden und ihr den Rücken gekehrt. Sie kamen nach einer in der Regel abenteuerlichen Fahrt nach Santo Domingo oder nach Jamaika. Beide Inseln waren durch die spanischen Kolonialherren fast entvölkert worden. Von den »friedliebenden« Indianern, von denen Kolumbus einmal gesprochen hatte, waren nur mehr einige Hundert da. Auf Santo Domingo liefen große Büffelherden frei herum. Doch nur wenige der Ankömmlinge jagten die Büffelherden und wurden Bukaniere.

In der Zwischenzeit war die Insel Tortuga für die Spanier sehr gefährlich geworden, denn von hier aus operierten immer mehr Flibustiers gegen die spanischen Flotteneinheiten, die das Silber aus den Bergwerken von Peru nach Spanien brachten. 1638 gingen spanische Marine-Infanteristen auf Tortuga an Land und vertrieben die Flibustiers. Ein Jahr später besetzten die Engländer die Insel. Doch sollten sie sich des Besitzes nicht lange erfreuen. Ein Freund von Belain d'Esnambuc namens *Le Vasseur* jagte die Engländer von Tortuga. Le Vasseur war Hugenotte, hatte sich in der Flotte Ludwigs XIII. hochgedient und war mit Belain d'Esnambuc nach St. Christoph gekommen. Nun gab der neue französische Gouverneur der Insel Le Vasseur den Auftrag, die Engländer von la Tortue zu vertreiben. Die Franzosen hatten seinerzeit den strategischen Wert der Insel für ihre Kaperfahrten erkannt. Um Tortuga erobern zu können, hielt sich Le Vasseur mit 60 kalvinistischen Gesellen in Port Margot, ungefähr 50 Meilen von Tortuga entfernt, versteckt. Ende August unternahm er dann einen Überraschungsangriff auf Tortuga, eroberte die Insel und nahm den englischen Gouverneur gefangen. Die früheren Bewohner der Insel zogen sich nach Hispaniola zurück. Weil Le Vasseur Angriffe sowohl der Engländer als auch der Spanier befürchtete, ließ er die Insel in den Verteidigungszustand setzen. In der Tat kehrten die Bewohner der Insel mit bewaffneten Insulanern nach Tortuga zurück, um den Franzosen die Insel wieder zu entreißen. Als sie jedoch feststellen mußten, daß sie die Kumpanen nicht vertreiben konnten, zogen sie sich wieder nach Hispaniola zurück. Der Zugang zum Hafen der Insel war leicht zu verteidigen. In einer Entfernung von ungefähr 600 Schritten vom Ufer entfernt hatte Le Vasseur auf einem felsigen Plateau ein Fort errichtet, von dem aus man weit und breit alle Schiffe erspähen konnte. 1642 versuchten spanische Marinesoldaten abermals, Le Vasseur das Fort zu entreißen. Auch diesmal errangen die Spanier keinen Erfolg und mußten sich fluchtartig nach Hispaniola zurückziehen.
Nach und nach ließen sich Jäger, Händler und weitere Flibustiers auf Tortuga nieder. Port Margot und Port de Paix wuchsen zu beachtlichen Siedlungen heran. In den Kneipen und Herbergen der beiden Häfen fanden die Seeräuber nach ihren anstrengenden Fahrten stets sichere Penaten, und hier konnten sie ihre Beute in Ruhe absetzen. Manch ein braver europäischer Händler stand in guten Geschäftsbeziehungen zu den Flibustiers von Tortuga. Unter Le Vasseurs tatkräftiger Leitung gelangte Tortuga schnell zu einer konjunkturellen Hochblüte. Über das Leben und Treiben der Flibustiers und Bukaniers haben die Geistlichen Dutertre, Labat und Charlevoix – die mit den Flibustiers lebten und sicherlich mit ihnen unter einer Decke steckten – recht farbenfrohe Berichte abgefaßt. Der klassische Schriftsteller der Flibustiers der Antillen ist jedoch der niederländische »Chirurg« Exquemelin. Seine Berichte beruhen in der Regel auf der historischen Wahrheit.
Nach 1655 kaperten die Flibustiers, gewöhnlich mit der Erlaubnis der Gouverneure von Tortuga, denen sie einen Teil der Beute als »Kommission« oder »Provision« abtraten.

Im Jahre 1654 war der französische Gouverneur Chevalier de Fontenay von der Insel Tortuga durch die Spanier vertrieben worden. Madrid ließ eine kleine Garnison auf der Insel zurück, um eine weitere Eroberung durch die englischen und französischen Flibustiers zu verhindern. Als im Jahre 1656 der Gouverneur von Santo Domingo, Graf von Penalva, hörte, daß zwei englische Abenteurer namens Penn und Venables beabsichtigten, Tortuga wieder zu erobern, ließ er das Fort der Insel schleifen und die spanische Besatzung abziehen.

Ende 1656 landete ein englischer Flibustier namens *Elias Watts* auf Tortuga und ließ vier Kanonen auf den Trümmern des gesprengten Forts in Stellung bringen. Watts erhielt dann von General Brayne, damals englischer Gouverneur von Jamaika, einen Kaperbrief, und in Kürze hatte Watts 200 Gesellen angeheuert. Unter den Spezis befand sich auch ein verarmter Adliger namens *James Arundell,* vormals Oberst in der englischen Armee, dann als Ausgestoßener nach Tortuga verbannt. Arundell heiratete Watts Tochter und wurde oberster Leiter der Flibustier-Kolonie. Nachdem die Kolonie einige hundert Mann Verstärkung erhalten hatte, überfielen sie das friedliche Städtchen S. Jago auf Hispaniola. Am Palmsonntag 1659 ging Watts, der jetzt Gouverneur von Tortuga war, mit seinen Kumpanen in der Bucht von Puerta de Plata, ungefähr 20 Meilen von S. Jago entfernt, an Land. Im Morgengrauen marschierten die Flibustiers zur Stadt und überraschten den ahnungslosen spanischen Gouverneur in seinem Bett. Als Watts dann den noblen Spanier bat, sich unverzüglich auf sein Ende vorzubereiten, fiel dieser vor Watts auf die Knie und bot ihm ein Lösegeld von 60 000 pieces of eight an. Bevor Watts auf das Angebot einging, ließ er die Stadt gründlich plündern. Selbst die Kirchenglocken mußten demontiert werden, um die Beutegier der Flibustiers zu stillen. Nachdem sie sich mit Lebensmitteln gut eingedeckt und ein Saufgelage abgehalten hatten, zogen Watts und seine Gesellen ab. Inzwischen hatten einige Einwohner von S. Jago Alarm geschlagen, und rund 1000 bewaffnete Spanier zogen Watts entgegen. Obwohl die Flibustiers dieser »Bürgerwehr« zahlenmäßig unterlegen waren, schlugen sie diese dennoch. Insgesamt hatte Watts 10 Tote und 6 Verwundete zu beklagen. Auf der Insel angekommen, schritt Watts zur Verteilung der fetten Beute. Jeder erhielt die erkleckliche Summe von 300 Kronen.

1659 erhielt der Franzose namens *Jérémie Deschamp,* einer von Levasseurs Begleitern, von der englischen Regierung den Posten eines Gouverneurs von Tortuga. Als Watts die Nachricht von Deschamp erhielt, zog er es vor, die Insel zu verlassen, und siedelte mit einigen Getreuen nach New-England über. Als Deschamp dann auf Tortuga ankam, hißte er die französische Flagge und nahm Tortuga für den französischen König in Besitz. Auf diesen eilfertigen und unüberlegten Akt des Franzosen hin befahl der englische Gouverneur von Jamaika Watts' Schwiegersohn James Arundell, Deschamp nach Jamaika zu bringen, um ihn dort wegen seiner »illegalen« Handlungen abzuurteilen. Deschamp befand sich aber zu dieser Zeit in Santa Cruz. Um jedoch nicht mit leeren Händen nach Jamaika zu kommen, ergriff Arundell Deschamps Neffen, Sieur de la Place. Als er die Insel mit seinem Gefangenen verlassen wollte, wurde er von Sieur de la Places Anhängern gefangengenommen, entwaffnet und dann nach Jamaika zurückgeschickt. Auf dem Weg nach Jamaika geriet Arundell in die Hände der Spanier. Nach einer dreimonatigen Haftstrafe wurden Arundell und sein Begleiter Bartolomew Cook auf Hispaniola von Einheimischen aufgegriffen, in den Busch geschleppt und dort ermordet.
Wenig später kehrte Jérémie Deschamp nach Frankreich zurück und überließ Tortuga seinem Neffen Sieur de la Place. Als das Eigentumsrecht der Insel 1664 in die Hände der Direktoren der Französischen Westindien-Kompanie überging, wurde Jérémie Deschamp in die berüchtigte »Bastille« in Paris eingesperrt. Über Deschamps Inhaftierung liegen bislang keine konkreten Beweise vor. Der

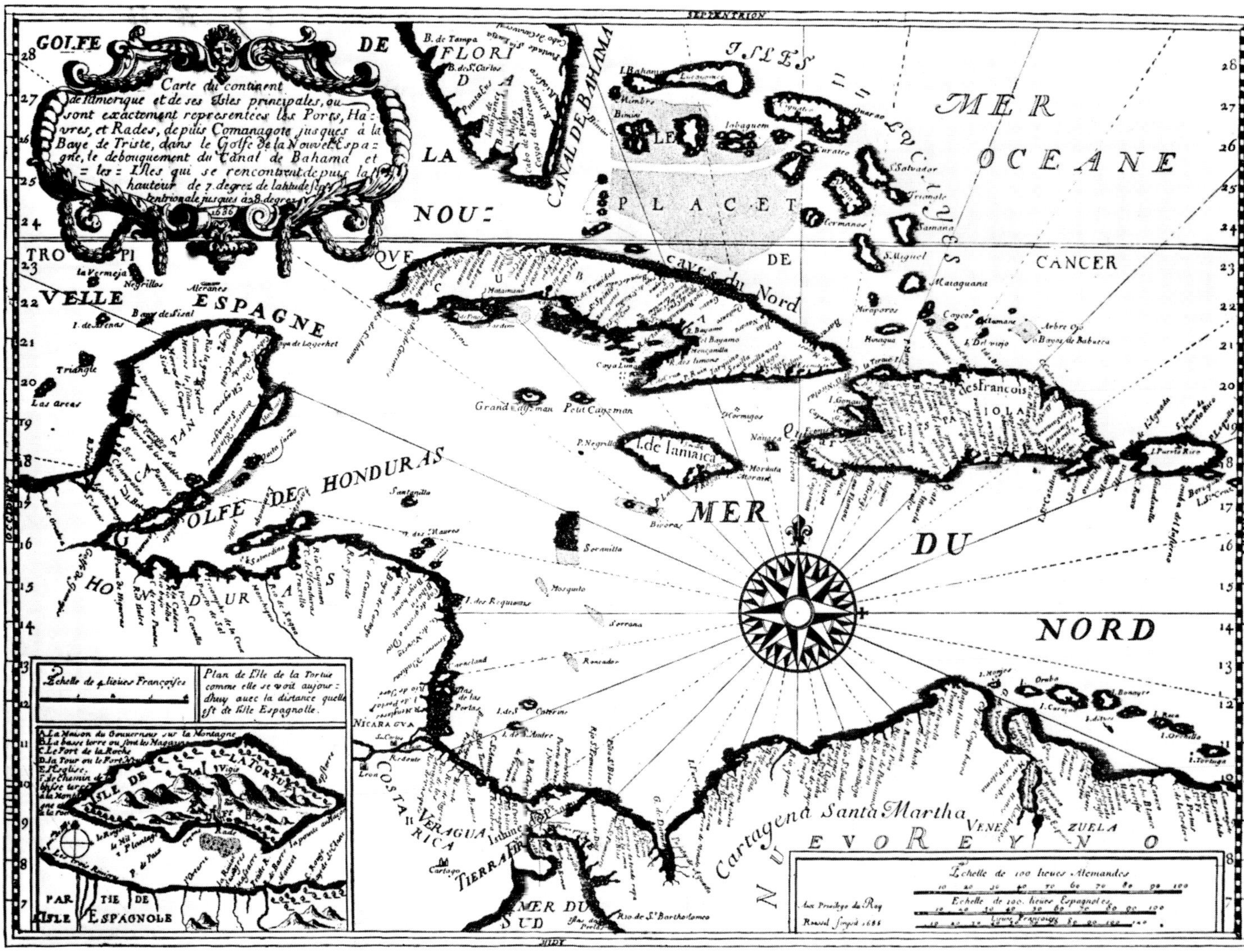

Alte Karte, das mittelamerikanische Inselgewirr, Tummelplatz der Flibustiers im 17. Jahrhundert, darstellend. Links unten im Detail die Insel la Tortue (Tortuga), einst das berühmteste Flibustierhauptquartier der gesamten Antillen. Die Ile de la Tortue wurde von Kolumbus entdeckt und wegen ihrer Schildkrötenform la Tortue (franz. »Schildkröte«) genannt. Die Insel ist etwa 40 km lang und 5 km breit und hat eine Fläche von 220 km². 1640 wurde sie von den Franzosen in Besitz genommen. Von hier aus unternahmen alle namhaften Flibustiers ihre Raubzüge gegen die spanischen Besitzungen im Isthmus von Panama.

Verlust von Tortuga muß Karl II. von England sehr geschmerzt haben, denn im Februar 1662 erteilte er dem Gouverneur von Jamaika den Befehl, Tortuga zurückzuerobern, koste es was es wolle. Am 16. Dezember befahl dann der Gouverneur von Jamaika, Lyttleton, dem Kapitän Robert Longford, mit seinen Marinesoldaten die Insel Tortuga im Handstreich zu nehmen. Die Eroberung scheiterte angeblich durch Verrat eines Engländers. 1664 bat der englische Kapitän Longford seinen König Karl II. um die Bereitstellung von zwei schnellen Fregatten, um Tortuga wieder zu erobern. Karl II. jedoch lehnte Longfords Bitte ab; er zog den »Status quo« vor. Es darf angenommen werden, daß Karl den französischen König um Tortugas willen nicht verärgern wollte. Tortuga blieb französisch. Heutzutage gehört Tortuga (nicht zu verwechseln mit Isla la Tortuga, die venezolanische Insel im Karibischen Meer, 180 km ostnordost von Caracas) zu Haiti.

Eine der markantesten Figuren der »Brüder der Küste« war ohne Zweifel der französische Flibustier *Montbars* (auch Monbars, Monbar oder Montbard genannt). Wegen seines unauslöschlichen Hasses gegen die Spanier wurde er am spanischen Königshof kurz »der Vertilger« genannt.
Montbars Existenz wird von vielen Historikern in Frage gestellt; doch haben diese Geschichtsschreiber bislang keine hieb- und stichfesten Gegenbeweise bringen können. Montbars wurde – wann, weiß niemand genau – in der Gascogne (Landschaft im südwestlichen Frankreich) geboren und entstammte dem niederen Adel. Seine ersten nautischen Erfahrungen machte Montbars auf einem Segler des französischen Königs, der von seinem Onkel befehligt wurde und der im Golf von Biscaya gegen die Spanier operierte. Dann begab sich Montbars nach Santo Domingo, wo er die Nachricht erhielt, daß die Bukaniers von Santo Domingo von den Spaniern vertrieben worden waren. Montbars ließ alle Bukaniers zusammentrommeln, versorgte sie mit Geld und Lebensmitteln und bot sich ihnen als Führer an. Wegen seiner Freizügigkeit und seiner Überredungskunst hatte er keine Schwierigkeiten, als Spiritus rector bei den Bukaniers angenommen zu werden. Nach seiner Wahl unternahm er einen Raubzug gegen die Insel Santo Domingo und vertrieb alle dort lebenden Spanier. Nachdem er durch diese »Tat« Mitglied der »Brüder der Küste« geworden war, begegnete er den holländischen Freibeutern *Laurent de Graff* und *van Horn*.
Um in aller Ruhe weitere Unternehmen gemeinsam zu planen, zogen sich die drei Freibeuter nach der Ile de la Vache (Insel der Kuh, vor der Küste von Santo Domingo gelegen) zurück. Montbars, der sich inzwischen zum obersten Herrn der »Brüder der Küste« hatte wählen lassen, schlug seinen Teilhabern vor, ein Großunternehmen gegen Maracaibo zu starten. An die englischen Flibustiers von Jamaika sandte Montbars ein Schreiben, um ihre Teilnahme zu erwirken. Als sich zwei englische Schiffe mit ihrer Crew auf der Ile de la Vache Montbars vorstellten, lehnten alle Besatzungsmitglieder prompt Montbars Autorität ab. Wenige Tage nach diesem Affront lief der Gentleman-

Montbars, französischer Flibustier, hatte Las Casas Bücher gelesen und wurde Freibeuter. Er verabscheute den Alkohol und die Frauen. Madrid hatte auf seine Ergreifung eine hohe Summe ausgesetzt.

Rechte Seite oben:
Nach einer fetten Prise wird auf La Tortue gefeiert. Während dieser »Partys« floß der Alkohol in Strömen. Es wurde so lange gezecht, bis alle Kumpane voll betrunken waren.

Rechts:
Ein Flibustier-Kapitän geht mit seinen Gesellen auf Tortuga an Land. Die Freudenmädchen werden nur wenige Stunden danach den Flibustiers das Geld aus der Tasche locken.

Flibustier *Grammont* mit einer Brigg (Zweimaster), die mit 300 Matrosen bemannt und mit 36 Kanonen bestückt war, in La Vache ein. Erst jetzt gaben die englischen Flibustiers nach und akzeptierten Montbars Kommando. Vor ihrem Großunternehmen »konferierten« die Spezis noch auf Grammonts Brigg. Während dieser »Konferenz« floß der Alkohol derart in Strömen, daß fast alle Flibustiers sterngranatenvoll wurden und nicht einmal wußten, was sie überhaupt beschlossen hatten. Durch »Zufall« entstand Feuer in der Munitionskammer der Brigg, und das Schiff flog in die Luft. 300 Spezis fanden den Tod bei dieser gewaltigen Explosion. Weder Montbars noch Grammont waren verletzt worden. Dadurch geriet Montbars Unternehmung gegen Maracaibo ein wenig in Verzug. Schließlich gelang es ihm, 900 Flibustiers für den Angriff auf Maracaibo bereitzustellen. Unmittelbar nach der Ankunft im Hafen ließ Montbars das Fort bombardieren. Doch dann, nach einer mehrstündigen Kanonade, stellte er fest, daß das Fort leer war. Die Besatzung hatte sich noch rechtzeitig absetzen können. Die Beute betrug insgesamt 14 Kanonen und 80 Musketen.
Nach der Einnahme des Forts bereiteten sich die Gesellen auf die Eroberung der ganzen Stadt vor. Auch hier wurde den Flibustiers nur geringer Widerstand entgegengesetzt. Die meisten Bewohner waren von Montbars Zug unterrichtet worden und hatten sich noch rechtzeitig nach Gibraltar, einem Ort im Hinterland von Maracaibo, zurückgezogen. Nur einige Sklaven und ein Greis von 80 Jahren waren in Maracaibo zurückgeblieben. Trotzdem Montbars Gesellen den Greis und die Sklaven aufs grausamste quälten, gab keiner von ihnen bekannt, warum die Stadt sozusagen leer war. Dann marschierten Montbars Kumpanen nach Gibraltar, plünderten den Ort und kehrten nach Maracaibo zurück, wo sie sich häuslich niederließen. Urplötzlich tauchten drei spanische Fregatten im Hafen von Maracaibo auf und blockierten die Ausfahrt des Hafens. Montbars saß somit in einer Mausefalle. Doch auch in einer solchen Lage war der schlaue und furchtlose »Bruder der Küste« nicht verloren. Im Handumdrehen ließ Montbars einen Brander herrichten, tarnte ihn als normales Schiff mit falschen Kanonenpforten, bemannte ihn mit einer gewissen Zahl von Strohpuppen, denen er Flibustier-Kleidung anlegte, und ging zum »Angriff« über. Beim Herannahen des Branders ging ein Teil der Besatzung der spanischen Fregatten von Bord, die allesamt von Montbars Gesellen umgebracht wurden. Mit einem zweiten (richtigen) Schiff ging Montbars dann persönlich zum Angriff auf die spanischen Fregatten über. Der Befehlshaber der spanischen Flottille verlor hierauf die Nerven und nahm mit einem Boot Reißaus. Die beiden anderen Fregatten ließ Montbars, nachdem er die Ladung gelöscht hatte, anzünden.

Nach diesem Unternehmen gegen Maracaibo hörte man nichts mehr von Montbars. Ob er schwerreich nach der Gascogne zurückkehrte und sich dort gemütlich auf seinen Lorbeeren ausruhte, ist ungewiß, denn dieses süße Nichtstun entsprach Montbars Charakter nicht. Man darf annehmen, daß er durch eine Unvorsichtigkeit den Spaniern ins Garn ging. Fest steht, daß Madrid eine hohe Summe ausgesetzt hatte, um Montbars zu ergreifen. Exquemelin berichtet über Montbars folgendes:
»Ich erinnere mich, ihn im Golf von Honduras gesehen zu haben; er war von hoher Gestalt, flink und von martialischem Aussehen. Wegen seiner Körpergröße war es fast unmöglich, ihn im Nahkampf zu besiegen.«

Eine weitere bekannte Nummer auf der Schildkröteninsel unter den »Brüdern der Küste« war *Pierre Legrand.* Er hatte es in der damals bekannten Hafenstadt Dieppe am Ärmelkanal zum Schiffsbauer gebracht. Eines Tages hatte er durch eine schlecht durchdachte Spekulation sein ganzes Vermögen verloren. Weil er sich nicht mit seiner Armut und seinem Schicksal abfinden konnte, ging er nach Santo Domingo und versuchte dort sein Glück. Durch einen Gaunertrick gelangte er in den Besitz einer Barke, heuerte 20 Gesellen an und ließ sein Boot dann mit einigen Kanonen bestücken. Schon während seiner ersten Kaperfahrt ging ihm ein großer spanischer Frachter ins Garn. Als er im Begriff war, die Beute an der Küste von Santo Domingo zu verteilen, tauchte urplötzlich eine spanische Fregatte mit vorzüglicher Bewaffnung und 200 Marinesoldaten auf. Für Legrand gab es in dieser Lage nur eine Lösung: Angreifen und siegen. Während sein Steuermann schnurstracks auf die Fregatte lossegelte, gelang es Legrand mit einigen beherzten Kumpanen, sich schwimmend an den Spanier heranzumachen. Ohne bemerkt zu werden, kletterten sie an Bord des spanischen Schiffes. Legrand eilte zur Munitionskammer und drohte, falls die Spanier sich zur Wehr setzten, das ganze Schiff in die Luft zu sprengen. Die spanischen Marinesoldaten waren ob dieser Drohung derart überrascht, daß sie jede Lust zum Widerstand verloren. Legrand ließ alle Offiziere töten und den Rest der Mannschaft nach Santo Domingo verbringen. Nach diesem verheißungsvollen Debut begab sich Legrand wieder nach Dieppe. Er ist einer der seltenen Flibustiers, die sich mit einer einzigen fetten Prise begnügten.

Der »Gentleman« unter den Flibustiers von la Tortue war *Sieur de Grammont* (auch Gramont). Er erblickte zur Zeit Ludwigs XIII. das Licht der Welt und stammte aus einem vornehmen Pariser Haus. Als Grammonts Vater in der Blüte seines Lebens starb, machten zahlreiche Offiziere seiner schönen Witwe den Hof. Während eines solchen Hofierungsbesuches kam es zum Streit zwischen dem jungen Grammont und einem der Bewerber. Grammont stach seinen Gegner nieder. Als die Nachricht von diesem Duell zum König gelangte, zog der hitzköpfige junge Mann es vor, eine Zeitlang aus Paris zu verschwinden. Unter der Leitung des Sieur le la Leuretière erlernte Grammont das rauhe Seemannshandwerk. Dank seines fachmännischen Könnens und seiner Furchtlosigkeit erhielt

Kapitän Le Turc kämpft mit vier englischen Handels- bzw. Kriegsschiffen.

Grammont bereits wenige Monate nach Beendigung seiner Ausbildung das Kommando über eine königliche Fregatte, die zu Kaperfahrten ausgerüstet wurde.
Seinen ersten Abstecher machte Grammont nach der Insel Martinique (seit 1674 eine französische Kolonie), wo ihm ein ganzer Konvoi holländischer Kauffahrteischiffe ins Netz ging. Die Beute betrug fast 400 000 Livres, für die damalige Zeit eine enorme Summe. Doch hatte Grammont bereits nach acht Tagen fast seinen gesamten Anteil von 80 000 Livres beim Kartenspiel verloren. Den Rest verjubelte er in den Kneipen von Martinique. Die zweite Kaperfahrt verlief recht unglücklich. Durch einen Sturm zerschellte Grammonts Fregatte an einer Klippe. Grammont konnte noch schwimmend das Ufer erreichen. Mit seinen übriggebliebenen Moneten kaufte er sich dann ein kleines Schiff und ließ es auf la Tortue mit fünf Kanonen bestücken. Mit diesem kleinen, aber wendigen Boot unternahm er weitere Kaperfahrten, die ihm einige fette Prisen einbrachten. Binnen kurzer Zeit hatte sich Grammont in der Karibik unter den »Brüdern der Küste« einen Namen gemacht und war so beliebt, daß jeder unter seiner Flagge segeln wollte.
Anfang 1678 zog Grammont eine Flottille von 5 Schiffen und einer Besatzung von rund 700 Mann auf Martinique zusammen, um einen Abstecher nach Maracaibo, dem beliebtesten »Ausflugsziel« der karibischen Seeräuber, zu unternehmen. Weil die Bewohner von Maracaibo jedoch von Grammonts Plan vorher unterrichtet worden waren, hatten sie ihre gesamte Habe in Torilha, einer Stadt im Hinterland von Maracaibo, in Sicherheit gebracht.
Nachdem Grammont und seine Flibustiers Maracaibo kampflos eingenommen hatten, marschierten sie nach Torilha. Die Schiffe ließ Grammont in Maracaibo zurück. Der Marsch nach Torilha stellte ungeheure Anforderungen. Mit dem Buschmesser in der Hand mußten sich die Kumpanen einen regelrechten Weg durch den fast undurchdringlichen und sumpfigen Urwald bahnen. Millionen von Moskitos verlangsamten den Zug. Viele Flibustiers gingen unterwegs elendig zugrunde. Als Grammont Torilha erreichte, war auch diese Stadt fast leer. Die Beute entsprach nicht den Erwartungen der Seeräuber. Sie bestand in der Hauptsache aus Leder, Tabak und Wolle. Wertsachen waren nicht dabei. Dann traten die enttäuschten Flibustiers den Rückmarsch nach Maracaibo an. Als Grammont dort anlangte, hatte er den größten Teil seiner Leute durch die ungeheuren harten klimatischen Bedingungen verloren.
Im März 1679 startete Grammont seine dritte große Expedition. Ziel war diesmal die spanische Niederlassung von Cumana am Golf von Cariaco in der Karibik, östlich der Mündung des Rio Manzanares. Von la Tortue aus segelte Grammont mit einer schnellen Fregatte und mehreren kleinen Schiffen nach Cumana und ging unbemerkt in einer Entfernung von einigen Meilen an Land. Während einer stockfinsteren Nacht ließ Grammont dann die beiden Forts von Puerto-Cavallo erstürmen und die gefangene Besatzung kurzerhand umbringen. Nachdem einige Flüchtlinge Alarm geschlagen hatten, stellte der Gouverneur von Cumana schnell eine Streitmacht von rund 700 waffenfähigen Männern zusammen. Während eine Handvoll Flibustiers diese Streitmacht in Schach hielt, plünderten die andern die Stadt und transportierten eine enorme Beute auf die Schiffe. In einem Handgemenge wurde Grammont durch einen Pistolenschuß leicht verwundet. Auf der Fahrt nach la Tortue brach ein Sturm aus, und Grammont verlor zwei seiner kleinen Schiffe mitsamt der Beute.
Indessen waren die beiden holländischen Flibustiers van Horn und Laurent de Graff auf la Tortue eingetroffen und machten mit Grammont Bekanntschaft. Nach einer ersten Zusammenkunft hatten die drei beschlossen, die rund 3000 Einwohner zählende Stadt Vera Cruz, Cortez' Ausgangspunkt zur Eroberung der Azteken-Konföderation, zu plündern. Weil Grammont wußte, daß die Spanier in Kürze immerhin 6000 Soldaten zusammentrommeln konnten, um die Stadt zu verteidigen, entschieden sich die drei Haudegen, Vera Cruz durch einen Überraschungsangriff einzunehmen. In aller Stille ließen die drei »Großen« 1200 Mann auf la Tortue aufstellen und bis an die Zähne bewaff-

Sieur de Grammont, einer der bekanntesten französischen Flibustiers der Antillen.

Die meisten Flibustiers, Korsaren und Piraten verspielten ihren Anteil der Prise binnen kurzer Zeit. Weil viele Kapitäne das Kartenspiel an Bord ihrer Piratenschiffe nicht duldeten, wurde um so mehr gespielt, sobald man an Land gegangen war.

nen. Um die Hafenbehörden von Vera Cruz zu täuschen, segelten zwei Einheiten unter spanischer Flagge ihm voraus. In unmittelbarer Nähe des Hafens gaben die beiden Schiffe dann eine Breitseite ab und ankerten ungefähr zwei Seemeilen von der Stadt entfernt. Weil einigen Spaniern dieses Manöver doch etwas verdächtig vorkam, gaben sie die Nachricht von diesem Vorfall an ihren Gouverneur Don Luis de Cordoba weiter. Inzwischen waren auch Grammont, van Horn und Laurent de Graff am Ankerplatz eingetroffen, und während einer Nacht ließen sie ihre Kumpanen an Land gehen. Rund 800 Flibustiers marschierten in zwei Kolonnen nach Vera Cruz. Es gelang den Flibustiers unterwegs, die spanischen Wachtposten zu überrumpeln und niederzustechen.
Während Grammonts Gesellen das Stadttor im Nu stürmten, erklommen Graffs und Horns Kumpanen mit Strickleitern die Stadtmauern, stürmten das Fort San Juan und brachten die noch im Schlaf liegende Besatzung um. Nach diesen Meisterstücken gab Grammont seinen Spezis den Befehl, Vera Cruz nach allen Regeln der Kunst zu plündern. Einige spanische Soldaten, die aus der Umgebung zu Hilfe geeilt waren, wurden noch vor den Stadtmauern abgefangen und erschlagen. Weil die Flibustiers in verschiedene Wohnhäuser Pulverfässer plaziert hatten, flogen in Abständen von einigen Minuten etwa 20 Häuser in die Luft. Als Grammont über 1000 Bewohner in der Kirche hatte zusammenpferchen lassen, ließ er einen verängstigten Gottesmann auf die Kanzel steigen und seinen Leuten verkünden, daß es die Flibustiers nicht auf das Leben der Stadtbewohner, sondern auf das Gold und Silber abgesehen hätten. Falls sie jedoch ihren Forderungen nicht nachkämen, müßten die Seeräuber ein wenig »nachhelfen«. Daraufhin erhielten Grammont und seine Flibustiers 200 000 Ecus. Insgesamt soll die Beute – nach dem Bericht einiger Augenzeugen – rund 60 Millionen Piaster betragen haben. Ob diese enorme Summe der Wahrheit entspricht, kann nicht festgestellt werden.
Als die Spezis die Nachricht vom Heransegeln mehrerer spanischer Kriegsschiffe hörten, suchten sie schnell das Weite. Unweit von Kap Catoche wurde die Beute verteilt. Aus einer bislang ungeklärten Ursache gerieten van Horn und Graff in Streit. Graff, der während des Duells ziemlich schwer verletzt wurde, starb wenige Monate nach diesem Vorfall. Als sich dann Grammont zum Oberbefehlshaber ernennen ließ, machten van Horns Leute nicht mit. Hierauf begab sich Grammont nach Jamaika, wo er einen Teil seiner Beute durch Kartenspiel verlor und den Rest in den Freudenhäusern verjubelte. Grammont war über Nacht zum gefeiertsten Flibustier des gesamten karibischen Raums geworden.
Weil er innerhalb weniger Monate seine gesamte Beute verzettelt hatte und wiederum Geld brauchte, plante er diesmal einen Angriff auf die nordkolumbische Stadt Cartagena. Francis Drake hatte Cartagena bereits 1560 und 1586 geplündert. Angesichts seiner Popularität bei den Flibustiers hatte er keine Schwierigkeiten, über 1000 Mann zusammenzutrommeln. Als Auftakt zu seiner spektakulären Expedition leitete er eine Vorexpedition gegen den kleinen Ort Campêche. Zuvor hatte Grammont den Gouverneur von la Tortue gebeten, ihm einen Kaperbrief auszustellen. Als der Gouverneur Grammonts Bitte ablehnte, verließ der Meister-Flibustier heimlich, still und leise la Tortue. Am 2. Juli 1685 erreichte er im Morgengrauen das friedliche Campêche. Während einer nächtlichen Landeoperation verließen über 800 Flibustiers ihre Schiffe und machten sich zum Angriff auf die Stadt bereit. Als die Spanier dann die Gesellen urplötzlich vor ihrer Stadt erblickten, waren sie wie vom Donner gerührt. Sie konnten sich einfach nicht vorstellen, daß es möglich war, mit kleinen Booten von la Tortue bis nach Campêche zu segeln.
Noch während sich Grammonts Flibustiers zum Angriff auf Campêche vorbereiteten, erschien eine spanische Fregatte und gab einen Volltreffer auf Grammonts Flaggschiff ab. In Campêche war man nach der Explosion auf Grammonts Flaggschiff der Meinung, daß die Flibustiers auf der spanischen Fregatte eine Höllenmaschine montiert und zur Detonation gebracht hätten. Trotz der entstandenen Panik hatte der Gouverneur zwei Kompanien Soldaten in der Nähe eines Hohlwegs aufstellen las-

Bukaniers greifen ein spanisches Fort an. Kupferstich 18. Jahrhundert.

sen, wo Grammont mit seinen Gesellen durchmarschieren mußte, um die Stadt zu erreichen. Der Zusammenprall der Spanier mit den »Brüdern der Küste« war äußerst heftig. Im Nahkampf waren die Spanier den flinken Flibustiers jedoch nicht gewachsen, und nach einem einstündigen Gemetzel blieben die Flibustiers die Sieger.

Währenddessen hatten die Bewohner von Campêche mit alten Möbeln Straßenbarrikaden errichtet. Als Grammont dann in die Stadt eindrang und die Gefahr dieser Straßensperren erkannte, befahl er seinen Spezis, von den Dächern der Häuser herab die Verteidiger der Barrikaden anzugreifen. Die Maßnahme hatte Erfolg. Nach mehreren Stunden war auch die letzte Straßensperre niedergekämpft. Grammont ließ alle Haustüren, die nicht geöffnet waren, kurz und klein schlagen und diejenigen, die Widerstand leisteten, niedermachen. Nach dreistündigem Gemetzel baten die Notabeln von Campêche den Meisterflibustier, dem Abschlachten ein Ende zu bereiten. Im Hauptfort jedoch leisteten die Spanier erbitterten Widerstand, und es gelang den Flibustiers nicht, das Fort zu erobern. Als dann Grammont die Nachricht erhielt, daß die Spanier bereit seien, das Fort über Nacht zu räumen, glaubte er, daß es sich um eine List handele. Ohne daß Grammont es merkte, setzten sich die Spanier vom Fort ab. Nur zwei Mann blieben zurück: ein englischer Kanonier und ein spanischer Soldat. Dem Engländer ließ Grammont den Kopf abschlagen und dem Spanier seinen Degen überreichen. Grammont und seine Kumpanen blieben zwei Monate lang in Campêche, raubten alles, was nicht niet- und nagelfest war, und brachten zahlreiche Bewohner um. Den Austausch von Gefangenen lehnte Grammont rundweg ab. Um die Bewohner für ihren Widerstand zu bestrafen, ließ Grammont das Fort in die Luft sprengen und die Stadt anzünden. Bald war Campêche nur mehr ein einziger Trümmerhaufen.
Als der Sieur-Flibustier im September 1685 in Santo Domingo eintraf, bekam er vom Gouverneur von la Tortue, Monsieur de Cussy, die Urkunde seiner Ernennung zum Leutnant des französischen Königs feierlich überreicht. Grammont war einer der seltenen Flibustiers, dem seine Kaperfahrten Ruhm und Ehre eingebracht hatten. Wann und wie er gestorben ist, wissen wir nicht.

Der Blutrünstigste der »Brüder der Küste« war *François Nau* (kurz l'Olonois genannt). Er war der Sohn eines kleinen Krämers aus Sable d'Olonne an der französischen Atlantikküste. Seine Jugendzeit verbrachte Nau damit, die Schule zu schwänzen und im kleinen Hafen herumzulungern. Eines Tages begegnete er im Hafen von La Rochelle einem Händler von Martinique, der ihn mit nach den Antillen nahm. Hier machte sich Nau »selbständig« und kaperte mit 20 Gleichgesinnten und mit nur zwei kleinen Barken ein spanisches Handelsschiff. Nach dieser ersten gutgelaufenen Unternehmung ließ Nau auf Santo Domingo verkünden, daß er ein großes Unternehmen plane und daß alle diejenigen, die daran teilzunehmen wünschten, sich an einem bestimmten Punkt an der Küste von Santo Domingo einzufinden hatten. Als sich über 400 Kumpanen eingefunden hatten, gab Nau seinen Plan bekannt: die Eroberung und systematische Plünderung von Maracaibo. Der Gouverneur von Ogeron war mit von der Partie und ließ sich durch seinen Neffen vertreten. Trotz größter Geheimhaltung war Naus Plan den Bewohnern von Maracaibo zu Ohren gekommen, und diese hatten sich noch vor Naus Ankunft rechtzeitig absetzen können.
Als Nau mit seinen Gesellen in Maracaibo eintraf, fand er statt der erhofften Wertsachen einige gutgespickte Weinkeller. Als ein Flibustier Nau mitteilte, daß sich die Bewohner von Maracaibo in der Stadt Gibraltar befänden, ließ er sofort Vorbereitungen treffen, um diese Stadt im Hinterland von Maracaibo zu erobern und zu plündern. Auf den Hinweis eines Flibustiers, daß Gibraltar stark befestigt sei, entgegnete Nau: »Um so besser, dann ist die Prise auch fetter.« Trotz des strapaziösen Marsches durch den heimtückischen Urwald – Nau verlor über die Hälfte seiner Kumpanen durch Fieber

und Schlangenbisse – gelang es Nau, Gibraltar zu erstürmen. Mit einer ungeheuren Beute zog er nach la Tortue ab.
Seine nächste Expedition führte ihn nach Honduras. Nur mit Mühe gelang es ihm, die Stadt San Pietro einzunehmen. Diesmal war die Beute allerdings mager und deckte nicht einmal die Kosten der Fahrt. Als er dann ein spanisches Handelsschiff kaperte, das nur eine Ladung von Papier an Bord hatte, verließen ihn die meisten seiner Kumpanen. Nau soll sich hierauf nach der Küste von Nicaragua begeben haben, wo er Indianern in die Hände fiel, »die ihn in Stücke zerlegten, ihn brieten und genüßlich verzehrten«. Laut anderen Quellen soll Nau in einer verlorenen Ecke von Santo Domingo Büffeln zerlegt haben und ganz vergessen und in bitterer Armut gestorben sein. Nau war vor allem wegen seiner Bestialität bekannt. So ließ er z. B., als er in Richtung San Pietro (Honduras) marschierte, allen, denen er unterwegs begegnete und die nicht schnell genug den Weg nach der Stadt angaben, den Bauch aufschlitzen.

Eine weitere Flibustier-Persönlichkeit der Karibik war der Engländer *Henry Morgan.* Er hatte um 1635 in Llanrhymney (Wales) das Licht der Welt erblickt, wo seine Eltern einen kleinen Hof betrieben. Über seine Jugendzeit ist nichts bekannt. Wer sein Lehrmeister beim Erlernen des Flibustier-Handwerks war und welches die Beweggründe waren, die ihn zum Ergreifen des Seeräuberjobs veranlaßten, wissen wir nicht. Die Meinung, er sei als Kind in Bristol gekidnappt und nach Barbados verschleppt worden, ist völlig falsch, denn sie entspricht nicht den historischen Tatsachen. Im Jahre 1684 gewann Morgan den Prozeß gegen Exquemelins Übersetzer »De Americanische Zee-Rovers«. In diesem Buch wird behauptet, Morgan sei entführt und anschließend nach den Antillen verkauft worden. Der Autor macht ebenfalls einige beleidigende Bemerkungen über Morgans Charakter. Der Prozeß brachte ihm die Summe von 200 englischen Pfund an Schmerzensgeld ein, und der Verleger mußte sich öffentlich entschuldigen.
Es wird heute allgemein angenommen, daß Morgan in Begleitung von William Penn und Robert Venebles 1654 nach der Insel Barbados kam und sich dort eine Zeitlang niederließ, bevor er nach Jamaika übersiedelte und Flibustier wurde. 1655 (oder 1656) nahm Morgan erstmals an einer Kaperfahrt teil, die von einigen Fachgrößen nach Honduras durchgeführt wurde. Nach diesem ersten »Bildungsgang« unternahm Morgan in eigener Regie auf dem San-Juan-Fluß (Honduras) mit einer Flottille von Flußbooten einen verwegenen Zug gegen das Städtchen Granada, das er überfiel und ausraubte.
Im Jahre 1662 begleitete er den bekannten Seeräuber *Christopher Myngs* während eines Raubzuges nach der Insel Kuba. Die Ernennung von Thomas Modyford zum Gouverneur von Jamaika war für die dortigen Flibustiers besonders glückverheißend. Modyford drückte nicht nur ein Auge bei jeder begangenen Schandtat zu, sondern beauftragte noch obendrein den populären Flibustier, Kapitän *Edward Mansfield,* Curaçao auszurauben. Während dieser Expedition erhielt Morgan erstmals ein Kommando eines Flibustier-Schiffes, und von nun an ging seine Karriere als Seeräuber steil nach oben. Nachdem die Flibustiers unter Mansfield den Kastiliern die Stadt Santa Catalina entrissen und geplündert hatten, stellte ihnen ein Trupp spanischer Soldaten eine Falle. Mansfield wurde gefangengenommen und ohne Umschweife hingerichtet. Der führerlose Haufen wählte dann Morgan einstimmig zu ihrem Spiritus rector. Seinen ersten großen Coup führte der neugebackene Flibustier-Kapitän gegen die kubanische Stadt Puerto Principe (heute Camaguëy) durch. Mit rund 500 Spezis und 10 gutausgerüsteten Schiffen nahm Morgan Kurs auf Kuba, wo er seine Schiffe in einer geschützten Bucht vor Anker gehen ließ. Von diesem Versteck aus gelangte Morgan nach einem äußerst strapaziösen Marsch – denn kaum ein Seeräuber war gewohnt, lange Strecken zu Fuß zurückzulegen – nach der Stadt Puerto Principe. Weil dieser Ort weit vom Meer entfernt lag, erwartete

Sir Henry Morgan. Im Hintergrund das von ihm gebrandschatzte und ausgeraubte Panama.

Linke Seite:
Um das Versteck ihrer Kleinodien herauszufinden, ließ Morgan die Gefangenen foltern, bis sie dieses preisgaben.

Sir Henry Morgan raubt die schöne Spanierin, die seine Mätresse wird.

niemand je einmal die Ankunft von Seeräubern. Für Morgan war es leicht, die Stadtbewohner zu überrumpeln und sie auszurauben. Als Morgan dann noch mit der Einäscherung der Stadt drohte, besänftigten die Bewohner den erbosten Flibustier und boten ihm 1000 Stück Rindvieh zur Beruhigung an. Mit diesem Fleischberg zog Morgan nach seinem Versteck an der Küste ab.
Seinen zweiten Schlag führte Morgan gegen die Stadt Puerto Cabello (Nord-Venezuela) aus. Es ging das Gerücht auf Jamaika (vermutlich hatte Morgan es selbst in Umlauf gebracht), daß die Spanier in Puerto Cabello Truppen zusammenzögen, um Jamaika anzugreifen. Weil das Unternehmen den französischen Flibustiers zu riskant war, lehnten sie eine Beteiligung strikt ab. Morgan wußte allerdings, daß er sich hier blutige Köpfe holen würde. Er segelte vorsichtigerweise bis auf fünf Meilen an die Stadt heran und versteckte seine Schiffe in einer Bucht. Im Schutze der Nacht stiegen die Flibustiers in kleine Boote um, und im Morgengrauen begann der Angriff auf Puerto Cabello. Zwei der drei großen Befestigungswerke fielen den Seeräubern ohne viel Widerstand in die Hände. Die Verteidigung des dritten Bollwerks wurde durch den Gouverneur persönlich geleitet. Die ersten Angriffe der Flibustiers wurden abgeschlagen. Dann ließ Morgan einige Dutzend Sturmleitern anfertigen und befahl gefangenen Priestern und Ordensschwestern, die Leitern längs der Befestigungsmauern aufzustellen. Der Gouverneur jedoch verschonte weder Priester noch Nonnen, und so fielen seine eigenen Landsleute unter den Kugeln der Spanier. Als dann urplötzlich der Gouverneur durch einen Pistolenschuß getötet wurde, brach der Widerstand im dritten Fort zusammen. Morgan gab die Stadt zur Plünderung frei, und seine Kumpanen sparten nicht mit Foltertricks, um die Bewohner zur Preisgabe ihrer Gold- und Silberverstecke zu zwingen. Wenn wir Exquemelins Bericht Glauben schenken, dann wurden die Bewohner aufs grausamste behandelt. Morgan jedoch gab an, die »Bewohner auf liebevollste Weise behandelt zu haben«. Exquemelins Angaben dürften jedoch der Wahrheit entsprechen, denn die enorme Beute, die Morgen mit nach Jamaika brachte, ist wohl der beste Beweis, daß er die spanische Bevölkerung bis zum letzten ausquetschte.
Um dieses Unternehmen würdevoll zu feiern, gab Morgan auf seiner stattlichen Fregatte »Oxford« ein Galadiner. Während des Gelages aber flog das ganze Schiff in die Luft. Nur wenige entgingen der Katastrophe, darunter Morgan. Wer der Urheber der Explosion war, konnte nicht ermittelt werden. Es zirkulierten jedoch Gerüchte, nach denen Morgan selbst der Hauptakteur war, um einige lästige Konkurrenten loszuwerden.

Im Jahre 1669 war es wieder einmal soweit. Morgan rekrutierte mehr als 400 Gesellen und zog gegen Maracaibo. Er konnte die Stadt überrumpeln und ließ sie während fünf Wochen lang gründlich plündern. Mit einer sehenswerten Ausbeute kehrte er nach Port Royal (Jamaika) zurück, wo ihn der Gouverneur des Machtmißbrauchs rügte, ihm aber gleichzeitig riet, weiterzumachen.
Morgans nächstes Ziel bestand darin, den spanischen Handel in den Gewässern um Jamaika herum empfindlich zu stören. Ferner plante er, Panama zu plündern. Von Jamaika aus nahm Morgan mit einer starken Flotte Kurs auf den Isthmus von Darien, wo er in der Mündung des Rio Chagres an Land ging. Als die Spanier des kleinen Ortes San Lorenzo Morgan Widerstand leisteten, ließ er den

Morgans Angriff auf das spanische Bollwerk in der Neuen Welt, Puerto Belo (oder Porto Belo), das im Jahre 1502 auf der Landenge von Panama gegründet wurde. Der während der ganzen spanischen Kolonialzeit bedeutende Umschlaghafen im Golf von Darien wurde mehrmals von Flibustiers heimgesucht. Weil Morgan keine Kanonen besaß, um Puerto Belo sturmreif zu schießen, zwang er in Gefangenschaft geratene Nonnen und Priester, während des Steinhagels die Sturmleiter gegen die Festungsmauern zu stellen. Die Plünderung der Stadt durch Morgans Gesellen dauerte zwei Wochen lang, dann zog er mit einer gewaltigen Beute wieder ab. Wenig später war Maracaibo an der Reihe.

Ort erstürmen und alle männlichen Bewohner umbringen. Von San Lorenzo aus setzte sich Morgan mit seinen rund 1800 Flibustiers am 9. Januar 1671 auf Flußbooten flußaufwärts in Marsch. Die Durchquerung des Urwaldes von Panama wurde für viele Spezis zur wahren Hölle auf Erden. Nach einem neuntägigen, furchtbar strapaziösen Marsch erspähte Morgan den Kirchturm von Panama. Durch einen Trick zwang er die Spanier, sich mit ihm in einer offenen Feldschlacht zu messen. Die Spanier eröffneten den Kampf, indem sie eine Herde Stiere auf die herankommenden Flibustiers hetzten. Der Trick half nicht, denn die Stiere bekamen es mit der Angst zu tun, machten kehrt und stifteten in den Reihen der Spanier ein heilloses Durcheinander. Nach dreistündigem Hin und Her errang dann Morgan einen Pyrrhussieg. Die Flibustiers waren nach der Begegnung mit den Spaniern derart erschöpft, daß sie außerstande waren, die zurückweichenden Spanier zu verfolgen. So gelang es diesen, bedeutende Mengen an Gold und Silber in Sicherheit zu bringen. Dann zogen Morgan und seine Flibustiers in die Stadt ein. Morgan hatte seinen Spezis strikt verboten, Wein zu trinken. Er ließ das Gerücht verbreiten, die Spanier hätten den Wein vergiftet. In Wahrheit jedoch handelte es sich um einen Trick von Morgan, denn schwergeladene Seeräuber konnten leicht von spanischen Soldaten aus dem Hinterhalt überwältigt werden. Während Morgans Freibeuter Panama plünderten, brach plötzlich an mehreren Stellen Feuer in der Stadt aus, und alsbald standen ganze Straßenzüge in hellen Flammen. Wer die Brandstifter waren, konnte nie ermittelt werden. Nachdem Morgan die Umgebung verwüstet und nach Gold und Silber durchsucht hatte, trat er den Heimweg an. Mit 200 Mauleseln wurde die fette Beute nach Chagres gebracht, wo die Verteilung stattfand. Als es dabei zu einem Handgemenge kam, nutzte Morgan diese verworrene Lage aus und verschwand mit dem größten Teil an Gold und Silber. In Port Royal wurde Morgan wie ein Held empfangen, und der Gouverneur drückte ihm ob der gelungenen Expedition seinen herzlichen Dank aus.

Als die Nachricht von Morgans dreistem Überfall auf Panama nach Madrid gelangte, protestierte der spanische König beim englischen König aufs energischste. Karl II. von England ließ dann Morgan mit der Fregatte »Welcome« nach London bringen, um ihn »aburteilen« zu lassen. In London aber fand man keinen Richter, der in Sachen »Seeräuberei« Bescheid wußte. Zum großen Ärger des spanischen Königs sandte die englische Regierung Morgan nach Jamaika zurück und beförderte ihn zum Gouverneur-Leutnant (von Jamaika). Doch wurde die Einäscherung Panamas in Madrid und in London nicht so schnell vergessen. Unter dem Druck gemäßigter Kreise in London gab die englische Regierung dem neuen Gouverneur von Jamaika, Lord Vaughan, den Auftrag, der Seeräuberei in den Gewässern von Jamaika ein Ende zu machen. Lord Vaughan wählte Morgan aus, um dieses Unternehmen mit Erfolg durchführen zu können. Es scheint, daß Morgan seinen Auftrag zur vollsten Zufriedenheit seines Auftraggebers durchgeführt hat, denn er wurde nach Abschluß des Unternehmens zum Oberbefehlshaber aller auf Jamaika stationierten englischen Truppen ernannt. Vom Verdienst her gesehen muß die Unternehmung sehr lukrativ gewesen sein, denn Morgan wurde einer der reichsten Plantagenbesitzer auf Jamaika.

Morgan starb nicht wie viele seiner Spezis am Galgen oder im Nahkampf an Bord eines Schiffes, sondern im Bett. In der Kirche von Santa Catharina auf Jamaika fand der gefürchtete Seeräuber seine letzte Ruhestätte.

Morgans Lebenslauf ist einzig in seiner Art. Vom kleinen Gauner avancierte er binnen kurzer Zeit nach seiner Ankunft auf Jamaika zum skrupellosesten Flibustier der Antillen. Ohne jegliches Schuldgefühl wechselte Morgan seinen Beruf und wurde im Handumdrehen zum Schrecken seiner ehemaligen Mitarbeiter. Morgan gilt neben Drake und Raleigh als einer der »Großen« der staatlich geförderten Flibustiers. Im 17. Jahrhundert waren die Begriffe Seeheld und Seeräuber noch Synonyme.

Das Ende der Flibustiers auf den Antillen

Die »klassische« Periode der Flibustiers auf den Antillen ging mit der Einnahme und der Plünderung von Campêche im Jahre 1686 durch Grammont, van Horn und de Graff zu Ende. Zwischen 1690 und 1750 entstanden auf den Antillen-Inseln Jamaika, Kuba, Haiti, Puerto Rico, Cayman Islands und Tortuga, um nur einige wichtige zu nennen, große Zuckerrohrplantagen, und immer mehr Siedler aus England und Frankreich ließen sich auf diesen Inseln nieder. Damit der Zuckerexport nach Europa ungestört abgewickelt werden konnte, duldeten Englands und Frankreichs Könige keine Störmanöver durch die Flibustiers mehr. Während der französische Gouverneur von Santo Domingo, Ogeron, die Husarenstücke der Flibustiers begünstigte und an ihren Geschäften beteiligt war, bekämpfte sein Nachfolger, De Cussy, die Flibustiers. Im Jahre 1685 belief sich die Zahl der Flibustiers auf rund 2000. Um 1690 soll die Zahl auf knapp 800 gefallen sein. Den ersten großen Schlag gegen die Flibustiers führte der einstige Meister-Flibustier Henry Morgan, den Steinbeck in seinem Roman »The Golden Cup« verewigte.
Wie viele Flibustiers durch Morgans Kampagne ums Leben kamen, wissen wir nicht. Verschiedene Seeräuber gaben ihren Beruf auf und wurden Pflanzer oder ließen sich von einem Plantagenbesitzer engagieren. Brach der Krieg aus, dann griffen sie zu den Waffen, um den Feind zu verjagen. Als die Engländer 1690 einen Angriff gegen la Tortue unternahmen, taten sich die ehemaligen Flibustiers wieder zusammen und schlugen den englischen Angriff ab. Trotz allem ließ der französische König die früheren Flibustiers überwachen. Als zwischen England und Frankreich 1688 Feindseligkeiten ausbrachen, wurde der ehemalige Korsar *Ducasse* und Gouverneur von la Tortue mit der Eroberung von Kingston beauftragt. Mit rund 500 früheren Flibustiers führte er seinen Auftrag zur vollsten Zufriedenheit seines Königs durch, und 1695 schlug er eine englisch-spanische Invasion der Insel Santo Domingo zurück. Zwei Jahre später eroberten ehemalige französische Flibustiers unter dem Kommando von Ducasse und reguläre französische Truppen unter dem Befehl von General de Pointis die Stadt Cartagena, die im Laufe des 17. Jahrhunderts regelmäßig von Flibustiers »besucht« wurde. Weil de Pointis den Seeräubern eine weit fettere Beute in Aussicht gestellt hatte als sie ausfiel, kehrten sie nach dem Abzug der königlichen Truppen nach Cartagena zurück und raubten die Stadt

Ansicht der Stadt Havanna auf Kuba, durch den Spanier Diego de Velazquez 1519 gegründet, wo sich die Flotten sammelten, um das Gold Südamerikas nach Spanien zu bringen. Havanna war ein beliebter »Ausflugsort« der Flibustiers der Antillen.

ein zweites Mal aus. Dies sollte das letzte Bravourstück der französischen Flibustiers in der Karibik sein. Ludwig XIV. tolerierte nach dem Überfall auf Cartagena nicht mehr die geringsten Extravaganzen seiner Untertanen im Golf von Mexiko. Als dann 1701 Frankreich mit Spanien ein Bündnis einging, verloren alle französischen Flibustiers mit einem Schlag ihren Broterwerb. Verschiedene Flibustiers kauften sich eine Zuckerrohrplantage oder eine Zuckersiederei und traten mit europäischen Händlern in Verbindung. Diejenigen, die kein Geld (mehr) hatten, ließen sich bei den »Senores de Enghengo« (Herren der Zuckermühlen) engagieren. Andere wiederum versuchten sich nach anderen Meeren abzusetzen. Im Jahre 1680 hatten sich die beiden berüchtigten Seeräuber Cox und Sharp zusammengetan und kaperten im »Meer des Südens«, in den australischen Gewässern, nach Herzenslust. Ihre fetteste Prise war das prachtvolle spanische Kauffahrteischiff »La Santissima Trinidad«. Durch den französischen Flibustier *Raveneau de Lussan* wissen wir, daß seine Kumpanen Anfang des 18. Jahrhunderts von den Antillen in Richtung Magellanstraße segelten, diese durchquerten und die heutige chilenische und peruanische Küste unsicher machten. Während mehreren großen Raubzügen besetzten sie tagelang die Städte Leon, Grenada und Guayaquil, stahlen alles, was nicht niet- und nagelfest war, und gaben ihre Gefangenen erst nach einem hohen Lösegeld frei. Eines Tages jedoch gelang es einer spanischen Flotte, Raveneau de Lussans Schiffe in einer Bucht der chilenischen Küste in Brand zu schießen. Nur mit Mühe durchquerten Lussans Flibustiers Peru und Kolumbien zu Fuß und gelangten nach ungeheuren Strapazen wieder nach Santo Domingo. Hier mußten sie allerdings feststellen, daß sie unerwünscht waren. Wie diese Flibustiers endeten, wissen wir nicht.

Verschiedene englische Flibustiers operierten nach 1701 im Pazifik. Einer von ihnen, der bekannte *William Dampier,* verbrachte rund ein Dutzend Jahre auf dem Pazifik und raubte ein ungeheures Vermögen zusammen. Verschiedenen Berichten zufolge soll Dampier allerdings nur mit einem tätowierten Malaien nach England zurückgekehrt sein, den er auf den Jahrmärkten zeigte und sich damit ein paar Groschen verdiente. Andere englische Flibustiers bevorzugten den weiten Atlantik als Operationsfeld.

Monsieur de Pontier, französischer Flibustier, nahm 1697 an der Einnahme Cartagenas teil.

Die Piraten von New Providence

»Blackbeard« · Stede Bonnet · Bellamy · Low · Fly
die »ehrbaren« Damen Anne Bonney und Mary Read
Bartolomew Roberts

Zur Zeit des Spanischen Erbfolgekriegs hatte Spanien weder Truppen noch Geld, um die Seeräuber in seinen mittelamerikanischen Besitzungen zu bekämpfen. Der Friede von Utrecht (1713), durch den Frankreich u. a. England die Insel St. Christoph abtrat, machte urplötzlich alle Seeräuber in den Antillen wieder einmal brotlos. Nur wenige unter ihnen, wie z. B. der englische Flibustier *Jennings*, gaben nicht auf und trieben ihr Unwesen weiter. Weil Jamaika nicht mehr als Seeräuberstützpunkt in Frage kam, suchte sich Jennings anderswo um und machte die kleine Bahamainsel New Providence (mit der heutigen Hauptstadt Nassau) zu seinem neuen Niederlassungsort. Alsbald strömten Hunderte von »Vertriebenen« nach New Providence, und die Insel wurde in kurzer Zeit zu einem der größten Seeräubernester aller Zeiten. Als dann die Beschwerden der englischen Kauffahrer beim englischen Königshof wegen der Überfälle der Gesellen von New Providence auf englische Schiffe kein Ende nahmen, entschloß sich Georg I., den Piratenhorst von New Providence auszuräuchern. Zuerst ging Georg I. diplomatisch vor und versprach jedem Vergebung seiner früheren Schandtaten, wenn er sich unterwerfe. Manche taten es, manche lehnten jede Unterwerfung strikt ab. Einer dieser Unentwegten war *Edward Teach alias »Blackbeard«*. Teach soll in Bristol das Licht der Welt erblickt haben. Wann, weiß niemand zu berichten. Warum er Pirat wurde, ist auch nicht bekannt. Man darf jedoch annehmen, daß er bereits in jungen Jahren Kontakt zum Piraten-Milieu in Bristol hatte, denn dort setzten zahlreiche große und kleine Seeräuber ihre Beute ab.
Eines Tages kam Teach nach New Providence und schwang schon binnen kurzer Zeit das Zepter auf der Insel.
1716 erhielt er sein erstes Seeräuber-Kommando und segelte in Begleitung von Kapitän Honigold nach der ostamerikanischen Küste. In der Nähe von Havanna erleichterte Teach einen spanischen Frachter um 120 Sack Mehl. Dann ging ihm ein zweiter Frachter, der von Bermuda kam, ins Netz, und ein dritter wurde in der Nähe von Florida abgefangen, der mit Waren aus Madeira beladen war und dessen Kapitän diese in South-Carolina absetzen wollte. Nach diesen Prisen zog sich Teach für eine Zeitlang nach der Küste von Virginia zurück, um seine nächsten Unternehmen gründlich und ohne Honigold zu planen. Während eines Abstechers nach Martinique ging Teach ein französisches Kauffahrteischiff ins Garn. Weil ihm dieses Schiff besonders gut gefiel, machte er es zum Flaggschiff. Dann trennte er sich definitiv von seinem früheren Partner Honigold und kaperte fortan unter eigener Regie.

Grausame Behandlung eines alten Mannes durch Captain Westling. Kupferstich aus dem berühmten Buch über die amerikanischen Seeräuber des holländischen Arztes Alexandre Nore Olivier Exquemelin (1646–1707), der lange Zeit unter den Bukaniers genannten westindischen Piraten gelebt hatte.

Linke Seite:
Edward Teach, genannt »Blackbeard« (Schwarzbart), der teuflischste und grausamste Pirat der ostamerikanischen Atlantikküste. Erst nach 16 Wunden und fünf Pistolenschüssen wurde Schwarzbart durch Leutnant Maynard ins Jenseits befördert.

Inzwischen aber häuften sich die Klagen der englischen Siedler von South-Carolina wegen der zunehmenden Kaperfahrten der von New Providence aus operierenden Seeräuber beim englischen Hof. Der Vertreter der Siedler von South-Carolina, Abel Kettleby, forderte seine Majestät König Georg I. von England auf, unverzüglich geeignete Maßnahmen zu ergreifen, um Teach und seine Gesellen dingfest zu machen. Doch der aus dem Hause Hannover stammende Herrscher schien sich nicht allzuviel um seine Untertanen zu kümmern, denn er gab die Beschwerden an die Lords Commissioners of Trade and Plantations weiter. Doch unternahm diese politisch und moralisch degenerierte Gesellschaft nichts, um das Los der englischen Siedler in South-Carolina zu lindern. Letztlich bot die englische Regierung allen großen und kleinen Seeräubern von New Providence an, ihre Schandtaten zu verzeihen, falls sie Reue zeigten. Des weiteren war eine provisorische »Regierung« auf New Providence unter der Leitung von Roger Woods geplant. Teach und seine Komplizen hielten dann auch formale Einkehr. Wie diese Reue in Wirklichkeit aussah, stellte sich bald heraus. Eine knappe Woche nach dem Pardon-Akt stach Teach mit der »Queen Anne's Revenge« in See. Bei diesem Schiff handelte es sich mutmaßlich um ein gekapertes französisches Kauffahrteischiff. Teach hatte diesen stolzen Segler unbemerkt mit 40 Kanonen bestücken lassen. Sein erstes Opfer war die »Great Allen«. Er ließ den Kapitän samt Crew an der Küste der Insel S. Vincent (Insel im Bereich der Windward-Inseln) aussetzen, die Ladung an Bord der »Queen Anne's Revenge« bringen und dann das Schiff in Brand stecken.

Die nächste Begegnung verlief nicht zur vollsten Zufriedenheit des Meisters. Die HMS »Scarborough« nahm den Kampf mit Teach während mehrerer Stunden auf, drehte dann ab und verschwand in Richtung Barbados.

Zur »Abwechslung« nahm Teach Kurs auf Honduras, wo er *Stede Bonnet* antraf. Nach langem Hin und Her willigte Bonnet schließlich ein, Teach auf weiteren Kaperfahrten zu begleiten. Als Teach in der Nähe der Inselchen Turneffe (Honduras) Frischwasser auftankte, überraschte er die »Adventure« mit Kapitän David Herriot. Nur ungern gab Herriot sein Boot an Teach ab. Ein gewisser *Basilica*, ein enger Mitarbeiter von Teach, übernahm das Kommando von Herriots Schiff. Von dem Inselchen Turneffe aus unternahm Teach eine Kreuzfahrt vor der Küste von Honduras. Bereits am zweiten Tag seiner Raubfahrt traf er auf eine Flottille, die aus der »Protestant Caesar« aus Boston (Kapitän Wyar), eines weiteren Kauffahrteischiffes unter Kapitän James und aus drei Schaluppen bestand. Nach einem kurzen Gefecht wurde die »Protestant Caesar« geentert, ausgeraubt und in Brand gesteckt. Mit dieser Ausbeute segelte Teach nach Grand Cayman, wo ihm noch ein kleiner Segler ins Garn ging.

Nach einer kurzen Ruhepause auf den Bahamas nahm Teach Kurs auf Charleston, die Hauptstadt von South-Carolina, wo seine »große« Laufbahn begann. Als Auftakt kaperte Teach ein Schiff, das dem Personenverkehr von London nach Nordamerika diente. Binnen kurzer Zeit wechselten dann vier Schiffe ihren Besitzer. Acht Transporter, die in Charleston zum Auslaufen bereit waren, blieben im Hafen liegen, denn kein Kapitän traute sich auf die See hinaus. Unter den Gefangenen, die Teach gemacht hatte, befand sich ein Stadtratsmitglied von Charleston. Teach nutzte diese Gelegenheit und forderte den Gouverneur von South-Carolina, Johnson, auf, ihm sofort Medikamente für seine kranken und verwundeten Kumpanen zu liefern, ansonsten er alle Gefangenen ohne viel Federlesens umbringen werde. Unverzüglich machte sich Teach's rechte Hand, *Richardson,* in Begleitung eines Gefangenen nach Charleston auf.

Weil der Gouverneur die Verantwortung nicht allein tragen wollte, rief er den Stadtrat eiligst zusammen. Während dieser Sitzung terrorisierten Teach's Gesellen ungestört die Stadtbewohner. Nach einer mehrstündigen Beratung gab der Stadtrat nach und belieferte Teach mit den gewünschten Medikamenten. Dieser dreiste Coup ließ Teach zum Schreckgespenst der gesamten ostamerika-

Seeräuber verschonten beim Entern auch diejenigen nicht, die sich mit den Rettungsbooten dem Griff der Piraten entziehen wollten.

Der »lange« Arm der Justiz.

Rechts außen:
»Onkel Sam« als Pirat dargestellt.

nischen Küste werden. Man hielt ihn schließlich für einen Verbindungsmann zum Teufel und mutete ihm einen Harem von 50 Frauen zu. Fest steht, daß Teach krumme Geschäfte mit dem Gouverneur abwickelte. Dieser gab Teach u. a. die Erlaubnis, sich auf dem Inselchen Topsail periodisch niederzulassen, um dort seine Schiffe ungestört zu kalfatern. Auf der Insel Ocracoke (rund 30 Meilen von Kap Hatteras entfernt) schlug Teach sein Hauptquartier auf. Dieser Stützpunkt hieß jahrelang »Thatch's Hole« (Thatch's Loch). Von hier aus unternahm Teach seine Kaperfahrten nach allen Himmelsrichtungen und pflegte engen Kontakt zum Gouverneur Eden von North-Carolina und dessen Sekretär Tobias Knight. Teach wagte es sogar einmal, nach Philadelphia zu segeln, wo ein Haftbefehl gegen ihn vorlag. Eines Tages trieb er die Kaufleute von North-Carolina auf die Palme. Teach erschien mit einem gekaperten französischen Handelsschiff vor der Küste und setzte dort mit der Erlaubnis des Tobias Knight, der inzwischen zum Richter avanciert war, die geraubten Waren zu Höchstpreisen um. Die erbosten Händler wandten sich an den Gouverneur von Virginia, Spotswood. Obwohl der Gouverneur keine richterlichen Befugnisse hatte, versprach er den Händlern,

Teach und seine Gesellen vor Gericht zu stellen. Für die Ergreifung der Seeräuber hatte er eine Belohnung ausgesetzt: für Teach 100 Pfund, für einen Offizier 50 und für ein Mannschaftsmitglied 10 Pfund. Die englische Marine beteiligte sich ebenfalls an der Aktion: die HMS »Lyne« unter dem Kommando von Ellis Brand und die HMS »Pearl« unter Leutnant Maynard, die in Hampton Roads stationiert waren. Wenn auch Teach von Tobias Knight von diesen Maßnahmen genauestens unterrichtet worden war, nahm der Seeräuber-Kapitän sie nicht ernst. Überraschenderweise wurden Teach und 20 Mann von Ellis Brand und Maynard zum Kampf gestellt. Maynards Schaluppe wurde von Teach's Boot gerammt und schwer beschädigt. Dann aber verlor Meister Teach in einem Handgemenge mit den Matrosen der »Pearl« fast die Hälfte seiner Leute. Während des Duells mit Maynard wurde Teach durch einen Pistolenschuß verwundet. Dann gelang es einem Maat der »Pearl«, Teach mit einem Messer an der Kehle tödlich zu verwunden. Mehrere Pistolenschüsse machten dann seinem Leben schließlich ein Ende. Obwohl Knights schriftliche Warnung bei Teach gefunden wurde, ging dieser straffrei aus.
Mit Teach verschwand einer der intelligentesten, aber auch brutalsten Piraten von der Seeräuber-Bühne des Atlantiks.

Major Stede Bonnets Karriere als Seeräuber fing reichlich spät an. Er hatte sich unter der Herrschaft der beiden letzten Stuarts, Wilhelm III. und Anna, bis zum Major hochgedient und sich unter Georg I. pensionieren lassen. Als Landeigner und reicher Mann ließ er sich auf Barbados nieder, wo er eine Zuckerrohrplantage kaufte. Warum er dann in seinem hohen Alter noch Flibustier wurde, ist nicht genau ersichtlich. Verschiedene Quellen geben an, er sei Flibustier geworden, um dem dauernden Nörgeln seiner Frau auszuweichen (recht zweifelhaft!). Andere wiederum meinen, Teach habe ihn überredet, Seeräuber zu werden. Wir wissen jedenfalls, daß er Teach eine Zeitlang auf dessen Fahrten begleitete. Bonnets Handikap bestand von vornherein darin, daß er sich in der Nautik gar nicht auskannte. So waren dann auch seine ersten Prisen sehr mager. In der Regel mußte er sich mit Zucker, Rum und Zuckersirup begnügen. Anfang 1718 wurde Bonnets Boot durch ein englisches Kriegsschiff aufgebracht und in den Hafen von Boston geschleppt. In Charleston wurden Bonnet und seine Kumpanen vor Gericht gestellt. Sein Prozeß endete mit einem Todesurteil. Während der Urteilsverkündung ermahnte ihn der Richter mit Sprüchen aus dem Alten und Neuen Testament und versicherte ihm, »daß auch die Mörder in dem glühenden Teich von Feuer und Schwefel, der der zweite Tod ist, ihren gebührenden Platz hätten«. Alsdann wurde Bonnet mit einigen seiner früheren Gesellen in White Point, einem Stadtteil von Charleston, 1718 an den Galgen geknüpft.

Kapitän *Charles Bellamy* kam Anfang des 18. Jahrhunderts nach den Antillen, wo er sich zuerst als Zuckerrohrhändler niederließ. Weil diese Geschäfte jedoch nie zu seiner Befriedigung ausfielen, wechselte er den Beruf und wurde Seeräuber. Seine bevorzugten Operationsgebiete waren die Antillen und Neu-England. Bellamy gab sich als »Sozialist« aus und versuchte durch geschickte Reden, seine Kumpanen zum »Sozialismus« zu bekehren. Ob er hier Erfolg hatte, wissen wir nicht. Eines Tages erlitt Bellamy unweit von Eastham an der Küste von Massachusetts Schiffbruch und wurde von einem englischen Kriegsschiff aufgebracht. Für Bellamy, der sich als »Freier Prinz« ausgab und der ganzen Welt den Krieg erklären wollte, gab es kein Entrinnen mehr. 1726 wurde er in Boston vor ein Gericht gestellt und zum Tode durch den Strang verurteilt.

Kapitän Edward Low (Loe) stammte aus Westminster (England). Er hatte seine »Karriere« als Taschendieb in London begonnen. Nachdem man ihn zu wiederholten Malen eingesperrt und nach kurzer Zeit wieder laufengelassen hatte, setzte er sich nach Boston ab, knüpfte dort die ersten Kon-

takte zum Seeräubermilieu und ließ sich auf einem Seeräuberschiff anheuern. Low machte sich dann eines Tages selbständig und kaperte unter eigener Regie in den Gewässern von Neu-England. Den Gefangenen pflegte er in der Regel die Ohren abzuschneiden. Einmal soll er sich besonders sadistisch hervorgetan haben und einen Gefangenen gezwungen haben, die abgeschnittenen Ohren mit Salz und Pfeffer zu essen, nachdem dieser wieder zu sich gekommen war. Laut Johnson befahl er manchmal, einem Gefangenen den Bauch aufzuschlitzen. Ob allerdings alle die ihm zugeschriebenen Greueltaten stimmen, kann nicht festgestellt werden.
Eines Tages jedoch hatte Low das Mißgeschick, seinen Quartiermeister, mit dem er sich zuvor zerstritten hatte, im Schlaf umzubringen. Weil seine Crew diesen unfairen Akt nicht duldete, setzte sie ihn mit einem Gewehr, ein wenig Pulver und Lebensmitteln an einer unwirtlichen Stelle der kubanischen Küste aus und überließ ihn seinem Schicksal. Low wurde von einem englischen Kriegsschiff aufgebracht und nach Martinique abgeschoben. Hier wurde er von mehreren von ihm geprellten Schiffseignern erkannt, vor Gericht gestellt und aufgehängt.

»*Kapitän Fly*«, schreibt Johnson, »war des Lesens und des Schreibens unkundig (wie die meisten Seeräuber!), jedoch im Fluchen gewaltig beschlagen.« Fly scheint das Licht der Welt in Bristol erblickt zu haben. Wann das geschah, weiß niemand. Im Alter von knapp 18 Jahren ließ er sich auf dem Kauffahrteischiff »Elisabeth Snow« in Bristol als einfacher Matrose anheuern. Auf hoher See brachte er den Kapitän kurzerhand um und übernahm die Leitung des Schiffes. Als der Kapitän kurz vor seinem Tod Fly um Gnade anflehte, antwortete dieser: »Gott verfluche ihn! Weil er aber so inbrünstig darum bittet, geben wir ihm Zeit, seine Gebete zu verrichten. Ich werde den Pfarrer spielen. Sage mir nach: ›Gott, o Herr, habe Erbarmen mit mir.‹ Die kurzen Gebete sind die besten«, sagte Fly dann, und »so, jetzt keine Worte mehr und macht schnell mit ihm!«
Fly bevorzugte die ostamerikanische Küste und Guinea als Operationsgebiete. Eines Tages ging der gerissene Fly jedoch in die von nordamerikanischen Siedlern gelegte Falle nahe der nordamerikanischen Küste. Er wurde nach Boston gebracht, dort zum Tode verurteilt und hingerichtet. Als Abschreckung befahl der Gouverneur, die Leiche in Ketten zwei Wochen lang im Hafen an einem Galgen hängen zu lassen.

Auch das »schwache Geschlecht« stellte seinen Mann: Anne Bonney und Mary Read

John Rackham alias »Calico Jack«, der 1720 in Boston wegen Seeräuberei hingerichtet wurde, hatte sich eines Tages in eine Circe namens Anne Bonney verliebt. Sie gefiel ihm so gut, daß er sie in Männerkleidung mit an Bord seines Schiffes nahm. Während des ersten Gefechts schlug sie sich ebenso tapfer wie ein Mann. Die treulose Bonney verliebte sich dann eines Tages an Bord von Rackhams Schiff in einen bezaubernden »Burschen«, der etwas vom Seeräuberhandwerk verstand. Als Bonney dann ihren »Geliebten« bat, ihr mehr Zärtlichkeit entgegenzubringen, gestand ihr »Verlobter«, daß dies unmöglich sei, denn »er« war eine als Frau verkleidete Piratin und hieß Mary Read. So begann die Bekanntschaft und Freundschaft der beiden wohl berühmtesten Piratinnen.
Anne Bonney wurde in Irland geboren. Ihr Vater war ein angesehener irischer Rechtsanwalt. Ihre Erziehung genoß sie in einem vornehmen Hause eines Onkels in Carolina. Wenn wir Johnson Glauben schenken können, dann erstach sie eines Tages das Küchenmädchen mit einem Messer. Anson-

Anne Bonney und Mary Read, die berühmtesten Piraten-Repräsentantinnen des »schwachen Geschlechts«. Beide konnten mit dem kurzen Säbel und der Pistole ebensogut umgehen wie ihre männlichen Kollegen.

Anne Bonney, Bukanierin, auf Jamaika in Gefangenschaft geraten. Kupferstich aus dem berühmten Buch über die amerikanischen Seeräuber des holländischen Arztes Alexandre Olivier Exquemelin (1646–1707), der lange Zeit unter den Seeräubern gelebt hatte.

Rechte Seite:
John Rackham alias »Callico Jack«, mit Anne Bonney »verlobt«, wurde am 17. November 1720 auf Jamaika an den Galgen geknüpft.

Mary Read, neben Anne Bonney die berühmteste Piratin.

sten soll sie ein gehorsames und folgsames Mädchen gewesen sein. Nach einigen Liebschaften lernte sie einen Matrosen kennen. Als sie ihren Vater von der Heirat in Kenntnis setzte, schmiß dieser sie kurzerhand vor die Tür. Daraufhin verließ auch der Matrose die arme Anne. Bald lernte sie den Piraten John Rackham alias »Calico Jack« kennen, dessen Keckheit und Reichtum sie veranlaßten, mit ihm auf sein Schiff zu gehen. Ihre Flitterwochen verbrachten sie an Bord von Rackhams Schiff. Als Anne dann Rackham mitteilte, daß sie möglicherweise ein Kind von ihm erwarte, nahm Rackham Kurs auf Kuba, wo er in einer Bucht ein Haus besaß und wo er Anne bis zu ihrer Niederkunft von Bekannten hegen und pflegen ließ. Ungefähr nach einem Jahr kam Anne wieder an Bord von Rackhams Schiff und hatte ebenfalls gelernt, wie man mit Pistole und kurzem Säbel umzugehen hatte. Doch waren die glücklichen Tage mit Rackham gezählt. Als dieser im Oktober 1720 in den Gewässern von Jamaika auftauchte und sich für ein paar Tage in einer Bucht aufhielt, schickte der Gouverneur der Insel eine bewaffnete Schaluppe aus, um Rackham und seine Gesellen dingfest zu machen. Rackham und seine Kumpanen wurden von der Crew der Schaluppe überrumpelt und gefangengenommen. Nach heldenhafter Gegenwehr mußten auch Anne Bonney und ihre Freundin Mary Read die Waffen strecken. Die Piraten und ihre weiblichen Kollegen wurden nach Jamaika gebracht und in S. Jago de la Vega (Jamaika) zum Tode durch den Strang verurteilt. Vor dem Hinrichtungstag erhielt Rackham die Erlaubnis, seine Frau noch einmal zu besuchen. Bei dieser Begegnung soll Anne ihm gesagt haben: »Ich bedaure, daß du hier bist. Hättest du aber gekämpft wie ein Mann, dann würde man dich jetzt nicht wie einen Hund aufhängen.«

Was aus Anne Bonney geworden ist, wissen wir nicht. Verschiedene Quellen berichten, daß sie (angeblich) im Gefängnis gestorben ist.

Gleichzeitig mit Anne Bonney wurde Mary Read zum Tode verurteilt. Wann und wo Mary Read geboren wurde, ist nicht bekannt. Laut Johnson war ihre Mutter »eine lustige Witwe«, und Mary wurde wie ein Knabe erzogen. Im Alter von 13 Jahren wurde sie Kindermagd bei einer reichen französischen Familie. Eines Tages hatte sie diesen langweiligen Job satt und ließ sich als »Matrose« (sie trug stets Männerkleidung) auf einem Schiff anheuern. Doch auch diese harte Arbeit behagte ihr nicht, und sie trat dann als einfacher »Soldat« in ein flandrisches Infanterieregiment ein.

Wenig später quittierte sie den Dienst in der Infanterie und trat in die Kavallerie ein. Urplötzlich verliebte sie sich in einen »Kollegen« ihrer Waffengattung und gab diesem ihr Geschlecht bekannt. Nach der Heirat gab Marys Mann die Armee auf, und beide fingen eine Kneipe an, die den Namen »Drei Hufeisen« trug. Wenige Jahre später starb Marys Mann, und sie trat abermals in die niederländische Armee ein. Als sie dann schließlich merkte, daß dieser Dienst sie nicht befriedigte, schiffte sie sich nach den Antillen ein. Der Zufall wollte es, daß sie auf Rackhams Schiff mit Anne Bonney zusammentraf. Johnson berichtet von ihr, daß sie eines Tages in einen »etwas physisch schwachen, jedoch schönen Flibustier« verliebt war. Dieser geriet mit seinem Maat in Streit, worauf er ihn zum Duell mit der Pistole forderte. Weil Mary sah, daß der Gegner ihrem »Verlobten« haushoch überlegen war, beleidigte sie den Maat mit einigen groben Schimpfworten, worauf dieser Mary prompt zum Duell herausforderte. Mary konnte derart geschickt mit der Pistole umgehen, daß sie den Maat bereits mit dem ersten Schuß niederstreckte.
Als sie mit Anne Bonney und John Rackham zum Tode durch den Strang verurteilt wurde, sagte sie ihrem Richter in bezug auf diese Art von Todesstrafe: »Was das Erhängen angeht, so ist dies keine besonders eindrucksvolle Strafe. Würde sie aber nicht bestehen, dann würden alle Feiglinge Seeräuber werden und das Meer unsicher machen, und alle Leute guten Herzens müßten vor Hunger sterben.«
Ob Mary Read ebenfalls, wie Anne Bonney, angeblich im Gefängnis starb, wissen wir nicht.

Kapitän Bartolomew Roberts, »der Abstinenzler«, war Walliser Abstammung. Im Jahre 1719 trat er zum erstenmal auf die Seeräuber-Bühne. Als er im November in jenem Jahr mit dem Sklavenschiff »Princess« nach Guinea unterwegs war, wurde er von *Howel Davis*, einem damals bekannten Piraten, gekapert und gefangengenommen. Weil Roberts scheinbar nichts anderes übrigblieb, als Pirat zu werden, um seine Haut zu retten, ließ er sich auf Davis' Schiff anheuern. Als Davis dann auf der portugiesischen Insel Principe in einem Gefecht mit den Portugiesen umkam, wurde Roberts an seiner Stelle zum Kapitän gewählt. Roberts führte an Bord seines Schiffes strenge Sitten ein. So durfte kein Crew-Mitglied Frauen an Bord mitbringen, und es war niemandem erlaubt, Geld mit Karten zu verspielen. Roberts trank stets Tee und lehnte jeden Alkoholgenuß ab. Seine erste »große« Fahrt führte ihn nach Bahia. Hier drang er bis zum Hauptkai vor und fischte sich das beste Schiff von vierzig heraus, die dort vor Anker lagen. Von Brasilien aus nahm Roberts Kurs auf Barbados und auf Jamaika, wo ihm innerhalb eines Jahres mehr als 30 Schiffe ins Garn gingen. Weil die Bewohner von Barbados und Martinique es einmal abgelehnt hatten, ihn mit Proviant zu versorgen, haßte er die Bewohner beider Inseln bis aufs Blut. Manchmal führten ihn seine Kaperfahrten bis nach Neufundland.

Flibustiers geben ein Ständchen.

Heimkehrende Flibustiers feiern ihre Prise mit einer Orgie auf Tortuga, dem Freibeuter-Nest »par excellence«.

Makabre Darstellung eines »Piraten« an Bord eines Schiffswracks.

Leben und Treiben nach der Einäscherung einer spanischen Ortschaft in der Karibik.

Roberts, der innerhalb von drei Jahren 400 Schiffe gekapert haben soll, segelte am 10. Februar 1722 am Kap Lopez (Äquatorial-Afrika) vorbei, wo urplötzlich zwei englische Kriegsschiffe auftauchten. Diese begannen ihren Angriff auf Roberts »Royal Fortune« mit einer heftigen Kanonade. Dann gingen sie zum Entern über. Obwohl es erst 11 Uhr morgens war, waren die meisten Seeräuber bereits »sternhagelvoll«, so daß sie unfähig waren, das Schiff in den Verteidigungszustand zu setzen. Roberts wurde durch einen Splitter auf der Stelle getötet. Anschließend warfen ihn die Engländer mit seiner schönsten Galauniform ins Meer. Die Übriggebliebenen wurden nach Cape Coast Castle (Goldküste) gebracht, zum Tode verurteilt und aufgehängt.

Die Zeit von 1714 bis 1741 wurde zahlreichen Seeräubern zum Verhängnis. Wegen der qualitativ besseren Bewaffnung der englischen und französischen Schiffe mußten immer mehr Seeräuber die Waffen strecken. Einer der letzten »klassischen« Seeräuber Frankreichs war der aus Nantes stammende *Thomas Dulaien*. 1728 enterte er mit seinen beiden Schiffen 15 Handelsschiffe. Auf la Tortue ließ er dann sein Flaggschiff »Sans-Quartier« kalfatern. Während seine Kumpanen arbeiteten, machte er sich mit seinem Schatz auf und davon. In Frankreich gelang es ihm, vom König Verzeihung für seine Schandtaten zu erwirken, doch mußte er seine Prisen herausgeben. Dulaien jedoch gab nur die kleinen Beuten her, den Rest verkaufte er. Als man ihn darob öffentlich schalt, schrieb er an seinen König und beklagte sich »wegen rebellischen Geistes der Untertanen seiner Majestät«.

Am 1. 10. 1807 wurde das französische Seeräuberschiff »Jeune Richard« von Kapitän William Rogers in der Karibik gestürmt, nachdem es sechs englische Handelsschiffe ausgeraubt hatte. Während dieses Kampfes Mann gegen Mann an Bord der »Jeune Richard« verloren die französischen Korsaren insgesamt 21 Tote und 33 Verwundete.

Jean Bart, Korsar und Königsmacher

Beginn als Schiffsjunge im Seeräubermilieu
Ludwig XIV. von Frankreich ernennt ihn zum Kapitän, verleiht ihm das Ludwig-Kreuz

Jean Bart erblickte am 10. Oktober 1650 in Dünkirchen das Licht der Welt. Als gebürtiger Franzose mußte er dennoch lange nach seiner Geburt warten, bis er »echter« Franzose wurde und sein durfte. Im Jahre 1650 gehörte die Stadt Dünkirchen dem Herzog von Flandern, zwei Jahre später ging Dünkirchen in spanischen Besitz über, 1658 eroberte Turenne die Stadt, dann trat Ludwig XIV. seinen zeitweiligen Alliierten, den Engländern, die Hafenstadt wieder ab. Als der englische König Karl II. im Jahre 1662 die Stadt an die Franzosen verkaufte, wurde Bart definitiv Franzose.
Barts Vorfahren hatten bereits den »Beruf« von Seeräubern ausgeübt. Sein Urgroßvater hatte es, dank seiner seeräuberischen Fähigkeiten, zum Vizeadmiral in der kastilischen Flotte gebracht. Im übrigen pflegten alle ehrbaren Dünkirchener, angefangen vom Matrosen bis zum Kapitän, inklusive kreuzbraver Stadtväter, an Dünkirchen vorbeisegelnde Kauffahrteischiffe bei Gelegenheit zu kapern.
Im Alter von 12 Jahren wurde Bart Schiffsjunge und entpuppte sich binnen kurzer Zeit als ausgezeichneter Kanonier. Während seiner »Wanderjahre« gewann er bereits die ersten Eindrücke im Seeräuber-Milieu in Bristol, wo zahlreiche kleine und große Gauner ihre Prisen absetzten.

Im Alter von 16 Jahren verließ er die Brigantine, auf der er bislang gedient hatte, und trat in den Dienst der Holländer, weil Ludwig XIV. den Bürgern von Dünkirchen verboten hatte, Seeräuber zu werden. Eigentlich mehr aus Protest denn aus Überzeugung diente Bart von nun an unter dem Kommando von Admiral Ruyter. Barts besondere Vorliebe galt den schnellen und wendigen Schiffen der seetüchtigen Holländer. Als dann der Sonnenkönig mit den kalvinistischen Holländern Frieden schloß, befand sich Bart in einer verzwickten Lage. Am 7. April 1672 jedoch mußten Jean Bart und sein Freund *Charles Keyser* ultimativ nach Dünkirchen zurückkehren.
Als einfacher Matrose ließ sich Bart auf der »Roi David« (König David), einer Galeote (kleines Küstenschiff) von knapp 35 Tonnen Wasserverdrängung und nur mit zwei Kanonen bestückt, anheuern. Die Crew umfaßte insgesamt 34 Mann, kleine und große Schurken aus allen Himmelsgegenden. Als Kapitän amtierte *Willem Dorne,* ein eingefleischter Korsar.
Am 2. April 1674 erlebte Bart den ersten Fang seines Lehrmeisters. Vor der Mündung der Maas ging Dorne ein kleiner holländischer Zweimaster ins Garn. Die Ausbeute war zwar geringfügig, doch gab die Aktion der Mannschaft den Mut, weiterzumachen. Als nächstes war eine spanische Pinasse an

der Reihe. Die gesamte Weinladung wechselte den Besitzer binnen Minuten. Dann fielen der Reihe nach den Korsaren in die Hände: eine Galeote mit einer Ladung Getreide, eine Flüte (dreimastiges Kriegs- bzw. Lastschiff) mit einer Ladung besten Weines aus Bordeaux, sowie ein Fischereifahrzeug, alles in allem für rund 270 000 franz. Pfund (livres).
Diese erfolgreichen Fahrten, die vor allem Barts Tüchtigkeit zuzuschreiben sind, verschafften ihm nicht nur das notwendige Prestige in der Fachwelt, sondern verbesserten ebenfalls seine finanzielle Lage. In Dünkirchen kaufte er von einem Reeder die »Royal«, eine Fregatte, die er mit acht Kanonen bestücken ließ. Während einer kulinarischen Einkehr im bestbekannten Restaurant »Etoile d'Or« (Goldener Stern) zu Dünkirchen lernte der Korsar die anmutige Tochter des Hoteliers, Fräulein Nicole Gouttiers, kennen, die er etwas später heiratete.
Das Jahr 1675 war für Bart und seine Gesellschafter *Keyser* und *Jakobsen* besonders ergiebig: 112 000 Pfund in Elfenbein, Goldstaub und Zucker. Die Ladung gehörte der »Wappen von Hamburg«; eine »Snauw« (holländische Bezeichnung für ein zweimastiges Handelsschiff); sowie eine Flüte mit Tannenholz an Bord. Während einer Verfolgungsjagd auf eine große Flüte wurde Bart mit seiner leichten »Royal« durch einen Sturm in die Elbemündung getrieben. In Hamburg beschlagnahmten die Hafenbehörden Barts Fregatte mit der Ladung. Nach schwierigen Verhandlungen gelang es Bart dann doch, das Schiff wieder frei zu bekommen.
Frühjahr 1676. Neuer verheißungsvoller Start, jetzt in Begleitung von vier Fachgrößen: *Jakobsen, Keyser, Lassy* und *Mesmacker*. Diesmal zog Bart die Gruppenarbeit dem Alleingang vor. Bart hatte das Kommando über die »Palme«, eine mit 18 Kanonen bestückte und mit 164 Gesellen bemannte Fregatte. Unweit Nieuport ging ihm eine Pinasse mit 18 Geschützen ins Netz. Dann gingen acht Binneländer (holländische einmastige, platte Schiffe) dem Korsaren ins Garn. Die Ausbeute bestand aus gut absetzbaren Waren: Kupfer, Zucker, Baumwolle und Koschenillenfarbstoff. Am 7. April kaperte Bart die »Neptune«, ein stattliches holländisches Schiff mit 32 Kanonen an Bord. Den Kapitän des Schiffes hatte Bart von seinem Schiff aus niedergeschossen. Die Kette der Erfolge riß noch nicht ab: zehn große und kleine Handelsschiffe wechselten nacheinander im Laufe des Jahres den Besitzer. Dünkirchen wurde zum »Supermarkt« von ganz Frankreich für Kakao, Tee, Indigo (blauer Farbstoff), Hanf, Seide, gesalzenes Fleisch und erlesene Weine.
Es sollte nicht allzulange dauern, bis der Sonnenkönig Barts Talente in bezug auf Seeräubertum erkannt hatte. Die Kaperung der »Neptune« machte Ludwig XIV. besondere Freude. Als Geschenk erhielt Bart vom Sonnenkönig eine goldene Kette. Auf Empfehlung von Ludwigs XIV. Minister Colbert bot der Sonnenkönig dem Korsaren Bart das Kommando über eine Flottille an. Bart jedoch lehnte das Angebot höflich ab.
Frühjahr 1677: Routinefahrt nach der westfriesischen Insel Texel. Bart hatte in diesem Jahr seinen Dienstherrn gewechselt und segelte im Auftrag des Reeders Omaer. Als Bart seelenruhig unweit von Texel die Kapitäne der drei gekaperten Schiffe aufforderte, ihre Ladungen unverzüglich an Bord seines Schiffes zu bringen, tauchte plötzlich ein Wachschiff der Rotterdamer Admiralität, die »Schiedam« auf. Trotz des hartnäckigen Widerstandes der holländischen Schiffsbesatzung gelang es Bart, das Schiff zu entern. Während des Handgemenges an Bord hatte Bart einige geringfügige Verletzungen erlitten und einige Brandwunden im Gesicht und an den Händen davongetragen. In Dünkirchen belohnte ihn sein Brotgeber mit dem Kommando der »Mars«, einer Fregatte mit 25 Kanonen an Bord und mit einer Wasserverdrängung von 250 Tonnen. Am 4. Januar 1679 wurde Bart vom Sonnenkönig zum Marineleutnant befördert. Bisheriges Resultat seiner Kaperfahrten: 81 Schiffseinheiten aller Kategorien.
Von nun an arbeitete Bart im Dienst seiner Majestät von Versailles, und zwar in der Eigenschaft als Rekrutierungsagent für Ruderknechte auf der französischen Galeerenflotte im Mittelmeer. Um

diese Zeit herrschte akuter Personalmangel auf den Galeeren seiner Hoheit, des »Roi très catholique« (Sehr katholischen Königs). Ludwig hatte Bart beauftragt, diese Aufgabe so schnell wie nur möglich zu erledigen. Mit der »Vipère« und in Begleitung seines Bruders *Jacques,* der die »Dauphin« befehligte, und seines Freundes *Josse Constant* (mit der »Assurée«) begab sich Bart auf die Jagd nach menschlicher Ruderware. In der Nähe des Tejo stieß Bart auf zwei Piratenschiffe von Salé, der marokkanischen Seeräuberrepublik. Weil Barts Bruder jedoch mit dem Entern zögerte, konnten die nordafrikanischen Seeräuber an Land gehen. Gemeinsam mit den portugiesischen Behörden wurden diese dann gefangengenommen, und so mußte Bart mit den Portugiesen die Beute teilen. Das Jahr 1682 war für Bart ein Jahr der Trauer: er verlor seine Frau und seine Mutter.

1683 wurde er während eines Seegefechtes im Ärmelkanal am Oberschenkel verwundet. Als Zeitvertreib jagte er in den Dünen vor seiner Heimatstadt wilde Kaninchen. Weil der Militär-Kommandant von Dünkirchen Bart wegen seiner Erfolge beneidete, ließ er den Korsaren wegen Jagdfrevels inhaftieren. Auf Befehl seines Freundes, des Marquis von Seignelay, wurde Bart jedoch sofort wieder auf freien Fuß gesetzt. Der Streit zwischen Bart und den Militärbehörden von Dünkirchen aber blieb bis zu seinem Tod bestehen.

Als im Jahre 1688 ein Krieg zwischen England und Frankreich bevorstand, erhielt Bart das Kommando der »Railleuse«. Ohne die Kriegserklärung abzuwarten, überfiel Bart die holländische Flüte »Seepferdchen«, die mit 24 Kanonen bestückt war und auf seiten Englands kämpfte.

Im selben Jahr löste Bart die Freundschaft mit Charles Keyser. An seine Stelle trat *Ritter Forbin.* Ihr erstes gemeinsames Unternehmen bestand aus dem Transport von 30 000 Pfund Pulver von Dünkirchen nach Brest. Sechs holländische und sechs englische Schiffe lauerten dem Transporter auf. Doch brachten die beiden Füchse es fertig, die englisch-holländische Blockade zu durchbrechen, und sie kamen obendrein noch mit zwei gekaperten spanischen Schiffen nach Dünkirchen zurück. Von dort segelte Bart nach La Havre. Weil er selbst schlecht in der Feder war, ließ er eine Abhandlung an seinen Herrn in Versailles schreiben, in der er genau die Art und Weise angab, wie man holländische Handelsschiffe am leichtesten aufbrachte. Bart hatte nämlich festgestellt, daß die holländische Kriegsmarine ihren Handelsschiffen nur wenig militärischen Begleitschutz gab.

Barts und Forbins nächstes Unternehmen endete mit einer Überraschung. Während sie einem französischen Handelsschiff Feuerschutz gaben, tauchten plötzlich zwei schwerbewaffnete englische Kriegsschiffe auf. Beide hatten insgesamt 90 Kanonen an Bord. Nach zweistündigem blutigem Gefecht mußten sich die beiden Korsaren ergeben. Bart, der eine Kopfverletzung, und Forbin, der sechs Verletzungen erlitten hatte, wurden im Kastell von Plymouth eingesperrt. Während sich der Marquis de Seignelay noch eifrig um die Freigabe der beiden prominenten Gefangenen bei den englischen Behörden bemühte, hatten diese bereits das Weite gesucht. Es war ihnen gelungen, wahrscheinlich mit der Mittäterschaft eines Wächters, aus ihrer Zelle auszubrechen, und mit einer im Hafen von Plymouth gestohlenen Barke überquerten sie in zwei Tagen den Ärmelkanal und gelangten sicher nach Dünkirchen. Nach der Evasion wurden von Ludwig XIV. Bart zum Schiffskapitän und Forbin zum Kapitän ernannt. Am 13. Oktober 1689 heiratete Bart die Tochter des Sachverwalters der Marine von Dünkirchen, Fräulein Marie Tugghe.

Im selben Jahr wurde Barts »Alycon« in das Geschwader des Admirals Tourville eingegliedert. Er selbst kommandierte die Vorhut des Geschwaders »Escadre Bleue« (blaues Geschwader). Barts Plan, ein Nordgeschwader zu schaffen, wurde vom neuen Marineminister Pontchartrain angenommen. Der Zweck dieses Nordgeschwaders bestand darin, die Engländer von der französischen Kanalküste fernzuhalten.

Ende Oktober begab sich Bart auf eine große Kaperfahrt. Im Ärmelkanal stieß er auf einen aus 36 Schiffen bestehenden Flottenverband, der sich auf einer Routinefahrt befand. Weil urplötzlich ein

Neun holländische Matrosen versuchen ein Kaperschiff aus Dünkirchen zu überwältigen.

Ansicht des Hafens von Dünkirchen mit einer holländischen Flotte, die in unmittelbarer Nähe des Hafens kreuzt. In einer Entfernung von einigen Meilen findet ein Seetreffen zwischen Dünkirchener Kaperschiffen und einem holländischen Schiff statt, das sich aus Piet Heyns Flotte losgelöst hatte. Rechts oben das Bild des holländischen Meisterpiraten Piet Heyn.

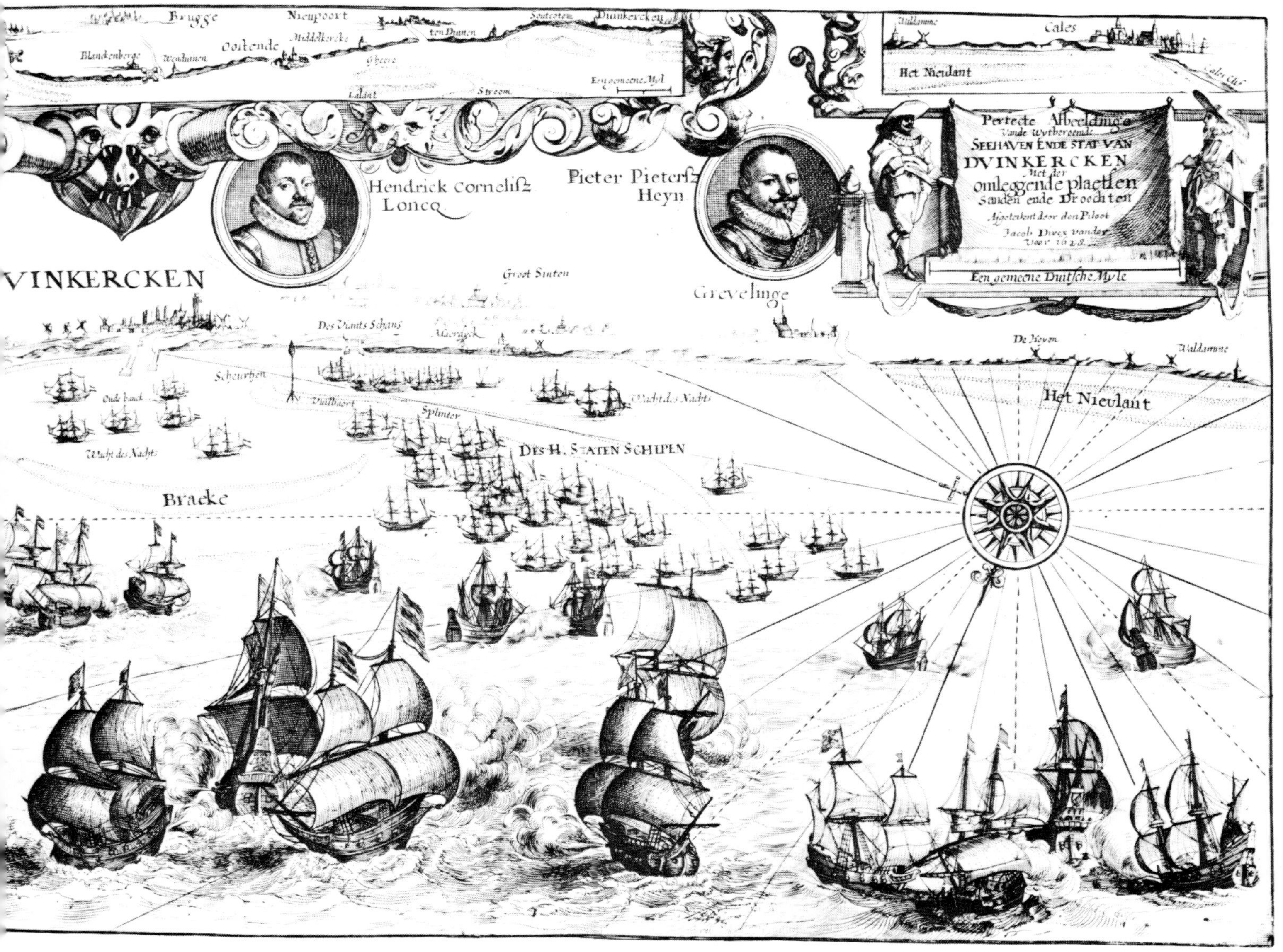

Sturm ausbrach, konnte sich Bart retten und der sicheren Gefangennahme entgehen. Dann nahm er Kurs auf die englische Hafenstadt Newcastle. Inzwischen waren noch einige Korsaren aus Ostende mit ihren Schiffen zu Barts Flottille gestoßen, und gemeinsam überfielen und plünderten sie zahlreiche Fischerdörfchen längs der englischen Kanalküste.
Von hier aus segelten sie nach Bergen (Norwegen), wo der Stadt-Gouverneur alles daransetzte, sich die gefährlichen Gesellen vom Leibe zu halten. Die Rückfahrt erwies sich wegen der Herbststürme in der Nordsee als äußerst schwierig. Am 2. Dezember lief Bart in den Hafen von Dünkirchen ein, ohne daß die 20 Kriegsschiffe, die die englische und holländische Admiralität gegen Bart eingesetzt hatte, dem Korsaren Schaden zufügen konnten. Bart und Forbin wurden an den Hof des Königs nach Versailles eingeladen wo ihre Heldentaten gebührend gewürdigt wurden.
Als nach dem Seegefecht von La Hogue 20 französische Schiffe von den Holländern in Grund und

Seetreffen zwischen dem holländischen Kapitän K. J. de Haan und zwei Korsarenschiffen aus Barts Heimatstadt Dünkirchen.

Rechte Seite:
Ein französischer Pirat hängt am Bugspriet eines dänischen Ostindienfahrers (Kap der Guten Hoffnung).

Boden gebohrt worden waren, mangelte es in den französischen Schiffsarsenalen an Schiffsbauholz. Bart fand einen Ausweg aus der »Holzkrise«. Er verlegte sich auf das Kapern der baltischen Holzflotte. Am 15. November 1692 hatte er das Holzproblem gelöst: 22 mit Schiffsbauholz beladene Frachter wechselten in der Nordsee den Besitzer. Gleichzeitig erbeutete Bart Hunderte von Fässern mit Teer.

Nach diesem Coup beauftragte ihn das französische Marineministerium mit einem neuen Unternehmen. Das städtische Frankreich hungerte. Um eine große Katastrophe zu vermeiden, mußten die russischen und polnischen Getreideschiffe, koste es was es wolle, den Hafen von Dünkirchen erreichen. Doch nur Bart war imstande, dieses heikle Problem zu lösen. In Tonning (Jütland) und in Vleker (Südnorwegen) wurde das Getreide für den Sonnenkönig auf französische Transportschiffe umgeladen. Bart nahm unverzüglich Kurs auf die beiden Umschlagplätze und kehrte mit 30 Getreideschiffen nach Dünkirchen zurück, ohne daß auch nur ein einziger englischer oder holländischer

Kapitän den großen Konvoi erblickt hatte. Ludwig XIV. verlieh hierauf dem Korsaren das Ludwig-Kreuz (Orden des Heiligen Ludwig).

In Versailles unterbreitete der Sonnenkönig nach der Verleihung des Ordens Bart weitere Pläne: Zerstörung der englisch-holländischen Fischereiflotte in der Nordsee, das Kapern von Kohleschiffen aus Newcastle und die Sicherung eines zweiten Getreide-Geleitzuges von Vleker nach Dünkirchen. Am 2. Juli 1694 lichtete Bart in Dünkirchen die Anker. Sein Geschwader umfaßte diesmal nur 7 Einheiten. Auf der Höhe der westfriesischen Insel Texel erblickte Bart plötzlich eine Flotte von acht stattlichen holländischen Seglern, die den Auftrag hatten, Barts Route zu folgen. Wenn auch das Kräfteverhältnis zugunsten der Gegner stand, zögerte Bart keinen Augenblick lang, die zahlenmäßig überlegenen Holländer anzugreifen.

Es ging diesmal um Sein oder Nichtsein seines Geschwaders. Um seine Gesellen zum Kampf anzufeuern, setzte er 10 Pistolen als Belohnung für denjenigen aus, der ihm die Fahne des Konteradmirals von seinem Flaggschiff herunterholen würde. Ein junger Matrose aus der Provence führte diesen Coup durch. Das Entern dauerte eine knappe Stunde. Der holländische Konteradmiral Hiddes de Vries wurde während des Gefechts lebensgefährlich verletzt, und 180 holländische Matrosen waren umgekommen. Die Verluste der Franzosen sollen sich auf 50 Tote und Verwundete belaufen haben. Bart hatte durch sein tollkühnes Unternehmen die städtische Bevölkerung Frankreichs vor dem Hunger bewahrt. Ungehindert lief auch der zweite Geleitzug mit Getreide an Bord in Dünkirchen ein. Während Bart für diese Tat in den Adelsstand erhoben wurde, sahen die Verantwortlichen auf den holländischen Schiffen einer Gerichtsvorladung entgegen. Die Bevölkerung von Texel bewarf die besiegten holländischen Heimkehrer mit Steinen.
Bart jedoch hatte nicht einmal Zeit, sich auf seinen Lorbeeren auszuruhen. Als er am 2. August 1694 in Dünkirchen die Anker zu einer neuen Fahrt nach Vleker lichtete, blockierte eine englische

Flotte die Ausfahrt von Dünkirchen. Im September erschien dann der englische Konteradmiral Hobson vor Dünkirchen, um die Stadt von See her zu erobern. Doch auch dieses Mal gelang es Bart, die englische Blockade zu durchbrechen und Vleker zu erreichen. Auf dem Rückweg nach Dünkirchen erwartete die englische Flotte Bart bei Vlessingen. Als Bart die Engländer erblickte, drehte er sofort in Richtung Ärmelkanal ab. Der englische Admiral glaubte, daß es sich bei Barts Schiffen um holländische handelte und segelte nach England zurück. Am 2. Januar 1695 langte Bart mit 16 Getreideschiffen in Dünkirchen an. Doch Holländer und Engländer blieben Bart auf den Fersen.

Um Bart das Handwerk zu legen, konzentrierte der englische Admiral Lord Berkeley am 10. August 1695 120 Schiffseinheiten vor Dünkirchen. Doch ging Berkeleys Rechnung, Dünkirchen in Brand zu stecken, wie es ihm 1694 in Le Havre und Dieppe gelungen war, diesmal nicht auf. Bart griff die englische Flotte an, und Berkeley zog sich unverhofft nach Plymouth zurück. Als Belohnung erhielt Bart 3000 Pfund und sein Sohn das Leutnantspatent. Nun beauftragte die englische Admiralität Admiral Benbow, Bart am Auslaufen seiner Flotte zu hindern. Doch der füchsische Korsar entging der Mausefalle. Am 17. Juni 1696 traf Bart auf der Dogger-Bank die gesamte Baltische Flotte der Holländer: 112 Einheiten, davon 5 Kriegsschiffe. Sofort nahm Bart den Kampf auf. Kaum war das Gefecht im Gange, trafen 13 holländische Kriegsschiffe ein. Bevor diese allerdings wirkungsvoll angreifen konnten, hatte Bart bereits 40 Transportschiffe versenkt. Nach einer zwölfstündigen Verfolgungsjagd nach Bart gaben die Holländer dann schließlich auf.

Als der Polenkönig Johann Sobieski starb, verlangten die Polen einen neuen Herrscher. Der Bewerber aus Frankreich hieß François-Louis de Bourbon, Prinz von Conti. Mit dem Transport dieses illustren Gastes und seiner Suite über See nach Polen wurde Bart beauftragt. Um diese Fahrt jedoch zu unterbinden, boten Engländer und Holländer gemeinsam 36 Fregatten auf. Mit nur sechs Fregatten, die mit leichter Artillerie bestückt waren, brach Bart in Richtung Nordsee auf, entging der englisch-holländischen Flotte und ging für kurze Zeit in Kopenhagen vor Anker. Als er in Danzig in den Hafen segelte, begrüßte die dortige Bevölkerung ihren künftigen Monarchen mit Protesten. Als Bart dann ohne viel Federlesens sechs Fregatten im Danziger Hafen beschlagnahmte, legte sich der Zorn der Bevölkerung gegen den französischen Königsbewerber. François-Louis de Bourbon jedoch zog es nach dieser ersten unfreundlichen Begrüßung vor, wieder nach Frankreich zurückzukehren. Nachdem Bart den Thronprätendenten sicher nach Dünkirchen gebracht hatte, erhielt er aus den Händen des Prinzen eine fürstliche Belohnung.
Der Friedensschluß von Ryswick ermöglichte es Bart, sich in Dünkirchen häuslich niederzulassen. Doch das Leben eines braven Familienvaters konvenierte dem unruhigen Korsaren nicht. 1702 erhielt er das Kommando der »Fendant«, eines mit 70 Kanonen bestückten Kriegsschiffes, mit dem er noch einmal auf See fuhr.
Am 12. April 1702 wurde Bart plötzlich krank und mußte das Bett hüten. Nach 15tägigem vergeblichem Kampf gegen eine Brustfellentzündung verschied Bart am 27. April in den Armen seiner Frau. Mit Bart verlor Ludwig XIV. einen seiner fähigsten Seeleute. Wie sein »Amtskollege« Francis Drake war Bart ein staatlich geförderter Korsar, der auf fast allen Meeren zu Recht und Unrecht im Namen seines obersten Herrn zu Versailles feindliche Schiffe kaperte und ausraubte.

Siegeslied anläßlich der Überwältigung eines Dünkirchner Kaperschiffes mit 136 Mann und 13 Geschützen, 100 Lasten groß, durch die tapferen Kapitäne Jan van Galen und de Goyer mit seinem »Hähnchen«. Aufgebracht nach Amsterdam am 13. Oktober 1614.

Victorie Liedt / over het innemen v…
Duynkercker met 136. coppen / ende 13 stucken / groot 100 last / ver…
de Manhaftighe Capiteynen / Jan van Galen / eñ den Goyer met zijn Haent…
bracht tot Amsterdam den 13 October 1614. Stemme: Van d'Arcquenaers Soon / etc.

Ghy vrinden … hoort tesaem dit Liet
Wat sestien-hondert heeft beschrevẽ
Den sesten October / hoort dit bediet /
En vier-en-dartich hier beneven:
Doen voer van Duynkercken vailliant /
Een Fluyte / die seer wel was ghemant.
Versien met hondert en veertich Man
Jonck ende Out / om prijs te halen:
Nae de Noort-Zee settent wy an
Om Buyt te crijghen / sonder falen:
Maer datmen op het hooghste gist /
Dit worder …
Wy hadden ons Jacht-boot wel versien
Met Cruydt / en Loot / na gaeder meynen
…

Den sesten October dit wel onthout /
Om… het Riff / al sonder falen:
Ontmoetten in Zee ons Fluyte benout
De … Zee-helt / Johan van Gaelen
Die Fluer ende wel bezeylet was /
Jae volghde als eenen Havick ras.
Met schieten / ende met groot ghetier /
Tgeen datter viel aen beyden zyden
Van Galen dwong hem te strijcken hier
Hy kondet ont… tot geenen tijden /
Van Galens zijn … ghemeen
Hy wierter ghe… al door zijn been.
Eenen Officier die bleffer niet doot /
Een vroom Bootsman / waert te beclagẽ /
… schoot op schoot

Ghy Duynkerckers
En wilt niet soo hooch
Dat ghyer de Oost-zee
Met vier Capiteyns …
Om elck te werven ee…
Maer sit nu gevangẽ …
En ist Duynkercken …
Die Hollant schier meene
Sy quamen op haeren om…
Pover Compaignie leeren
In plaets van te drinckẽ
Moeten sy nu alle ghevan…
Loff-waerden Capit…
Die u vyanden stout …
Met u… Scheeps…

Ihr Freunde, höret dieses Lied,
das sechzehnhundert hat besungen
den 6. Oktober, höret alle:
Schon vierunddreißig Tage zuvor
fuhr damals tapfer aus Dünkirchen
eine Fleute, sehr gut bemannt,
genau mit hundertundvierzig Mann,
jung und alt, um Prise zu holen.
Zur Nordsee fuhren wir aus,
fest entschlossen, Beute zu machen.
Doch den richtigen Augenblick
haben wir alle verpaßt.
Wir hatten unser Boot gut geladen
mit Pulver und Blei, nach bestem
Wissen,
mit Speis und Trank und tapferen
Kriegern
unter drei ernannten Kapitänen.
Die Prise, die wir uns erhofften,
würde je einem Kapitän zufallen.
Wenn wir eine ganze Flotte bekämen
von vier und mehr bemannten Schiffen,
dann würden wir anfangen auf den
Schiffen zu tanzen und zu pfeifen.
Alles, was wir glaubten und vorhatten,
fiel genau verkehrt aus.
Alle unsere Pläne sind danebengegangen.
Darüber braucht man kein Wort
verlieren.
Wir stachen in See, hochgemut.
Ein böses Vorhaben bewirkt nichts
Gutes.
In Dünkirchen tranken wir,
Ihr könnt es mir glauben,
auf gute Reise für Kapitän de Wyllaert,
die Offiziere und die ganze Mannschaft.
Glück und Heil, und auf ein Wiedersehen
in der Hoffnung, Beute heimzubringen.
Wir fuhren hin und her,
um Segel und Schiffe zu sichten.
Aber wir haben nichts gefunden,
und es wurde eine immer größere
Plage.
...

Am 6. Oktober, merke wohl,
in der Nähe des Riffs,
begegnet unsere Fleute, o Schreck,
dem tapferen Seehelden Jan van Galen,
der schnell und gut getakelt war.
Ja, er folgte uns wie ein Habicht.
Es wurde heftig geschossen,
so daß auf beiden Seiten Verluste
waren.
Van Galen zwang ihn längseits zu
kommen,
damit er nicht entweichen konnte.
Van Galens Leutnant bekam einen
Schuß ins Bein,
ein Offizier fiel tödlich getroffen um,
ein frommer Bootsmann war zu
beklagen.
Es fiel Schuß auf Schuß.
Die Fleute erhielt die meisten Treffer,
weshalb sie eiligst ausscheiden mußte,
denn es fehlte an Pulver und Blei.
Der Dünkirchner, trotz starker
Besatzung,
versuchte in irgendeine Richtung zu
entkommen,

konnte aber keine Küste erreichen
und verlor zuletzt an Fahrt,
denn van Galen durchsiebte ihn,
was großes Leid verursachte.
In der Nähe von Ameland geschah es,
daß wir sie sichteten.
Dort schlug Wyllaert sich tapfer mit
uns zusammen
von morgens bis Mitternacht,
bevor man ihn zum Ergeben zwang.
Dann kam der »Hahn« von de Goyer
mächtig angesegelt.
Er schoß furchtbar auf uns zu,
um das Boot in den Grund zu bohren.
Da sie ihre Munition verschossen
hatten,
mußten sie zu ihrem Bedauern
aufgeben.
Das Kriegsglück wendete sich,
der Kegel ist umgefallen.
Sie suchten wohlhabend zu werden,
und so haben sie alles verloren.
...
(Sinngemäße Übersetzung nach überlieferten Teilen des Originaltextes.)

Drei Seeräuber unter den Stuarts

Sir Henry Manwaring, »der Außergewöhnliche«
John Nutt · John Warde

Nach dem Regierungsantritt des ersten Stuart Jakob I. im Jahre 1603 (Jakob I. regierte bis 1625) trat in der englischen Außenpolitik eine einschneidende Änderung ein. Durch den Frieden mit Spanien wurden Tausende von Matrosen und Schiffskapitänen arbeitslos und strolchten im Königreich umher. Nicht umsonst schrieb Kapitän John Smith, Abenteurer, Schriftsteller und Pirat(?): »Nach dem Tod unserer verehrten Königin Elisabeth [I.] hatte König Jakob, der mit jeder Nation in Frieden lebte, keine Arbeit mehr für jene Kriegsleute, die auf See gingen. Diejenigen, die reich geworden waren, lebten auf ihren Gütern ihren gewohnten Lebensstandard weiter; diejenigen, die arm waren, lebten von Tag zu Tag und wurden Seeräuber.«
»Manche von diesen arbeitslosen Kriegsleuten wurden Piraten, weil sie die Armut nicht ertragen konnten, andere aus Abenteuerlust, andere, weil sie sich einen Namen machen wollten, wenige aus Rache«, schreibt Kapitän Smith weiter.

Es gab damals noch keine Gewerkschaften, die für die Arbeitnehmer gegenüber den Arbeitgebern eintraten. Die Regierung kümmerte sich nicht um das Los der vielen Arbeitslosen in England. Die Arbeitsbedingungen waren hart: anstrengende Arbeit und wenig Lohn. Die Anheuerung auf einem Piratenschiff lautete schlicht: Keine Prise, kein Lohn.
Jakobs I. Politik bewirkte, daß das Arbeitslosenheer viele Gegenden seines Königreiches unsicher machte, daß der Handel stockte und daß nordafrikanische und französische Korsaren durch ihre Überfälle auf englische Handelsschiffe der königlichen Schiffahrt arg zusetzten.
Um ein der Wahrheit entsprechendes Bild der Seeräuberei unter der Herrschaft Jakobs I. in England zu bekommen, müssen wir uns an *Henry Manwaring,* Seeräuber, Schriftsteller und Vertrauter des Königs, wenden. Seine Karriere als Seeräuber ist in der Geschichte der Piraterie einmalig. Sowohl als Stratege wie auch als Pirat stand er seinem berühmten Vorgänger Francis Drake in keiner Weise nach.

Henry Manwaring erblickte um 1580 in Shropshire das Licht der Welt und entstammte einer ehrbaren Familie. Im Alter von 12 Jahren begann seine schulische Erziehung im College Brasenose zu Oxford, wo er mit 15 Jahren sein Abgangszeugnis erhielt. Nachdem er verschiedene Berufe, unter anderem den als Rechtsanwalt, ausgeübt hatte, entschloß sich der junge Manwaring, Seeräuber zu

werden. Er kaufte einen 165-Tonner, die »Resistance«. Das Schiff, obwohl klein, war jedoch äußerst wendig und robust. Es hatte genau jene nautischen Eigenschaften, die ein Seeräuberschiff brauchte. Manwaring ließ sein Fahrzeug vorzüglich bewaffnen und heuerte eine erstklassige Mannschaft an. Mit diesem Trumpf in der Hand begann Henrys außergewöhnliche Karriere als Seeräuber.
Seine erste »Reise« ging von Plymouth nach den Antillen, doch kam er durch einen nichtgeklärten Umstand von seiner Reiseroute ab und steuerte Gibraltar an. Kurz vor Gibraltar gab Manwaring seinen Kumpanen bekannt, daß er von nun an alle spanischen Schiffe, ob Handels- oder Kriegsschiff, angreifen und, wenn möglich, vernichten werde. Um eine Verproviantierungsbasis zu besitzen, segelte Manwaring nach Marmora, einem Hafen von schlechter Reputation an der Barbareskenküste (Nordafrika). Von hier aus unternahm Manwaring seine Operationen gegen die spanische Schiffahrt im Mittelmeer und im Atlantik. Die Zahl der gekaperten spanischen Schiffe wuchs laufend, und alsbald befand sich Manwaring an der Spitze einer Flotte, die ohne weiteres der Flotte seines Königs Jakobs I. die Stirne hätte bieten können. Manwaring zwang die Korsaren der Barbareskenstaaten, vom Kapern englischer Schiffe Abstand zu nehmen, andernfalls ihnen eine exemplarische Strafe drohe. Des weiteren untersagte er den nordafrikanischen Korsaren, Schiffe bestimmter Nationen anzugreifen, die Manwaring selbst als Opfer erkoren hatte.
Inzwischen machte sich der Allkatholische König Philipp III. von Spanien ernsthafte Sorgen um seine Flotte, die durch Manwarings Überfälle kontinuierlich an Tonnage abnahm. Weil er vorerst des strategisch überlegenen Manwaring nicht durch ein Unternehmen gegen Marmora habhaft werden konnte, versuchte Philipp es mit Versprechen. Er ließ Manwaring wissen, daß, wenn er in seine Dienste träte, ihm ein wichtiges Kommando angeboten würde. Manwaring jedoch antwortete nicht einmal auf Philipps Angebot. Ein weiteres ähnliches Angebot des Beys von Tunis blieb ebenfalls in der Schublade liegen.

Im Jahre 1614 segelte Manwaring mit einer imposanten Seeräuber-Flotte nach Neufundland. In allen Fischereihäfen des Landes ließ Manwaring eine bestimmte Menge an Lebensmitteln beschlagnahmen und je ein Matrose von zehn wurde gezwungen, fortan auf Manwarings Flotte zu dienen. Am 14. September 1614 trat Manwaring dann die Heimfahrt an. Auf der Höhe von Marmora angekommen, mußte er feststellen, daß er von Philipp überlistet worden war: Marmora war fest in spanischer Hand. Angesichts der zahlreichen Truppen, die den Hafen besetzt hatten, wagte der Seeräuberkapitän den Angriff auf die Stadt nicht und segelte in Richtung Villefranche (südfranzösischer Mittelmeerhafen), das er von nun an zum Ausgangspunkt seiner Kaperfahrten nahm. Villefranche gehörte damals zu Savoyen.
Kurze Zeit nach Manwarings Ankunft in Villefranche gesellte sich ein englischer Pirat nobler Abstammung zu ihm: ein gewisser *Walsingham,* aus dessen Familie ehrbare Lords hervorgegangen waren.
Von Villefranche aus schwärmten Manwarings Seeräuber nach dem Mittelmeer aus, und binnen sechs Wochen nach seiner Niederlassung in Südfrankreich hatten Manwaring und seine Gesellen den Spaniern Schiffe und Güter im Wert von einer halben Million Gold-Kronen abgenommen, ohne daß die Schiffe seiner Allkatholischen Majestät die See befahren hatten. Manwaring hatte allen Häfen der spanischen Ostküste einen »Besuch« abgestattet. Manwarings und Walsinghams Keckheit trieb Philipp III. schlußendlich auf die Palme. Hilfeflehend bat er alle möglichen Seeräuber, ihn von dieser Teufelsbrut aus Villefranche zu befreien, und bot ihnen vorteilhafte Kaperbriefe an. Nur wenige Piraten traten allerdings in den Dienst des Herrn aus dem Escorial. Sie hatten entweder kein Vertrauen in den verschlagenen und wortbrüchigen Philipp, oder sie fürchteten sich vor dem gerissenen Manwaring.

Um Villefranche zu zerstören, verließ eine spanische Flotte im Jahre 1615 den Hafen von Cadiz und nahm zunächst Kurs auf Barcelona, wo mutmaßlich noch einige Schiffe hinzustoßen sollten. Zwischen Faro und Lagos kam es dann zu einem »Treffen« zwischen der Flotte seiner Allkatholischen Majestät und Manwaring, der nur über fünf Schiffe verfügte. Das Gefecht dauerte über 10 Stunden lang. Dann nahmen die Spanier Reißaus und kamen, hart angeschlagen, in Lissabon an.
Als Philipp ein zweitesmal einsah, daß Manwaring mit militärischen Mitteln nicht beizukommen war, versuchte er wiederum, den Piraten für ein wichtiges Kommando in seiner Flotte zu gewinnen. Zusätzlich bot er ihm 20000 Gold-Dukaten an. Auch diesmal lehnte Manwaring das äußerst günstige Angebot ab. Einen Spanier als Befehlsgeber vertrug Manwaring eben nicht.
Ende 1615 waren Manwaring und seine Kumpanen für die Spanier eine solche Gefahr geworden, daß Philipps Botschafter zu London Jakob I. dringlichst bat, dem Unwesen seiner seeräuberischen Untertanen im Mittelmeer Einhalt zu gebieten. Jakob I., der mit Spanien in Frieden leben wollte und der ebenfalls eine Warnung von seiten des französischen Königs ernst nahm, daß er Spanien zu helfen beabsichtige, lenkte ein. Er schickte unverzüglich einen Unterhändler zu Manwaring, bot ihm und seinen Gesellen Vergebung ihrer Piratenakte an, forderte aber, daß sie sofort die Seeräuberei aufzugeben hätten. Falls Manwaring seinem König jedoch nicht Folge leiste, dann rüste er eine starke Flotte aus, um ihn in Villefranche unschädlich zu machen.
Manwaring hatte richtig verstanden. Er begab sich nach Dover, und am 9. Juni 1616 vergab Jakob I. ihm alle seeräuberischen Akte mit der Begründung, »er habe keine größeren krummen Handlungen auf See begangen«. Mit ihm wurden alle seine Gesellen von jeder illegalen Handlung auf See freigesprochen, nachdem sie feierlich geschworen hatten, nie mehr die Tätigkeit eines Piraten auszuüben.
Manwaring, ein ehrenhafter und stolzer Mann, erwies sich seinem Herrn zu London sofort erkenntlich. Von nun an machte er Jagd auf alle Piraten, deren er habhaft werden konnte. Seine besondere Sorge war, den Ärmelkanal von osmanischen Korsaren freizuhalten, deren Fahrten an Dreistheit einmalig in der Geschichte der Piraterie waren. In der Tat brachte Manwaring drei osmanische Korsarenschiffe auf der Höhe von Leigh in der Themsemündung auf.
Manwarings Verhalten beeindruckte Jakob I. derart, daß er den früheren Piraten in den Adelsstand erhob. In Sachen Nautik und Marine wurde er einer der engsten Vertrauten und Berater des Königs. Als Manwaring nach der Erledigung seiner Aufgabe auf See einige Jahre als Müßiggänger am Hofe lebte, bat er eines Tages seinen König um Versetzung. Jakob I. gab seiner Bitte nach und ernannte ihn zum »Leutnant des Schlosses von Dover und zum Gouverneur der Cinq-Ports«. Im Jahre 1623 wurde Manwaring ins Stadt-Parlament von Dover gewählt. Sofort bemühte er sich um den Verteidigungsausbau von Dover. Trotz seiner anstrengenden administrativen Arbeiten hatte er die Muße, seine seeräuberischen Erfahrungen in einem Buch niederzulegen. Das Werk war seinem König gewidmet und stellt ein einmaliges historisches Zeugnis der englischen (und nordafrikanischen) Piraterie zwischen 1600 und 1625 dar. Das Original ist im British Museum aufbewahrt und trägt den Titel: »Über die Anfänge, die Gepflogenheiten und die Ausmerzung der Piraten« und ist mit folgendem Satz Jakob I. gewidmet: »An meinen allergnädigsten Herrn, der den König des Himmels repräsentiert und dessen Milde und Güte alle Werke übertrifft.«

Die Seeräuberschiffe »Royal Fortune« und »Ranger« in Whyds Road (11. Januar 1722). Nach einem Kupferstich in Johnsons »General History of the Pirates«. London 1722.

John Nutt, »der Unbezwingbare«

Als der Stuart Jakob I. von England im Jahre 1623 Personalmangel auf seiner Kriegsflotte hatte, beauftragte er seinen Vizeadmiral Sir John Eliot damit, das Problem so schnell wie nur möglich zu lösen. Um diese Zeit war es jedoch sehr schwer, Matrosen für die königliche Flotte anzuheuern, denn ein Seeräuber namens *John Nutt* aus Lympston (Devonshire) hatte durch die regelmäßige Besoldung seiner Matrosen ungeheuren Zulauf.
Wann John Nutt das Licht der Welt erblickte, wissen wir nicht. Welchen Berufen er nachging, bevor er Seeräuber wurde, darüber haben wir ebenfalls keinerlei Hinweise. Im selben Jahr, als Sir John Eliot verzweifelt versuchte, seinem König in Sachen Rekrutierung nachzukommen, bestand Nutts Flotte aus mehreren schnellen Schiffseinheiten, die im Ärmelkanal und in den Gewässern Südirlands Jagd auf englische und manchmal auf französische Handelsschiffe machten. Nutts Seeräuber-Karriere hatte in Dartmouth begonnen, wo er auf einem Kriegsschiff als Kanonier diente. Als dieses Schiff in Neufundland ankam, tat Nutt sich mit einigen Kumpanen zusammen, sie zettelten eine Meuterei an und warfen den Kapitän über Bord. Dann kaperte Nutt ein stattliches französisches Kauffahrteischiff, machte dieses zu seinem »Flaggschiff« und ging auf »Tournee«. Auf der Höhe von Plymouth bemächtigte sich Nutt eines reichbeladenen flämischen Transporters. Mit dieser an-

sehnlichen Flottille überfiel er alle englischen Fischereifahrzeuge im Ärmelkanal, die ihm begegneten. Als es in der Britischen Admiralität zu London nur so von Protesten der englischen Fischer regnete, machte sich Nutt in seinem sicheren Hauptquartier in Torbay keinen Deut aus den Warnungen der Admiralität. Sir John Eliot wußte, daß nur ein gefangener oder toter Nutt die englischen Schiffer beruhigen würde. Die Frage aber stellte sich: wie Nutt fangen oder töten? Eliots Versuch, Nutts Kumpanen zu einem Stellungswechsel zu überreden, war ein Reinfall. Niemand war bereit, in der königlichen Marine für einen Hungerlohn zu arbeiten. Dann versuchte Eliot, den Piraten zu fangen, wenn er sich an Land begab, um seiner Frau und seinen Kindern einen Besuch abzustatten. Doch Nutt war stets von einer Schar von bis an die Zähne bewaffneten Gesellen umgeben, so daß nur ein bestausgerüstetes Regiment von Soldaten Nutt hätte unschädlich machen können. Schließlich glaubte Eliot, Nutt könne ohne Gewaltanwendung dazu gebracht werden, die Seeräuberei aufzugeben. Der König sandte an Nutt zuerst einen dringenden Appell, endgültig von der Piraterie zurückzutreten. Diese Aufforderung war natürlich ein Schlag ins Wasser. Dann forderte seine Majestät Jakob I. Eliot auf, alles daranzusetzen, um Nutt zu verhaften. Gleichzeitig ließ der König jedoch durchblicken, daß, falls Nutt die Seeräuberei aufgäbe, er bereit sei, ihm alle Schandtaten zu verzeihen.

Im Mai 1623 schrieb Nutt von seinem »Flaggschiff« aus, das im Hafen von Torbay vor Anker lag, einen Brief an den Vizeadmiral John Eliot, in dem er ihn bat, ihm bei Zahlung von 300 Pfund Pardon zu gewähren. Eliot begab sich dann etwas eilfertig nach Torbay in die »Höhle des Löwen«. Kurz vor dessen Ankunft in Torbay hatte Nutt seine Meinung geändert und ließ Eliot wissen, »daß

Piraten-Kapitän Jones erschießt kurzerhand einen seiner Matrosen, der es während des Kaperns gewagt hatte, die Flagge zu streichen. In dieser Beziehung war kein Piraten-Kapitän zimperlich. Ohne viel Federlesens sprach und vollstreckte der Kapitän das Urteil.

Linke Seite:
Kester-Bavaria, Kauffahrteischiff des 16. Jahrhunderts. Zeitgenössischer Kupferstich des Niederländers Joan Stradabus.

er augenblicklich in Torbay nicht willkommen sei und daß er sich hierfür entschuldige«. Die einzige Möglichkeit, die Eliot nun sah mit Nutt ins Gespräch zu kommen, bestand darin, daß er sich höchstpersönlich auf Nutts Flaggschiff begab, um den Seeräuber doch noch zu überreden, sein Handwerk aufzugeben.
Ein solcher Kniefall konnte sehr gefährlich sein, denn im Austausch gegen Eliot konnte Nutt eine respektable Summe und vorteilhafte Bedingungen erpressen. Die Begegnung fand dann doch noch statt.
Während Eliot mit Nutt über die Bedingungen des Pardons verhandelte, mußte der Vizeadmiral feststellen, daß Nutts Kaperfahrten weiter auf vollen Touren liefen. Mit seinen eigenen Augen konnte Eliot sehen, daß Nutts Gesellen einen Frachter mit einer Zuckerladung »sichergestellt« hatten.
Nach langem Hin und Her und nachdem Eliot sich einiges hinter die Binde gegossen hatte, war Nutt mit den Bedingungen des Pardons einverstanden: Nutt sollte in Dartmouth an Land gehen, öffent-

Galeone, spanisches Kriegsschiff, Ende des 16. Jahrhunderts. Kupferstich von Vischer nach gleichzeitiger Zeichnung von Wilhelm Barendsz.

San Salvador: Angriff holländischer Freibeuter unter der Leitung von Piet Heyn auf San Salvador, eine der Bahamainseln, auf der Kolumbus am 12. Oktober 1492 landete. 1718 landete der erste königliche (englische) Gouverneur auf der Insel mit Truppen und vertrieb die Piraten.

Piet Heyn, holländischer Pirat und Admiral, kaperte am 8. September 1628 in der Bucht von Mantanzas an der Nordküste Kubas die gesamte Flotte Neuspaniens. 24 Schiffe samt einer enormen Beute von 12 Millionen Gulden (oder 14 Millionen Pesos) fielen Piet Heyn und seinen Kumpanen in die Hände. Bereits im 17. Jahrhundert wurde Piet Heyn in ganz Holland als Nationalheld gefeiert.

Piraten-Kartenspiel.

Das »Schlafgemach« eines besonders begüterten Flibustiers.

lich um Pardon bitten und die Summe von 500 Pfund zahlen. Als dann Nutt mit seinem Flaggschiff in Dartmouth einlief, witterte der Seeräuber eine Falle und gab Eliot zu verstehen, daß er nicht eher an Land komme, bis Eliot sich vorher auf sein Schiff begeben hatte. Eliot jedoch lehnte ab. Schließlich ging Nutt dann doch an Land und wurde sofort verhaftet. Nach Nutt kam die gesamte Crew an Land, und »ungeniert marschierten Nutts Gesellen auf dem Kai von Dartmouth in den Kleidern umher, die sie den armen Stadtbewohnern abgenommen hatten«, schrieb der Bürgermeister von Dartmouth in einem Brief an Eliot.

Nach einer mehrwöchigen Haft in Dartmouth wurden Nutt und seine Spezis nach London gebracht, wo ihnen der Prozeß gemacht werden sollte.

Inzwischen bemühte sich Nutts Freund, Sir George Calvert, ein Intimus des Königs, eifrig um die Freilassung des Piraten. Calvert, der etliche Ländereien auf Neufundland besaß, hatte einige Vorteile von Nutt auf Neufundland erheischen können, als er sich dort »nach Land umsah«. Jetzt hatte Calvert die Gelegenheit, sich gegenüber seinem ehemaligen Gönner erkenntlich zu zeigen. Calvert ging in seiner Erkenntlichkeit allerdings etwas zu weit. Auf eine falsche Anschuldigung hin wurde Sir Eliot verhaftet. Im Gefängnis von Marshalsea wartete der Vizeadmiral auf seine Verurteilung. Nutt jedoch wurde aus dem Gefängnis entlassen. Außerdem wurden ihm alle Piratenakte verziehen, und obendrein erhielt er für sein Verhalten noch eine Belohnung von 100 Pfund.

Kaum befand sich Nutt in Freiheit, als er wieder auf Kaperfahrten ging. Wiederum regnete es Proteste von seiten der englischen Handelsleute und Fischer, doch Nutt störte sich nicht im geringsten daran. Schließlich beauftragte der König einen gewissen Kapitän Plumleigh mit der heiklen Aufgabe, Nutt dingfest zu machen. Plumleigh und Nutt begegneten sich in der Nähe der südirländischen Küste. Obwohl Plumleigh 26 Schiffe und Nutt nicht einmal zehn zur Verfügung hatte, gelang es ihm nicht, den Piraten zu besiegen. Im Gegenteil, Plumleigh war froh, als er das Weite suchen konnte.

Nach diesem Sieg über Plumleigh kaperte Nutt ein Schiff, das wertvolle Möbel, Silber und die gesamte Garderobe des neuen Gouverneurs von Südirland, Lord Wenworth, an Bord hatte. Auf diese Art und Weise erwies sich Nutt gegenüber seinem Gönner Calvert »erkenntlich«, der ein intimer Freund von Lord Wenworth war. Nach diesem neuen Kaperakt zog sich Nutt nach Torbay zurück. Wie und wann er gestorben ist, wissen wir nicht. Feststeht, daß er ein Angebot Karls I. (Jakobs I. Nachfolger), als Kapitän in dessen Marine einzutreten, rundweg ablehnte. Nutt war einfach nicht zu haben, und er konnte nur sein eigener Herr sein.

John Warde, »der Tunesier«

Nur sehr wenige englische Piraten errangen Anfang des 17. Jahrhunderts die Popularität eines John Warde.

Als Jakob I. bei seiner Thronbesteigung im Jahre 1603 glaubte, er könne mit Spanien in Frieden leben, und seine Flotte abbaute, wurden Tausende von Matrosen brotlos. Einer dieser arbeitslosen und herumstrolchenden Seemänner war John Warde. Er trieb sich nach seiner Entlassung aus der königlichen Marine monatelang in den Kneipen herum, machte Schulden, raufte sich mit anderen arbeitsuchenden Matrosen und hungerte. Als dann jede Unterstützung von den Behörden ausblieb, ließ er sich dann doch für ein paar Shilling im Monat auf dem Handelsschiff »Lion's Whelp« anheuern.

Als Matrose war Warde für alle anderen Mitglieder der Crew ein Vorbild. Es dauerte allerdings nicht lange, bis Warde der Befehle seines Kapitäns überdrüssig wurde und an die guten alten Zeiten der Piraten unter Elisabeth I. zurückdachte. »Unter ihrer Herrschaft konnte unsereiner singen, fluchen, raufen und töten«, pflegte er gegenüber seinen »Kollegen« zu sagen. Daß er binnen kurzer Zeit Anhänger genug fand, um sich des Schiffes zu bemächtigen, auf dem er Dienst tat, braucht nicht lange erörtert zu werden . Doch sollte es ein wenig anders kommen. Eines Tages hatte Warde einen kleinen Schoner im Hafen von Petersfield erblickt, der einem nonkonformistischen Katholiken gehörte, der eben dabei war, seine gesamte Habe nach Frankreich zu transportieren. Warde ließ eines Abends alle seine Gleichgesinnten zusammenrufen und beschloß, sich des Schoners samt Ladung in einem günstigen Augenblick zu bemächtigen.

Eines Abends erwirkten Warde und seine Kumpanen die Erlaubnis, von Bord zu gehen, um die alltäglichen Genüßlichkeiten an Land ein wenig zu probieren. In der ersten Kneipe angekommen, warfen sich Wardes Gesellen auf die Knie, und mit einer Maß Bier in der Hand wählten sie ihn zu ihrem »König«. Nach einer durchzechten Nacht machten sich die neuen Seeräuber zum Hafen auf. Doch muß ihre Bestürzung groß gewesen sein, denn es befand sich nicht ein einziges Möbelstück mehr auf dem Schoner. Hierauf segelten sie mit der »Lion's Whelp«, deren Kapitän sie über Bord geworfen hatten, nach Plymouth. Auf der Höhe der Insel Scilly lief ihnen ein 80-Tonner in die Quere. Warde und seine Spezi hatten keine allzugroßen Schwierigkeiten, sich des Schiffes zu bemächtigen, und tauften es auf den Namen »Little John« um (Name von Robin Hoods Leutnant). Nachdem sie im Sund von Plymouth noch einige Gesellen angeheuert hatten, segelten Warde und seine Seeräuber nach Algier. Obwohl sich Warde sofort zum Algerier machen ließ, lehnte der Bey von Algier seine Dienste ab. Alsdann wandte sich Warde an den Bey von Tunis und wurde Tunesier. Dieser nahm Warde und seine Gesellen mit offenen Armen auf und stellte sie in seine Dienste.
Von Tunis aus unternahm Warde erfolgreiche Kaperfahrten gegen alle christlichen Kauffahrteischiffe, deren er habhaft werden konnte. Als der französische König dann eine Gesandtschaft nach Tunis schickte und den Bey bat, Warde aufzufordern, zukünftig keine französischen Schiffe mehr zu kapern, leistete Warde der Aufforderung des Beys unverzüglich Folge. Um so mehr verlegte sich Warde nun auf das Kapern von spanischen und venezianischen Handelsschiffen. Binnen mehreren Jahren war Warde so reich geworden, daß er sich in Tunis einen prachtvollen Palast erbauen konnte und das Leben eines reichen Prassers führte. Vom englischen Reisejournalisten William Lithgow wissen wir, daß er bei den Tunesiern hoch in Ehren stand. Lithgow, der 1611 von Warde in Tunis zu einem üppigen Festessen eingeladen worden war und Warde die Frage stellte, warum er denn eigentlich nicht mehr nach England zurückkäme, bekam als Antwort: »Ich bin Türke und habe in England nichts mehr zu suchen. Ich bin ein Verbannter. Nur die Welt des Islams bietet mir etwas vom Leben.«

Schlupfwinkel von Madagaskar

John Avery und William Kidd
Misson, Philosoph und Politiker

Im 17. Jahrhundert war der Indische Ozean einer der größten Tummelplätze der Welt für Piraten und Korsaren. Portugiesische, spanische, englische, französische und holländische Schiffe segelten nach der Malabarküste, nach den Gewürzinseln und bis ins Rote Meer hinein, brachten Silber- und Goldbarren mit und kauften dafür Luxusgüter wie Elfenbein, Seide, Gewürze und kostbare Hölzer ein und brachten sie nach Europa. Gleichzeitig schifften chinesische Dschunken ihre Kostbarkeiten nach Persien und bis nach Äthiopien. Jährlich pilgerten Tausende von Muselmanen zum Grab des Propheten und brachten stets einen Haufen Geld mit nach Mekka. So bot der Indische Ozean den Piraten eigentlich alles, was sie haben wollten: Geld, Luxusgüter und Sklaven. Manche von ihnen waren der Meinung, daß die Kaperfahrten gegen die muselmanischen Schiffe von Gott gewollte Unternehmen waren.

Bereits im Jahre 1642 hatten zwei französische Piraten, *François Cauche* und *Régimond*, die Insel Madagaskar als Ausgangsbasis für ihre Kaperfahrten nach dem Arabischen und Roten Meer gewählt. Sie fingen besonders indische Handelsschiffe ab, die ihre Waren von der Malabarküste nach Mombasa, Sansibar und Kilwa an der ostafrikanischen Küste brachten. Wegen diesen dreisten Unternehmen gegen die indisch-arabische Schiffahrt war kein Franzose um diese Zeit in Arabien gerne gesehen.

Als in den Jahren 1672 und 1674 die englischen und französischen Ostindien-Kompanien versuchten, sich auf Madagaskar festzusetzen, wurden sie von den Piraten daran gehindert. Sie duldeten keine Konkurrenz, und so mußten die Kompanien ihre Pläne, Zwischenbasen für ihren Handel mit Indien zu errichten, aufgeben.

Auf die französischen Piraten folgten die englischen. Ab 1685 operierten die englischen Seeräuber *Read, Teat* und *Williams* mit ihren Kumpanen in der Straße von Moçambique und im Arabischen Meer und machten, wenn die Beute auf See nicht fett genug war, einige Landausflüge nach Mombasa, Sansibar, Kilwa und Moçambique. Die beiden berühmtesten englischen Piraten aber waren *John Avery* und *William Kidd.*

John Avery, auch *John Every* alias *Henry Bridgman,* wurde um 1665 in der Nähe der englischen Stadt Plymouth geboren. Über seine Kindheit wissen wir nichts. Er begann seine Laufbahn als Schiffsjunge und wurde Matrose. Nach einigen Fahrten auf einem Kauffahrteischiff überkam plötz-

lich Avery der Drang nach der Seeräuberei, und dank seiner nautischen Kenntnisse wurde er durch einen gewissen Gibson, Kapitän auf der »Duke«, angeheuert. Als die beiden von Bristol nach Cadix segelten, erhielten sie dort den Auftrag von der spanischen Regierung, die französischen Korsaren zu bekämpfen. Weil ihr Schiff noch in Cadix kalfatert werden mußte und weitere Reparaturen eine lange Wartezeit mit sich brachten, entstand unter der Crew eine gewisse Nervosität. Da Avery wußte, daß jeder Müßiggang auf einem Piratenschiff der Anfang aller Laster war, nutzte er die Spannung an Bord aus, um in den Besitz des Schiffes zu gelangen. »Long Ben«, wie er genannt wurde, inszenierte eine Meuterei an Bord, gewann die Mehrzahl der seelisch angeschlagenen Seeräuber für sich und nahm den Kapitän mit seinen wenigen Getreuen gefangen. Dann schob er diese mit einer Barke und etwas Lebensmitteln an Land ab. Avery ließ sich zum Kapitän ernennen und benannte die »Duke«, um seinem König zu gefallen, in »Charles II.« um.
Avery führte seinen ersten Coup gegen die Kapverdische Insel Mayo aus. Hier nahm er den portugiesischen Gouverneur so lange als Geisel fest, bis die Verproviantierung klappte. Dann ging die Fahrt nach der Küste von Guinea, wo ihm kurz vor seinem Eintreffen drei englische Handelsschiffe ins Netz gingen. Im Handumdrehen wechselten die Ladungen den Besitzer. Der Abstecher nach der Küste von Guinea erbrachte Avery etwas Gold und einige schwarze Sklaven. Um das Kap der Stürme herum erreichte »Long Ben« mit seiner Crew die Insel Madagaskar, vormals Lazarus-Insel geheißen und seit fast einem Jahrhundert ein begehrter Aufenthaltsort für gehetzte und nach Seelenfrieden suchende Piraten.

Kapitän Avery (Every), der »ungekrönte König« von Madagaskar, kehrte eines Tages nach seiner Heimat England zurück, wo er arm und verlassen starb. Weil er in der Anonymität lebte, glaubte man in England fest daran, daß Every in Saus und Braus auf Madagaskar lebte.

Rechte Seite:
Karte von Madagaskar: Von Madagaskar aus drangen Avery, Kidd und Misson, um nur die bedeutendsten Piraten zu erwähnen, nach Indien und nach der südarabischen Halbinsel vor, kontrollierten den Handel zwischen der Malabarküste und der ostafrikanischen Küste, brachten ihre Beute auf der Insel in Sicherheit und herrschten dort zeitweise als »ungekrönte« Könige.

Nach einer mehrwöchigen Entspannung segelte Avery zur Insel Sokotra, umschiffte das Osthorn von Afrika und kreuzte in der Meerenge von Aden, wo er auf eine Flotte aus Moka lauerte. Nach mehrtägigem Warten wurde Averys Geduld belohnt. Langsam segelte die Flotte heran. »Long Bens« Wahl fiel auf das prächtigste Schiff, die »Gaunsway«. Diese transportierte nicht nur vornehme islamische Pilger und Luxusgüter, sondern ebenfalls eine der formvollendeten Töchter des Großmoguls. Sie hatte in Mekka ihre religiöse Pflicht getan und befand sich auf dem Heimweg. Der Überfall auf die Flotte glückte. Avery führte die Schöne aus Indien und mit ihr eine reiche Beute nach Madagaskar, wo er sie heiratete und jahrelang das Leben eines indischen Krösus führte.

»Long Bens« Dreistheit forderte den Großmogul zum Vergeltungsschlag heraus. Weil er jedoch keines Piraten auf Madagaskar habhaft werden konnte, ließ er mehrere Faktoreien der englischen Ostindien-Kompanie zerstören.

Im Jahre 1696 hatte Avery das Schlemmerleben auf Madagaskar satt und segelte mit seiner Crew nach Boston. Als er sich dann hier nicht mehr so ganz sicher fühlte, fuhr Avery nach Nordirland, wo die unterwegs gemachte Beute aufgeteilt wurde und jeder seines Weges ging.

Zuerst versuchte »Long Ben«, seine Diamanten in Dublin loszuwerden. Doch fand er keinen Abnehmer. Von Dublin aus begab er sich nach dem Städtchen Bideford (Devon), wo er unter dem Decknamen eines biederen Kaufmanns aus Bristol ein eintöniges Leben führte. Über Mittelsmänner machte Avery erneut den Versuch, seine prachtvollen Diamanten zu verkaufen. Endlich interessierten sich einige Bristoler Kaufleute für Averys Zierstücke und nahmen sie zur Begutachtung mit nach

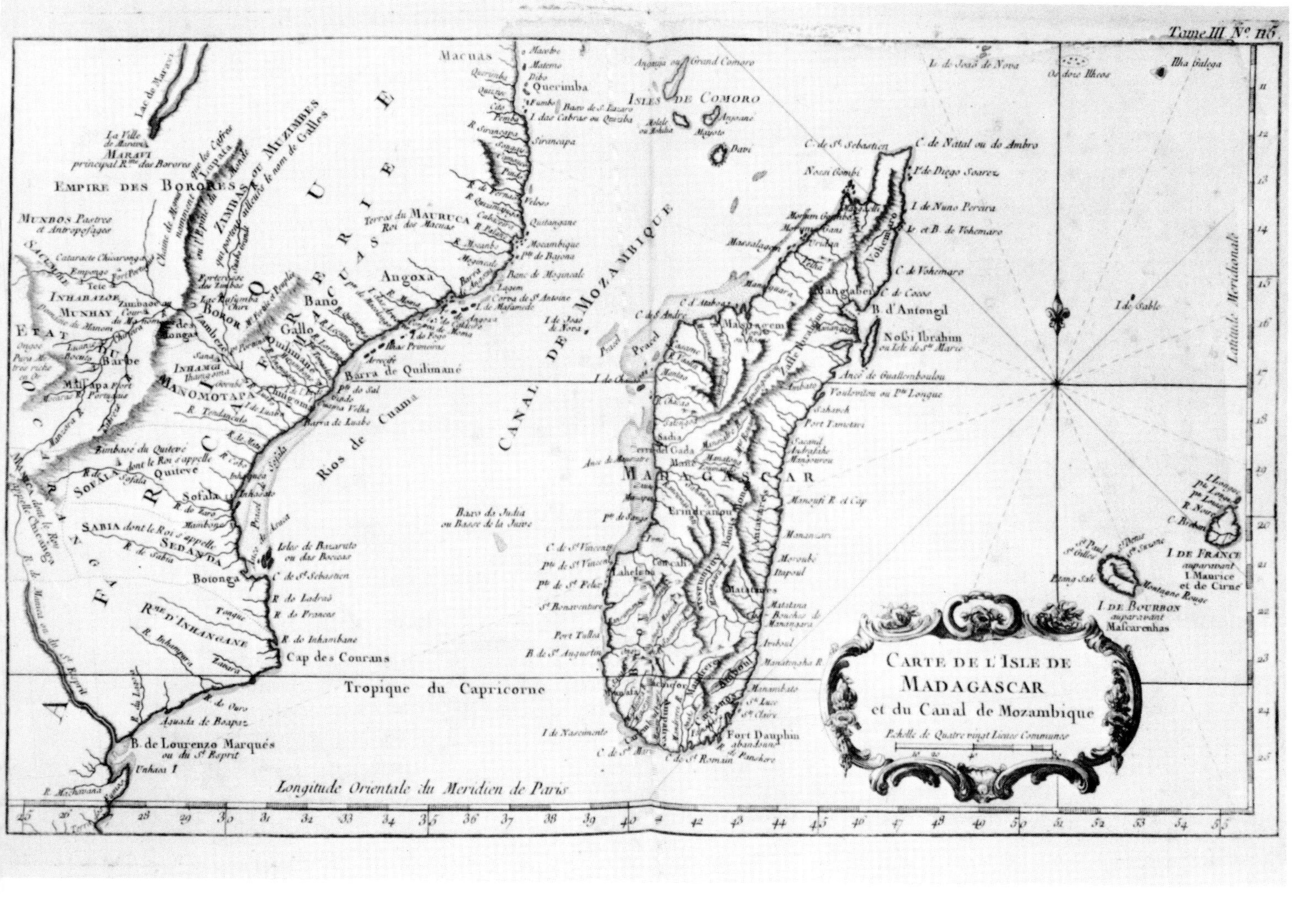

Hause, nachdem sie »Long Ben« einen kleinen Vorschuß gezahlt hatten. Doch die Herren aus Bristol zeigten sich mit den weiteren Zahlungen alles andere als überstürzt. Averys kontinuierliche Zahlungsaufforderungen honorierten sie jedesmal mit nur einigen Shilling, die knapp fürs Überleben reichten. Eines Tages wurde »Long Ben« krank und starb wie ein Armenhäusler. Jeder in England glaubte, daß Avery als »ungekrönter« König auf Madagaskar lebte. In Wirklichkeit hatte dieser nicht einmal Geld genug gehabt, um einen Arzt kommen zu lassen.
Avery alias Bridgman, des öfteren auch »Superpirat« genannt, war eine der populärsten Figuren in der Welt der Seeräuber im 17. Jahrhundert. Daniel Defoe verewigte ihn in seinem Buch »Leben, Abenteuer und Seeräuberei des Kapitän Singleton«, und ein von Charles Johnson geschriebenes Theaterstück über Averys Leben auf Madagaskar hatte im königlichen Theater von Drury Lane einen großen Erfolg.

William Kidd wurde um 1645 in Greendock, einem kleinen englischen Hafen, geboren. Sein Vater war kalvinistischer Geistlicher. Von seiner Mutter wurde Kidd streng religiös erzogen. Wer ihn aus dieser religiös-sittlichen Welt herausriß und ihm das Piratenhandwerk beibrachte, ist nicht bekannt. Während mehrerer Jahre segelte Kidd mit seinem Handelsschiff nach dem Golf von Mexiko und kaperte nur ab und zu ein Kauffahrteischiff. In New York besaß Kidd ein prachtvolles Haus und führte, wenn er zu Hause war, ein wohlanständiges Leben.
Dann kam das Jahr 1695, das für Kidds zukünftiges Leben von kapitaler Bedeutung war. König William III. von England gab seinem Gouverneur von Massachusets den Befehl, die Küste von Neu-England vom Piratengesindel zu säubern. Gouverneur Graf Bellmont beauftragte William Kidd mit dieser heiklen Unternehmung. Der König hatte höchstpersönlich die Einzelheiten dieser Aktion ausgearbeitet. Aus seinen Instruktionen ging u. a. hervor, daß einige Fachgrößen wie *William Maze, John Ireland, Thomas Too* (auch Tew) und *Thomas Wake* hinter Schloß und Riegel zu bringen waren. Das Unternehmen hatte jedoch von vorneherein einen Haken: Die Bezahlung hing von der Beute ab. Wenn die Beute mager war, dann gingen die Matrosen sozusagen mit leeren Händen aus. Die Ausrüstung der Expedition lag in den Händen einer Gesellschaft, an der Kidd mit einem Fünftel partizipierte. Außer ihm figurierten einige Seigneurs aus noblem Stall: Staatssekretär Lord Ronney, Gouverneur Bellemont, Kanzlerlord Somers und Lord Oxford als Teilhaber.
Nachdem Kidd mit seiner Flotte von New York in Richtung Neu-England ausgelaufen war, verzichtete er urplötzlich auf die Seeräuberjagd und nahm Kurs nach Madeira, wo er sich ausgiebig mit Trockenfisch und Wein verproviantierte. Von hier aus ging die Fahrt nach den Kapverden, wo frisches Wasser aufgetankt wurde und dann um das Kap der Stürme herum in Richtung Rotes Meer. Ende September 1697 kaperte Kidd ein arabisches Kauffahrteischiff, das lediglich einige Sack Kaffee, Tee und Bohnen mitführte.
Eines Tages geriet Kidd wegen einer Lappalie mit seinem ersten Artilleristen namens William Moore in Streit. Während des Disputs ergriff Kidd einen eisenbeschlagenen Holzeimer und traf seinen Kumpanen derart heftig am Kopf, daß dieser binnen kurzer Zeit verstarb.
Dieser Totschlag löste bei Kidd eine totale Veränderung in seinen zukünftigen Verhaltensweisen aus. Von nun an spielte Kidd den wahren Seeräuber. Am 27. November 1697 traf er auf das englische Handelsschiff »Maiden«, das er ausraubte. Wenig später machte er einen stattlichen Fang. Längs der Malabarküste segelte bedächtig der 500-Tonner »Quedagh Merchant«. Kidd enterte das Schiff und erbeutete eine Menge orientalischer Luxusgüter; Seide über Musseline bis hin zu Goldbarren wechselten den Besitzer. Weil die Ladung der »Quedagh Merchant« wegen Platzmangels auf Kidds Schiff nicht untergebracht werden konnte, entschied sich Kidd dafür, alles auf dieses Schiff zu laden und sein eigenes ins Schlepptau zu nehmen. Dann nahm er Kurs auf Madagaskar, wo ihm sein

in aller Welt gesuchter Freund und Pirat *Culliford* begegnete. Das Wiedersehen wurde mit einem Saufgelage und einem Schlemmeressen gefeiert, das angeblich drei Tage lang dauerte.
Im September 1698 verließ Kidd mit der »Quedagh Merchant« die Insel Madagaskar, umrundete das Kap der Stürme, überquerte den Atlantik und ging auf der kleinen Insel Anguilla (im nördlichen Bereich der Leeward Islands) an Land. Zu seiner und zur allgemeinen Bestürzung erfuhr Kidd hier, daß er und seine Crew wenige Wochen nach ihrer Abfahrt von New York zu Seeräubern erklärt worden waren. Um den Wahrheitsgehalt dieser Nachricht zu überprüfen, begab sich der Meisterpirat persönlich nach New York. Diese Fahrt sollte Kidds letzte sein. Graf Bellemont ließ Kidd sofort nach seiner Ankunft hinter schwedische Gardinen setzen. Im ehrwürdigen Old Bailey wurde ihm der Prozeß gemacht (1701). Der Totschlag des Artilleristen Moore war für die Festsetzung der Todesstrafe maßgebend. Das Urteil lautete: Tod durch den Strang wegen vorsätzlichen Mordes und Seeräuberei. Am 23. Mai 1701 wurde William Kidd am schauerlichen Ort, genannt Execution Dock, ins Jenseits befördert.
Kidd war einer der intelligentesten Piraten, die jemals in den mittelamerikanischen Gewässern operierten. Er war in Wirklichkeit nicht mehr Pirat als Gouverneur Graf Bellemont. Bei Kidd standen nicht der materielle Gewinn, sondern Ruhm und Ehre im Vordergrund.

Am 23. Mai 1701 wurde Kapitän Kidd zum Tode verurteilt und am »Execution Dock« gehängt. Sein in Teer getränkter Körper hing angeblich eine Woche lang am Galgen, um alle Spezi abzuschrekken.

*»Er war der Sanfteste, der je ein Schiff kaperte
und der einen umbrachte.«* *Lord Byron*

Misson, der Philosoph und Politiker der Piraten, stammte aus einer alten Adelsfamilie aus der Provence. Im Alter von 15 Jahren machte er das Abitur und tat sich besonders in der Mathematik hervor. Weil er vorhatte Soldat zu werden, schickte ihn sein Vater auf die Militärakademie nach Angers, wo Misson während eines Jahres einem strengen Drill unterworfen wurde. Nach der Lektüre verschiedener Reiseromane quittierte Misson die Armee, und mit Erlaubnis des Vaters ließ er sich auf dem königlichen Kriegsschiff »La Victoire« (Der Sieg) als einfacher Matrose anheuern. Während der Kreuzfahrt im Mittelmeer lernte der wißbegierige Misson so viel hinzu, daß der Kapitän ihn zum Offizier vorschlug. In Neapel angekommen, erlaubte ihm der Kapitän, Rom zu besuchen. In Neapel (oder in Rom) machte er die Bekanntschaft mit dem Gottesmann namens Caraccioli, an dessen freiheitlichen Theorien Misson Gefallen fand. Dann überredete Misson den Geistlichen, sein Ordenskleid abzulegen und mit ihm an Bord seines Schiffes zu gehen. Der Überredungskünstler Misson brauchte nicht lange, um den freiheitliebenden Dominikaner vom »Duft der großen Welt« zu überzeugen.
Zwei Tage nachdem sie mit der »Victoire« von Neapel in Richtung Nordafrika ausgelaufen waren, begegneten sie einem Piraten aus Salé. Während des kurzen, aber heftigen Seegefechts, wobei der Seeräuber aus Salé den kürzeren zog, bewiesen Misson und der Expriester, daß sie mit Pistole und kurzem Säbel wie wahre Meister umgehen konnten.

Die nächste Fahrt unternahmen die beiden Unzertrennlichen an Bord der »Triomphe«, eines Korsarenschiffes. Zwischen Guernesey und Start Point traf die »Triomphe« auf das englische Kauffahrteischiff »Mayflower«. Es bedurfte mehr als einer Stunde, um das Handelsschiff in ihre Gewalt zu bringen. Nach diesem Coup siedelten Misson und Caraccioli wieder nach der »Victoire« über. Unweit von Martinique entschied sich dann das Schicksal der beiden angehenden Seeräuber. Während des Enterns wurden alle Offiziere samt dem Kapitän, bis auf einen: Misson, getötet. Dies war für Misson das eindeutige Zeichen seiner Berufung zum Seeräuber-Kapitän. Er ließ alle Seeräuber der »Victoire« an Bord zusammenrufen und schlug ihnen während einer feurigen Rede vor, von nun an »ein Leben in Freiheit zu führen«. Alle bejahten Missons Vorschlag und erkoren ihn anschließend zum Kapitän. Nachdem er die weiße Flagge, anstatt der klassischen schwarzen, an Bord gehißt hatte, ernannte er seinen Kompagnon Caraccioli zum Leutnant. Dieser trat dann vor die Crew hin und erklärte ihnen, »daß sie keine Seeräuber seien, sondern Männer, die bewußt die von Gott den Menschen verliehenen Freiheiten verteidigten. Unsere Sache«, fuhr Caraccioli in seiner Ansprache fort, »ist gerecht und edel, sie ist eine Angelegenheit der Freiheit.«
Von La Rochelle aus nahm Misson dann Kurs auf Martinique. Auf der Höhe der Insel traf er auf ein englisches Kriegsschiff, die »Winchester«. Der Zweikampf endete damit, daß die »Winchester« explodierte. Eine zweite Begegnung fand in der Nähe der Insel S. Kitts statt. Das Schiff gehörte einem gewissen Thomas Buttler. Zu Buttlers größtem Staunen verlangte Misson einige Fässer Rum und ließ ihn dann weitersegeln. Von Martinique aus segelte Misson nach der westafrikanischen Küste, wo ihm der holländische Frachter »Nieuwstaat« aus Amsterdam in die Quere lief. Nach dem Entern stellte Misson fest, daß die Beute eigentlich recht mager war: Sie bestand aus 17 Sklaven und etwas Pulver. Misson ließ die Negersklaven befreien, denn er war ein entschiedener Gegner des Menschenhandels. Auf der Weiterfahrt umschiffte Misson das Kap der Stürme und ging auf den Komoren an Land. Auf Anjuan ließ Misson seine Kumpanen von ihren Strapazen ausruhen und heiratete

eine Schwester der Inselkönigin. Nach einem mehrwöchigen Aufenthalt auf den Komoren ließ sich Misson mit seinen Gesellen in der wunderschönen Bucht von Diego-Suarez auf Madagaskar nieder. Binnen einem Monat entstand hier eine Siedlung aus netten Holzhäusern, und Misson taufte die »Stadt« auf den Namen »Libertalia«. Seine Bewohner hießen fortan »Liberi«. Die Kolonie blühte durch mehrere reiche Prisen auf, und eines Tages stieß ein ehemaliger Bekannter von Misson, der gefürchtete amerikanische Seeräuber *Tom Tew*, zu den »Liberi«. Um sich untereinander besser verständigen zu können, ging Misson an die Ausarbeitung einer internationalen Sprache (so wurde ein Seeräuber zum Vorläufer des Esperanto!). Inzwischen war Libertalia so stark geworden, daß es keine Schwierigkeiten hatte, einen Angriff von drei portugiesischen Kriegsschiffen abzuschlagen. Eines Tages jedoch brach das Unglück über den »Staat« Libertalia herein. Als Misson und Tew sich auf einer Kaperfahrt im Arabischen Meer befanden, überfielen Hunderte von Madegassen die Kolonie und brachten alle Seeräuber um. Misson und Tew, die über den unverschämten Angriff und das Massaker erbost und traurig zugleich waren, beschlossen nun, nach Europa zu segeln und ihren Seeräuberberuf an den Nagel zu hängen. Zwischen Madagaskar und Ostafrika gerieten sie in einen Orkan, und Misson ertrank in den Fluten. Tew konnte sich noch retten, segelte dann mit einem kleinen gekaperten Schiff nach dem Roten Meer, wo er kurz darauf umkam.

Als im 18. Jahrhundert auf Madagaskar die Lichter für die Piraten ausgingen, hielt sich dort wohl eine Garnitur kleiner und großer Schurken, doch erlangte keiner von ihnen die Berühmtheit eines Kidd oder Avery. Dennoch seien vier von ihnen kurz ins historische Rampenlicht gerückt.
Edward England begann seine Karriere auf einer Schaluppe, die von Piraten gekapert wurde – England wurde Pirat. Als ihm die »Pearl« unter Kapitän *Taylor* ins Garn ging, wurden dieser und seine Mannschaft Piraten unter Englands Oberkommando. Nach diversen Kaperfahrten änderten Englands Piraten urplötzlich ihre Meinung, setzten England ab und wählten statt dessen Taylor zum Kapitän. England wurde auf der Insel Mauritius ausgesetzt. Taylor und seine Kumpane segelten nach der Malabarküste, wo sie durch Zufall einer englischen Kriegsflotte entgingen. Bei Ile Réunione ging ihnen das Schiff des Vizekönigs von Portugiesisch-Indien ins Netz. Die Beute war unermeßlich: 84 Diamanten verschiedener Größe. Taylor mußte aber mit dem französischen Piraten *La Buse* teilen, der ihm bei der Kaperung behilflich gewesen war. Nach einem Streit trennten sie sich wieder. La Buse ging vorerst nach Madagaskar, wurde aber 1724 auf Ile Réunione gehängt; Taylor ließ sich auf Kuba nieder.
Im Jahre 1720 kam *Christopher Condent* (oder Congdon) nach Madagaskar. Er war auf New Providence zur Persona non grata erklärt worden. Mit seiner »Flying Dragon« unternahm er einige erfolglose Kaperfahrten. Dann aber ging ihm ein arabisches Kauffahrteischiff ins Netz, das kostbare Werte von umgerechnet 5 Millionen Mark an Bord hatte. Mit dieser unermeßlichen Beute gelangte Condent nach der Ile Bourbon, wo er den französischen Gouverneur um Pardon bat, dessen Schwägerin heiratete und sein früheres Metier über Bord warf. Er lebte bis zu seinem Tode in Saus und Braus in Saint-Malo.
Nach dem Verschwinden der La Buse, Condent, England und Taylor verzichteten die übrigen Piraten auf Madagaskar auf Kaperfahrten und wurden seßhaft.

Die Seeräuberei im Orient

Die Malabarküste
Piratensyndikat der Angria
Malaiische Piraten

Längs der Malabarküste (monsuntropische SW-Küste von Halbinsel-Indien zwischen Goa und dem Südkap Indiens, Kap Comorin) machten die Piraten von Madagaskar im Laufe des 17. und des 18. Jahrhunderts Jagd auf indische Schiffe, die die Luxusgüter nach Persien und Mesopotamien transportierten. Es dauerte allerdings nicht lange, bis die Mahratten (Volksstamm in Vorderindien), wohl die turbulentesten Krieger in Indien, ebenfalls Geschmack an der Seeräuberei bekamen. Mit ihren flinken Schiffen, »baghah« genannt, die 200 bis 250 Tonnen verdrängten, kaperten sie sowohl die langsamen und plumpen Frachter der englischen, französischen und holländischen Ostindien-Kompanien als auch die Schiffe des Großmoguls. Der bekannteste von ihnen hieß *Konadji Angria*, der Ende des 17. Jahrhunderts im Süden von Bombay mit seiner Familie eine Art »Piratenstaat« aufrichtete. Konadji Angrias Flotte umfaßte 1698 über hundert Kriegsschiffe jeder Art, die in den drei befestigten Häfen Alibag, Severndroog und Vijaydroog stationiert waren. Angria rekrutierte nicht nur Mahratten, sondern ebenfalls Engländer und Holländer, die sich im Seeräuberhandwerk auskannten. Die Direktoren der europäischen Ostindien-Kompanien waren gegen ein solches Seeräubertum ohnmächtig. Die meisten von ihnen zahlten Angria eine hohe Summe, nur um in Ruhe gelassen zu werden.

Im Jahre 1715 jedoch bahnte sich eine Änderung in Angrias Piratenstaat an. Der neue Direktor der englischen Ostindien-Kompanie, Charles Boone, ließ Bombay befestigen und eine Flotte aufstellen. Aus ungeklärten Gründen entstanden innerhalb des Angria-Syndikats Streitigkeiten, und als Angria 1729 starb, ging es bergab mit der Piraterie längs der Malabarküste.

Konadji Angria hatte fünf Söhne hinterlassen, die sich um des Vaters Erbe stritten. Letztlich gelang es dem Gerissensten unter ihnen, *Tuladji*, die Führung an sich zu reißen. Tuladjis erstes Unternehmen bestand im Entern des englischen Schiffes »Restauration«, des besten Fahrzeuges von Bombay. Um den Handel England–Bombay einigermaßen aufrechtzuerhalten, mußten die Engländer dauernd vier bis sechs Kriegsschiffe in den Gewässern um Bombay herum stationieren. Im Jahre 1754 gelang es Tuladji, vier holländische Schiffe vor der Malabarküste aufzubringen. Die Beute war beträchtlich. Sie bestand vor allem aus Pulver und Kanonen, stets begehrte Objekte der Malabar-Piraten. Nach dieser Prise verlor Tuladji jedoch langsam an Boden. Im Jahre 1755 gelang es Kommodore William James mit einer Flottille von vier Schiffen, Tuladjis Hauptfestung, »Goldene Burg« genannt, zu beschießen und dann durch Marinesoldaten zu erstürmen. Wenig später fiel die Festung

Englisches Kriegsschiff im Seegefecht mit einer Flottille von Barken, die mit Seeräubern der Malabarküste bemannt waren und die dem berühmtesten indischen Piraten, Angria, unterstanden.

Cananor, Handelsstadt an der Malabarküste, gehörte, wie auch Goa, zum »Imperium« des Piraten Angria.

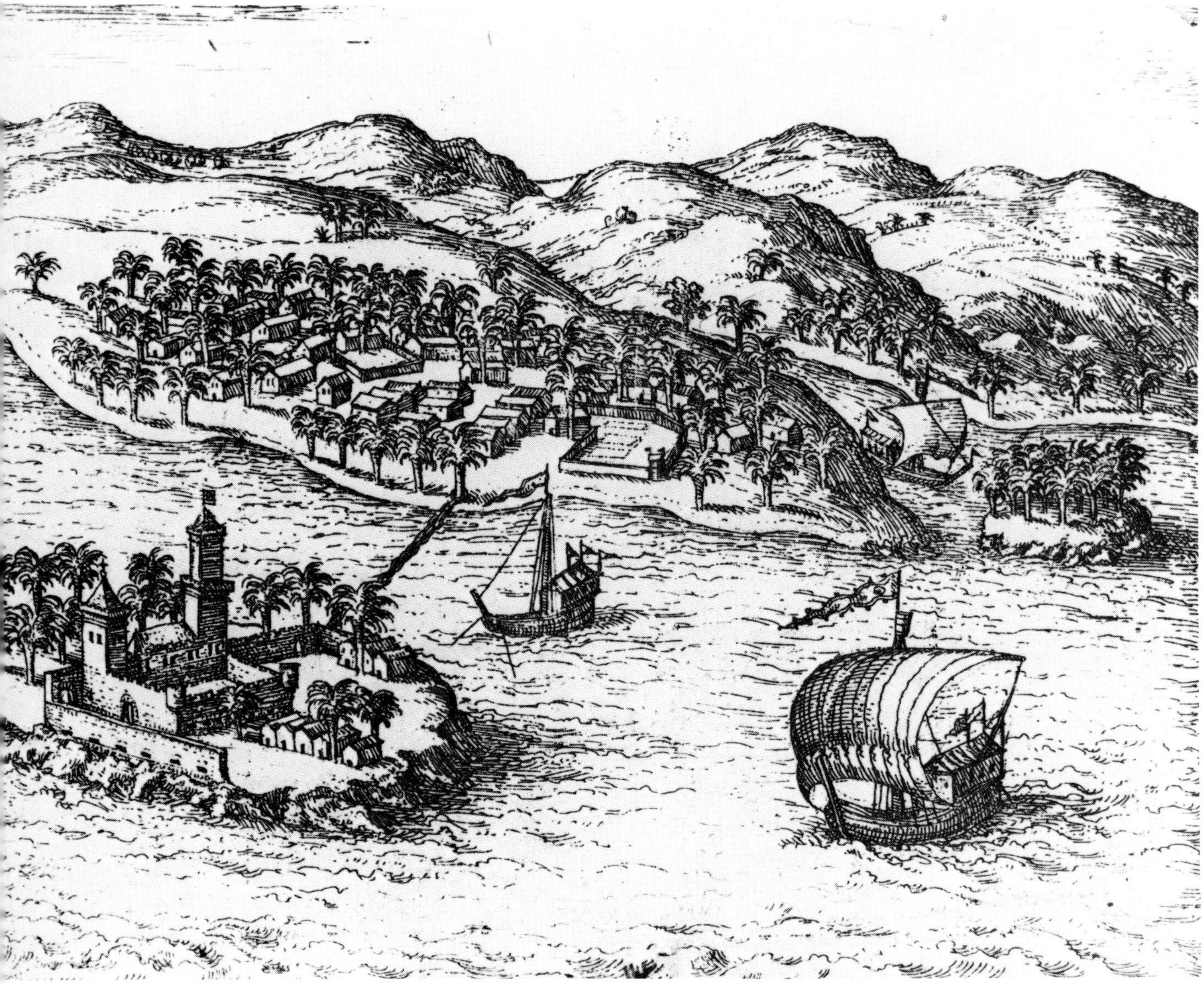

Severndroog ebenfalls in James' Hände. 1756 unternahm Robert Clive (der zukünftige Eroberer von Bengalen) einen schweren Angriff gegen Angrias Festung Gheria. Die Belagerung dauerte nur zwei Tage und eine Nacht lang. Tuladji ergab sich den Mahratten, und die Engländer behielten seinen Schatz, der immerhin auf 150 000 Pfund Sterling geschätzt wurde. Tuladjis Sturz vom »Thron« des Piratenstaates der Malabarküste machte dem Seeräubertum in dieser Gegend praktisch ein Ende.

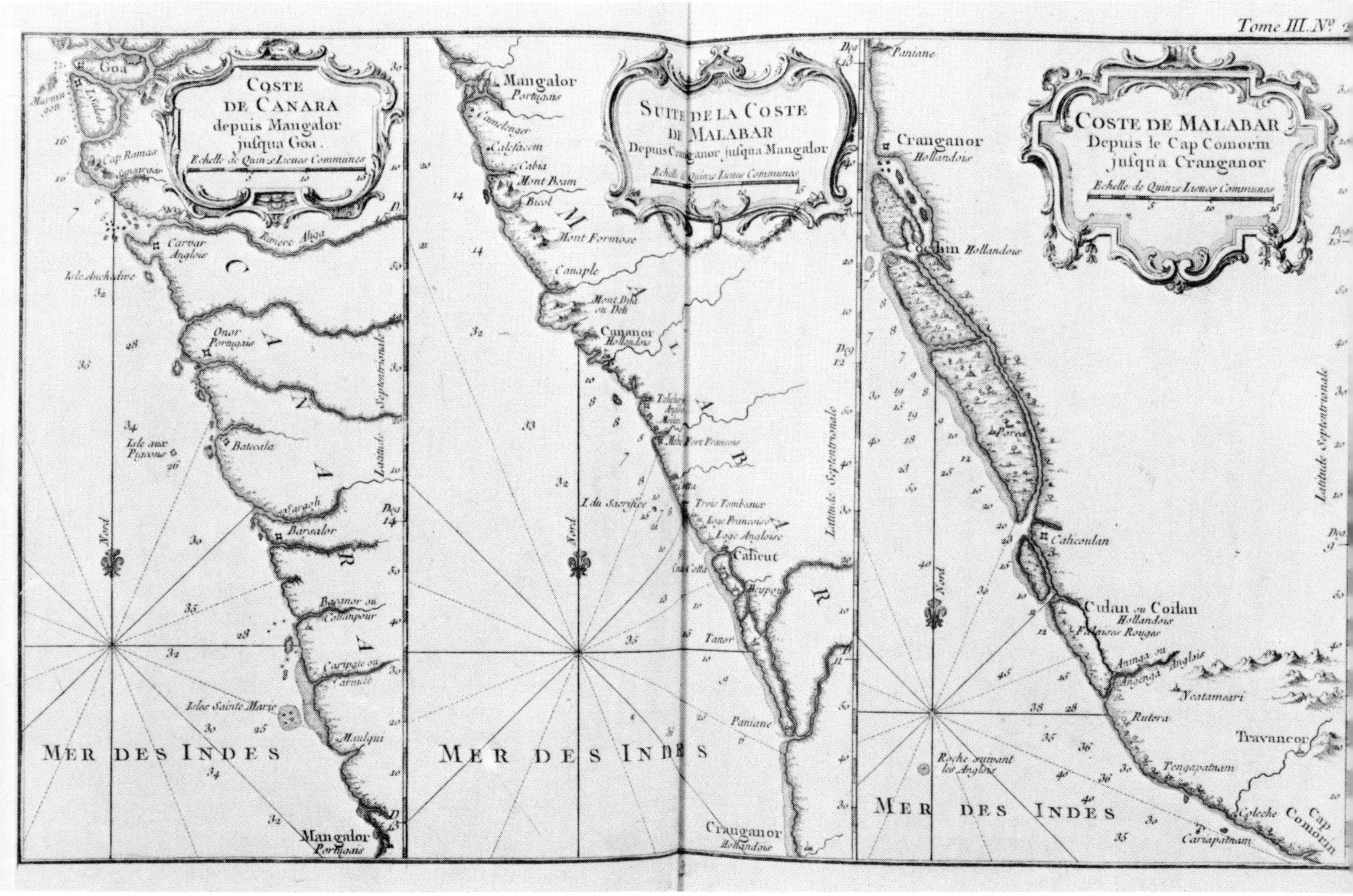

Karte von der Malabarküste: Jahrelang gehörte die Malabarküste sozusagen zum »Privatbesitz« der Angria-Piratendynastie.

Die Piratenküste

(auch Seeräuberküste genannt)

Im Laufe des 18. Jahrhunderts entstand an der Piratenküste (veraltete Bezeichnung für das Gebiet an der Südküste des Persischen Golfes auf der Arabischen Halbinsel östlich der Halbinsel Katar; es gehört heute zum Gebiet der Vereinigten Arabischen Emirate) eine mächtige Piraten-Konföderation. Diese Küste war vom Stamm der Djoasmis bewohnt. Die Djoasmis begannen mit ihren wendigen Schiffen, »dhaous« genannt, alle europäischen Schiffe in Rudeln anzugreifen, die sich im Arabischen Meer aufhielten. 1797 griffen sie sogar das schwerbewaffnete englische Kriegsschiff »Viper« an, das alle Mühe hatte, um den Piraten zu entkommen. Im Jahre 1804 brachten sie den Sultan von Oman um und machten sich zu den Herren des Golfes von Oman. Von nun an nahmen die Überfälle der Djoasmis auf englische Schiffe immer zu. Dann schlug der englische Kapitän David Seton, der in Maskat residierte, dem Sultan vor, eine Flotte zusammenzustellen, um die Djoasmis ein für allemal zu vernichten. Kapitän David Seton höchstpersönlich führte die Flotte gegen die Djoasmis an, besiegte sie in einem Seegefecht und zwang ihnen einen (allerdings illusorischen) Vertrag auf (1806). Zwei Jahre später begannen die Djoasmis von neuem, englische Schiffe zu kapern. 1808 versuchten sie, das englische Kanonenboot »Fury« zu überfallen und auszurauben. Dabei holten sie sich allerdings eine Niederlage. Ein Jahr später unternahmen die Engländer eine Expedition gegen Ras-el-Khima, die Hauptstadt der Piratenküste. Es gelang ihnen, im Hafen von Ras-el-Khima rund 50 Piratenschiffe anzuzünden. Noch aber war die Macht der Djoasmis nicht gebrochen. Im Jahre 1816 besaßen sie sogar die Keckheit, bis zur Malabarküste vorzustoßen und einige Siedlungen auszurauben.
Inzwischen war ihre Flotte auf 60 Kriegsschiffe, die mit Kanonen reichlich bestückt waren, angewachsen. Insgesamt soll die Zahl der Piraten an der Piratenküste 7000 betragen haben. Um dieser drohenden Gefahr ein Ende zu bereiten, entschloß sich London, endgültig zu handeln, denn die Piraten hatten sich inzwischen auf Überfälle von englischen Schiffen spezialisiert, die den Warenaustausch zwischen Moka und Indien bewältigten. Eine Flotte von acht Kriegsschiffen unter dem Kommando von Sir W. Grant Keir und mit 3000 Marinesoldaten an Bord segelte von Bombay nach Oman, wo der Sultan Seyyid Saud ebenfalls noch einige Schiffe zur Verfügung stellte. Es gelang Sir W. Grant Keir, die Flotte der Djoasmis zu vernichten und innerhalb von wenigen Wochen ihre Stützpunkte auszuheben. Von nun an spezialisierten sich die Djoasmis auf das Sklavengeschäft mit den Persern.

Die malaiischen Piraten

Als die spanischen Konquistadoren und Seefahrer sich im 16. Jahrhundert anschickten, den Pazifik zu erobern, hatten Grivalja, Alvarado, Lopez de Villalobos und Legazpi, um nur einige Spanier zu erwähnen, bereits mit den malaiischen Piraten zu tun. Auf Borneo, Sumatra, Mindanao, vor allem aber auf den Solorinseln (Inselgruppe der Kleinen Sundainseln) gaben sich zwei Rassen die Ehre, Piraten zu sein: die Malaien und die Dajaks. Wenn wir den spanischen Chroniken Glauben schenken können, dann raubten sie alles, was nicht niet- und nagelfest war, ob Mönch oder Glocke, erschlugen die Greise und Kranken und brannten nach ihrem Raubzug sämtliche Wohnungen nieder. Vor allem brachten sie die Greise, Kinder und Behinderten um, nahmen die Männer gefangen, um sie dann wieder gegen ein Lösegeld freizugeben, und bewahrten die Frauen für die Orgien auf. Nach der Völlerei verkauften sie dann die Frauen. Englischen Berichten zufolge soll der Frauenhandel der Malaien und der Dajaks bis nach Batavia floriert haben. Wenn das Lösegeld nicht rechtzeitig eintraf, dann amputierte man den Unglücklichen ein Ohr, eine Hand oder gar ein Bein und schickte es der Familie des Betreffenden. Erst dann, wenn kein Lösegeld zu erwarten war, wurde der Gefangene zu Tode gemartert.

Vor allem betrieben die Malaien und die Dajaks deshalb die Piraterie, um Köpfe zu sammeln. Besonders hoch eingeschätzt wurden die Köpfe der kraushaarigen Papuas. Hauptumschlagplatz für Köpfe und Sklavinnen war die Insel Sarangani im Süden von Mindanao. Die schönsten Mädchen jedoch konnten auf dem Sklavenmarkt von Batavia erworben werden. Sie wurden in der Regel von Chinesen gekauft, deren Gesetze ihnen verboten, Chinesinnen aus China nach Inselindien mitzunehmen.

Das malaiische Piratenschiff, »prahu« genannt, wurde durch Segel oder Ruder fortbewegt. Es gab welche, die bis zu hundert Ruderern zählten, mit einer Schiffsbrücke, wo bewaffnete Piraten während eines Angriffs in Stellung gingen, und die mit zwei Kanonen bestückt waren. Sobald die malai-

Malaiische Piraten werden in Vinh-Long, Kotchinchina (neuer vietnamesischer Name Nam Bo) hingerichtet.

Rechte Seite:
Gura, einer der bekanntesten malaiisch-indischen Piraten. Er spezialisierte sich auf das Kapern von reichen Handelsschiffen, die den Warentransport zwischen den Häfen am Persischen Golf und der Malabarküste betrieben.

ischen Piraten herausfanden, daß ihr Gegner ihnen überlegen war, ergriffen sie die Flucht. Im Jahre 1635 hatten die Spanier einen militärischen Stützpunkt angelegt, um den malaiischen Piraten das Handwerk zu legen. Zwei Jahre später zerstörte eine spanische Flotte den Hafen von Solor, das Hauptquartier der malaiischen Seeräuber. Weil die Spanier dann mit den Holländern im Pazifik in Konflikt gerieten, waren sie außerstande, die malaiischen Seeräuber zu bekämpfen, so daß das malaiische Seeräubertum im Laufe des 17. Jahrhunderts wieder einen ungeahnten Aufschwung bekam. Die Einnahme von Manila im Jahre 1762 durch die Engländer, die die Spanier im Pazifik ablösten, gab den malaiischen Seeräubern weitere Impulse, ihre Unternehmen auszuweiten. Diese wandten sich sowohl gegen spanische, englische und holländische Schiffe. Im Jahre 1814 schlug der britische Kolonialbeamte Sir Stamford Raffles (der Anfang des Jahres 1819 an der Stelle des mittelalterlichen Handelsplatzes Singapur eine Faktorei errichten ließ) der englischen Regierung zu London vor, Solor und Mindanao zu erobern, um die malaiischen Seeräubernester endgültig zu zerstören.

Der erste »Piraten-Prinz« (oder Herrscher) der malaiischen Seeräuber war ein gewisser *Raga*. Er terrorisierte während fast 20 Jahren die Makassarstraße zwischen Borneo und Celebes. Raga war im gesamten indonesischen Inselgewirr wegen seiner Kühnheit, Tapferkeit und Grausamkeit Gefangenen gegenüber bekannt. Nach dem Kapern eines Schiffes behielt er sich stets das Recht vor, den Kapitän des gegnerischen Schiffes zu töten. 1813 begann Raga eine großangelegte »Tournee« gegen die europäische Schiffahrt in den Gewässern um Borneo und Celebes. In diesem Jahr enterte Raga drei große englische Handelsschiffe und schlug den Kapitänen eigenhändig die Köpfe ab. Die eigentliche Lektion erteilten erst die Amerikaner dem »Piraten-Prinzen« im Jahre 1831, als sie den Spaniern die Philippinen abnahmen. Im September 1831 lag der Schoner aus Salem (Stadt in den USA) »Friendship« im Hafen Kuala Batu im Westen von Sumatra vor Anker, um eine Ladung Pfeffer aufzunehmen. Eines Tages fielen Eingeborene, die die Besatzung als friedliche Insulaner angesehen hatte, über das Schiff her und bemächtigten sich der gesamten Fracht. Mit Mühe konnte der Kapitän der »Friendship« mit einem Rettungsboot entkommen. Nach diesem Vorfall dampfte die »Potomac«, ein US-Kriegsschiff, von den Philippinen nach Kuala Batu, um die Piraten zu bestrafen. Im Sturm wurde der Hafen erobert und alle Piraten, ja Frauen und Kinder, die mit Verbissenheit auf seiten der Piraten jeden Fußbreit des Hafens verteidigten, wurden niedergesäbelt.

Zur gleichen Zeit hatten die Holländer in Inselindien manche Schwierigkeiten mit den Piraten, die immer wieder ihre Handelsschiffe angriffen und ausraubten. Gegen den Sultan der kleinen Insel Balabac im Norden von Borneo mußten die Holländer einen regelrechten Kriegszug unternehmen, um ihn außer Gefecht zu setzen. Nach dem Tod des Sultans übernahm seine Tochter, Ato Dato genannt (Dato = Großvater oder Häuptling), das Oberkommando über alle Piraten und Kopfsammler der Insel und unternahm erfolgreiche Raubzüge gegen die holländischen Siedlungen und Pflanzungen auf Sumatra. Was aus ihr geworden ist, wissen wir nicht.

Im Jahre 1842 gelang es dem Engländer James Brooke, Radscha von Sarawak (heute Teilstaat Ost-Malaysias, im Nordwesten der Insel Borneo) zu werden. Er war ein entschiedener Gegner der malaiischen Piraten. In den Jahren 1844 und 1849 unternahm er zwei Vernichtungsfeldzüge gegen sie, als sie die Mündungen der Flüsse Sarebas und Sakarran blockierten. Brooke gelang es, alle Piratenforts zu zerstören, ihre Schiffe aufzubringen und anzuzünden und die meisten Piraten zu fangen und hinzurichten. Weil die britische Regierung je Kopf eines Dajak-Piraten ein Pfund Sterling ausgesetzt hatte, war Brooke besonders darauf aus, so viele Köpfe wie nur möglich zu bekommen. Daraufhin notierte ein Abgeordneter des britischen Unterhauses, daß das sogenannte »head money« das britische Schatzamt immerhin eine halbe Million gute englische Pfund gekostet habe und daß es kaum der Mühe wert gewesen war, soviel englische Pfund auszugeben, um ein »paar dreckige Dajak-Köpfe zu bekommen«.

Im Land der aufgehenden Sonne und im Reich der Mitte

Yajiro, Vorkämpfer des Christentums
Koxinga, Eroberer Formosas
Frau Ching · Witwe Lo · Die Dame Lai Choi San

Während die chinesische Ostküste bereits im Altertum von See- und Flußpiraten unsicher gemacht wurde, gehörte das Mittelalter ohne Einschränkung den japanischen Piraten (»Wako« = jap. Pirat und Schiff). Als Kublai Khan im Jahre 1274 Japan nicht erobern konnte, wurden die japanischen Piraten im Japanischen Meer, im Ostchinesischen Meer und in der Formosastraße besonders aktiv. Sie fühlten sich dazu berufen, die Chinesen für den mißlungenen Mongoleneinfall zu bestrafen. Ihre Flotten waren sehr gut ausgerüstet und ihre Mannschaften stets kampfbereit. Alle japanischen Piraten trugen rote Uniformen und gelbe Zöpfe. Während des Kampfes trugen sie zwei Schwerter, in jeder Hand eines, und die chinesischen Piraten waren für sie kaum ernstzunehmende Gegner. Wenn den Japanern ein chinesischer Pirat ins Garn ging, wurde er ohne viel Federlesens geköpft. Wenn ein japanischer Pirat in chinesische Gefangenschaft geriet, wurde er in kochendes Wasser geworfen. Im 15. Jahrhundert dehnten sie ihre Kaper- und Raubfahrten sogar bis zur Malakkastraße aus und sollen auch bis in die Gegend der heutigen Stadt George Town (Malaysia) gekommen sein.
Im 16. Jahrhundert tauchten die Portugiesen mit ihren bewaffneten Karavellen im Golf von Bengalen auf. Ein japanischer Pirat namens *Yajiro* wurde sogar zum Vorkämpfer des Christentums in Japan. Während eines Kaper-Unternehmens machte Yajiro in Singapur halt, um dort frisches Wasser aufzutanken. Zur selben Zeit weilte Franz Xavier in Malakka und predigte dort die Lehre Christi. Yajiro ließ sich von Franz Xavier taufen und begleitete den großen Prediger 1549 nach Japan. Das Schiff, das den »Apostel Asiens« beförderte, hieß »Dschunke des Diebes«. Als Franz Xavier Japan verließ, ernannte er Yajiro zum Vorsteher der ersten Christengemeinde in Japan. Die portugiesischen Priester jedoch waren auf Yajiro derart eifersüchtig, daß dieser es vorzog, wieder Pirat zu werden. Er soll in einem Seegefecht mit chinesischen Piraten ums Leben gekommen sein.
Einer der ersten Portugiesen, denen es gelang, in das chinesische Hoheitsgebiet einzudringen, war *Simão Andrade*. Im August 1519 erreichte er Tamau. Andrade war Soldat und Pirat in einer Person. Nach chinesischen Quellen soll Andrade sogar kleine Kinder gekidnappt haben, um sie dann als Sklaven zu verkaufen. Ein anderer Portugiese, der Kapitän *Antonio de Faria*, soll sich nicht nur mit Überfällen auf chinesische Dschunken zufriedengegeben haben, sondern soll sogar einen Raubzug gegen die Kaisergräber unweit Pekings unternommen haben. Der bekannteste portugiesische »Seefahrer«, Chronist, Kaufmann, Romantiker und Pirat in einer Person hieß *Mendez Pinto*. Sein wohl

bedeutsamstes Piraten-Unternehmen bestand darin, daß er sich mit einem chinesischen Piraten verband, um dessen Rivalen von der Malabarküste auszuschalten. Ob Pintos Abenteuer der historischen Wahrheit entsprechen, muß dahingestellt werden.

Manchmal geriet ein europäischer Seefahrer in Gefangenschaft der chinesischen oder japanischen Piraten oder wurde umgebracht, wie der englische Arktisforscher John Davis. Er segelte im Dezember 1604 auf der »Tiger«, und das Schiff warf in Bintang, unweit von Singapur, Anker. Urplötzlich tauchte eine mit Japanern vollgepfropfte Dschunke auf, wobei es sich in Wirklichkeit um japanische Piraten handelte, die Schiffbruch erlitten hatten und sich auf dieser Dschunke in Sicherheit gebracht hatten. Die Engländer halfen den Schiffbrüchigen, wo sie nur konnten. Nach zwei Tagen jedoch überfielen diese japanischen Piraten die ahnungslosen Engländer, und Davis wurde durch einen Säbelhieb getötet. Endlich gelang es aber den Engländern, die Piraten zu besiegen und 25 von ihnen zu töten.

Der berühmteste chinesische Pirat des 17. Jahrhunderts jedoch war Cheng Cheng Kung, *Koxinga* genannt. Sein Vater, Cheng Chi Lung, hatte es in Macau zu einem ansehnlichen Vermögen gebracht und eine reiche Japanerin namens Tagewa geheiratet. Aus dieser Ehe entsproß Koxinga im Jahre 1623. Cheng Chi Lung stellte eine Flotte zusammen und verlegte sein Hauptoperationsgebiet in die Formosastraße und ins Südchinesische Meer. Als die Ming-Dynastie von den Mandschu hart bedrängt wurde, rief sie Cheng Chi Lung zu Hilfe. Als die Mandschu dann von Cheng Chi Lung geschlagen wurden, trat er unverhofft mit den Mandschu in Verhandlungen, um als Kaiser von Süd-

Karte von Formosa: Tummelplatz der ostasiatischen Piraten. Hier trieben alle berühmten Piraten von Koxinga bis zu Frau Lo ihr Unwesen.

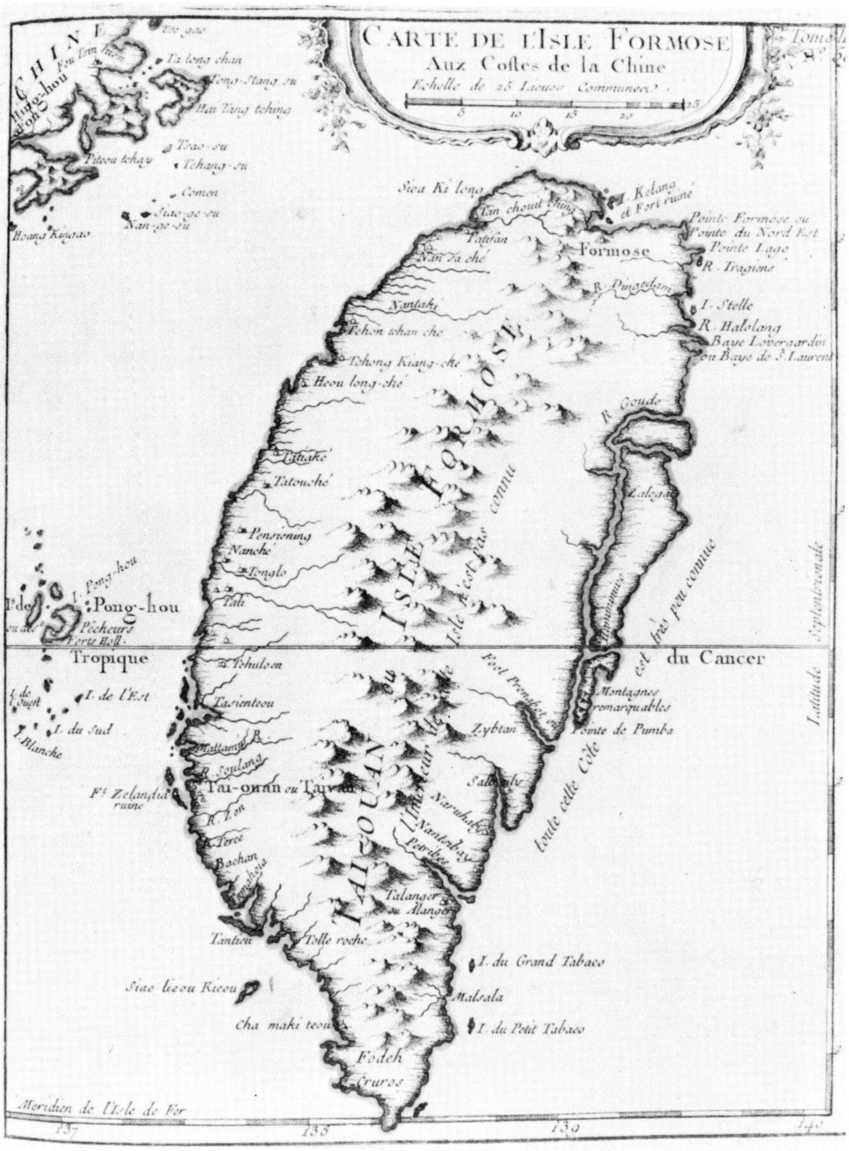

Linke Seite: Piraten töten einen Gefangenen.

Sofala: Japanische und chinesische Piraten wagten sich manchmal gegen die Stadt Sofala an der Südostküste Afrikas, um sie zu plündern.

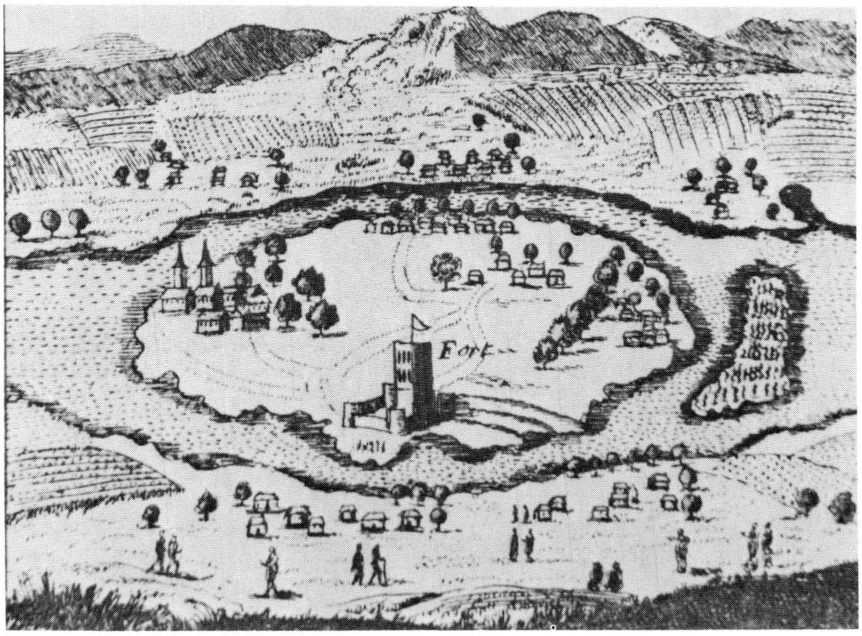

china anerkannt zu werden. Sie gingen auf Cheng Chi Lungs Angebot ein und luden ihn nach Peking ein. Hier wurde er ermordet.
Nunmehr übernahm Koxinga die Leitung der väterlichen Piratenflotte und führte im Einvernehmen mit den Ming einen unerbittlichen Kaperkrieg gegen die Mandschu. Während mehr als 20 Jahren machte Koxinga Jagd auf die Schiffe der Mandschu-Dynastie, überfiel die Küstendörfer und raubte sie aus.
Im Jahre 1661 wandte er sich gegen die Holländer. Mit angeblich 600 Schiffen jeder Art (in der Mehrzahl wohl Dschunken) griff er das holländische Fort Zeelandia auf Formosa an. Während neun Monaten leisteten die Holländer erbitterten Widerstand, mußten dann aber wegen Lebensmittelmangels kapitulieren. Koxinga konnte jedoch seinen Ruhm nicht mehr lange genießen. Er starb bereits ein Jahr nach der Einnahme von Fort Zeelandia und nach der Besetzung von ganz Formosa. Nach seinem Tod wurde Koxinga zum Nationalhelden der Chinesen erhoben. Sein Sohn Cheng Ching trat die Nachfolge an. Für die meisten Chinesen war die Seeräuberei eine Art Patriotismus, besonders wenn es darum ging, die Europäer zu schädigen.

Die chinesische Seeräuberei schien sich auch im Laufe des 18. und 19. Jahrhunderts kontinuierlich entwickelt zu haben, denn wir wissen, daß zwischen 1804 und 1850 eine Frau namens *Ching* das Zepter über die chinesischen Piraten schwang. Ihr Mann war Admiral über sechs chinesische Flotten gewesen, und er kam in einem Taifun in der Formosastraße ums Leben. Im Jahre 1809 übernahm sie den Posten ihres Mannes, ließ sich als Admiral bestätigen und machte über zehn Jahre lang die gesamte chinesische Küste unsicher. Auf ihren Schiffen verlangte sie von den Besatzungen strikte Disziplin. Wer sie nicht einhielt, wurde ohne Gerichtsurteil geköpft. Frau Ching war ebenfalls eine sehr tüchtige Geschäftsfrau. Die gesamte Beute wurde stets sorgfältig in einem Warenlager registriert. Im übrigen vermied Madame Ching die Bezeichnung »Beute«. In ihren Instruktionen war stets die Rede von »übernommenen Gütern«.
Frau Chings Flotte umfaßte (angeblich) 500 Schiffe jeder Art. Verschiedene von ihnen waren mit 25 Kanonen bestückt. Insgesamt sandte der chinesische Kaiser Hsüan Tsung vier Flotten gegen Frau Ching, die alle in Grund und Boden gebohrt wurden. Dann wandte sich Hsüan Tsung an die Engländer und Portugiesen, um Frau Ching das Handwerk zu legen. Die Engländer jedoch lehnten jede Kooperation in dieser Sache ab. Als der Kaiser dann einsah, daß er mit militärischen Mitteln Frau Ching nicht schlagen konnte, versuchte er es mit Versprechen. Was nun aus Frau Ching wurde, wissen wir nicht genau. Verschiedenen (chinesischen) Quellen zufolge soll sie ein Schmuggler-Unternehmen aufgebaut haben; anderen Quellen zufolge soll sie einen Gouverneur geheiratet und ihren »Beruf« an den Nagel gehängt haben. Die meisten Piraten von Frau Ching traten in die chinesische Armee ein. Nur ein Kapitän, »Nahrung der Kröten« genannt, floh nach den Philippinen. »Darnach war es an der chinesischen Küste ruhig«, heißt es in den kaiserlichen Hofchroniken, »die Piraten verkauften ihre Waffen, die jetzt keinen Nutzen mehr hatten, und kauften landwirtschaftliche Geräte und Ochsen dafür.«
Die sogenannte Ruhe dauerte jedoch nicht lange. Im Jahre 1843 besetzten die Engländer im Opium-Krieg Hongkong. Der Erste Opiumkrieg dauerte von 1840 bis 1842 und der zweite von 1856 bis 1860). Kurz darauf überfielen die chinesischen Piraten den Beamten, der für die Verwaltung des Hafens zuständig war, schnitten ihm die Ohren ab und verlangten 60 000 Pfund Sterling Lösegeld. 1848 rüsteten die Engländer eine Flotte aus, um die Piraten auszurotten. Der bedeutendste Piraten-Kapitän *Shap-ung-Tsai* floh nach China, nachdem Sir John Hay über 40 Piraten-Dschunken vernichtet hatte. Sein Nachfolger, *Chui Apu*, wurde ebenfalls von Hay geschlagen und nahm sich das Leben. Die Seeräuberei ging von nun an in kleinerem Stil weiter. Von 1866 an machte der ener-

gische Gouverneur von Hongkong, Sir MacDonnel, systematisch Jagd auf die chinesischen Piratenschiffe. Gegen Ende des 19. Jahrhunderts schien es dann im chinesischen Raum endgültig mit der Seeräuberei vorüber zu sein, so hatte man jedenfalls angenommen!

Um 1921 tauchte eine zweite »Dame Ching« auf: es handelte sich um die Witwe namens *Lo*. Sie hatte von ihrem verstorbenen Mann ein Piraten-Unternehmen geerbt und führte es unter eigener, straffer Regie weiter. Sie operierte in der Gegend von Pakhoi.

Malacca: Umschlagsort der japanischen und chinesischen Piraten für ihre geraubten Waren.

Das Zentrum der chinesischen Piraten aber lag zwischen Quemoy und Hai Nan. Der größte Piratenhorst hieß Bias, rund 100 Kilometer östlich von Hongkong entfernt. Die Piraten wandten eine ganz neue Technik an, die zwar wenig Kapital, aber ein perfektes Nachrichtensystem erforderte. Sie transportierten chinesische und besonders europäische Passagiere längs der chinesischen Küste. Sobald das Schiff auf hoher See war, wurden auf ein Zeichen hin alle Passagiere mit vorgehaltenem Revolver ausgeraubt, und der Kapitän wurde gezwungen, sein Schiff nach ihrem Piratennest zu steuern. Hier wurden die Waren dann »umgeladen«, und das leere Schiff konnte wieder abdampfen. Als die Kapitäne dann besondere Maßnahmen zum Schutz gegen die Piraten erließen, nahmen die Überfälle rapide ab. Zwischen 1921 und 1930 wurden noch mehrere Fälle von Piraten-Akten zwischen Quemoy und Hai Nan gemeldet.

Um 1930 tauchte eine dritte »Frau Ching« auf: *Lai Choi San* (chin. »Berg des Glücks« oder »Berg des Schicksals«). Sie »besuchte« ab und zu die Bucht von Bias und raubte die dort vor Anker liegenden Schiffe aus. Der letzte Piratenakt in den chinesischen Gewässern fand 1951 statt. Chinesische Piraten (ob sie aus dem kommunistischen China oder aus Formosa stammten, kann bis heute niemand genau sagen) griffen den englischen Dampfer »Hupeh« an, zwangen den Kapitän, sie an Bord zu lassen, und ließen sich mit Tee bedienen. Während die einen seelenruhig mit den Offizieren ihren Tee tranken, raubten die anderen die übrigen Besatzungsmitglieder aus. Als dann das Bordradio ein neuseeländisches Kriegsschiff auf den Schauplatz rief, nahmen die Piraten Reißaus. Seitdem ist es in den chinesisch-japanischen Gewässern von Piraten ruhig.

Der Flibustier Jean Lafitte

Der »letzte Große« der französischen Flibustiers
Er finanzierte Karl Marx' »Kapital«

Wo und wann Jean Lafitte, wohlhabender Kaufmann, Flibustier, Sklavenhändler und Spion in einer Person, geboren wurde, wissen wir nicht genau. Auch sein Lebensende ist von Legenden umsponnen. Die einen glauben, er sei in Bayonne, die anderen meinen, er sei in Saint-Malo geboren worden. Den letzten Nachforschungen zufolge dürfte er in der Gegend von Bordeaux das Licht der Welt erblickt haben. Wenn wir einem anonymen Dokument Glauben schenken können, dann entstammte Jean Lafitte einem wohlhabenden Kaufmannsgeschlecht. Bereits im Alter von 16 Jahren fuhr er auf einem Kauffahrteischiff mit, das seiner Familie gehörte und die lukrative Geschäfte mit den »Senors de Enghengos (Zuckermühlen-Herren) auf Santo Domingo betrieb. Während einer Rückfahrt von Santo Domingo nach Frankreich – er hatte eben im Alter von 20 Jahren geheiratet – soll er von einem spanischen Kriegsschiff aufgebracht worden und mit seiner jungen Frau auf einer Insel im Atlantik (welche, ist nicht bekannt) ausgesetzt worden sein. Ein US-Kriegsschiff soll ihn und seine Frau dann nach einem fast 20tägigen erzwungenen Aufenthalt gerettet haben. Nach dem Tod seiner Frau, die an den Strapazen dieses Raubüberfalls starb, entschloß sich Jean Lafitte, seine vormals in kleinem Stil durchgeführten Kaperfahrten wiederaufzunehmen.

Diesmal jedoch hatte Lafitte vor, einmal ganz groß ins Flibustier- und Sklavengeschäft einzusteigen. Vorerst ließ er sich auf der Insel Guadeloupe, Insel im Bereich der Leeward Inseln, nieder. Im Jahre 1635 hatten die Franzosen die Insel besetzt und alle Kariben abgeschlachtet. Bis 1816 wechselte die Insel im Verlauf der europäischen Kriege zwischen England und Frankreich mehrmals den Besitzer, und seither ist Guadeloupe französisch. Als die Engländer dann Guadeloupe besetzten, begab sich Lafitte mit seinen Gesinnungsgenossen nach Cartagena, der ersten Stadt des Vizekönigreiches Neugranada, die sich am 11. November 1811 für selbständig erklärt hatte (Republica de Cartagena).

Lafitte jedoch blieb nicht in Cartagena, obwohl ihm die Behörden anstandslos einen Kaperbrief ausgestellt hätten. Er wußte, daß die »Republica de Cartagena« keinen politischen Bestand haben konnte – 1815 gelang es dem spanischen General Pablo Morillo, die Stadt wieder einzunehmen, und 1821 wurde sie endgültig befreit – und siedelte nach Louisiana über, wo er sich an der noch unerforschten Küste unweit von New Orleans niederließ.

Im Jahre 1812 war das Land als 18. Staat in die Union aufgenommen worden. Noch aber war Louisiana nicht erschlossen. In den küstennahen Marschenstreifen mit Schilf, Riedgras und Binsen, in den Salzmarschen mit Spartina und in den periodisch oder dauernd überschwemmten Teilen des

Deltas mit Zypressen, Sumpfzedern und Tupelobäumen tummelten sich »Coureus de Bois« (Waldläufer), Filous, kleine und große Schurken und dubiose Händler. In dieser Halbwelt, an der Lafitte Gefallen zu haben schien, trat er als betuchter Bourgeois auf, besaß zahlreiche Sklaven und eine große Schmiede. Ihm zur Seite stand sein Bruder Pierre Lafitte, der ihm beim Sklavengeschäft behilflich war. Lafittes Hauptsitz befand sich auf der kleinen Insel Barataria, westlich von der Mündung des gewaltigen Mississippi-Stromes. Binnen kurzer Zeit hatte der Gentleman aus Bordeaux eine Art »Flibustier-Staat« in Miniatur auf der leicht zu verteidigenden Insel Barataria aufgebaut. Nach Barataria kamen und gingen Dutzende von Flibustiers, die einen Kaperbrief der Republik Kolumbien in der Tasche hatten, Schmuggler, die hier ihren Rum absetzten, Spieler, Sklavenhändler und sonstige Abenteurer. Um in diesem Milieu Ordnung zu schaffen, bedurfte es einer starken Persönlichkeit. Jean Lafitte brachte es mit Geschick und Zwang zugleich fertig, die verkrachten Existenzen auf Barataria zu »regieren«.
Im Jahre 1812 wurde die Nordgrenze des Staates Louisiana zum Territorium Mississippi revidiert, und 1819 legte das spanisch-amerikanische Abkommen die noch heute gültige Westgrenze des Staates fest. Dann strömten die Siedler nach dem neuen Staat. Im Jahre 1821 veröffentlichte der erste Gouverneur von Louisiana, Clairborne, eine feierliche Bekanntmachung, die die Bürger aufforderte, den Staat endlich von dem Satansgelichter von Barataria zu befreien. Clairbornes Aufforderung jedoch nutzte überhaupt nichts. Nach wie vor kamen die Flibustiers von Barataria nach New Orleans, gaben ihr Geld in den Luxusrestaurants und Freudenhäusern aus und nahmen Bestellungen entgegen. In New Orleans war kaum jemand gewillt, dem jungen amerikanischen Staat Steuern und Zoll zu zahlen. Jeder Handel, ob mit Rum, Sklaven oder Luxusgütern, lief über Lafittes Barataria. Sogar aus Boston, Philadelphia und New York gaben ehrbare Herren ihre Bestellungen an Barataria auf. In Barataria wurden die Prisen öffentlich versteigert, und in New Orleans wollten die Bürger dieses günstige »Einkaufszentrum« nicht missen.
Im Januar 1813 machten sich einige mutige amerikanische Zollbeamte nach Barataria auf, um die Flibustiers dort zur Abgabe eines Zolls zu bewegen. Sie wurden kurzerhand umgebracht. Hierauf forderte der Gouverneur die Repräsentanten des Staates auf, eine militärische Aktion gegen die Gauner von Barataria zu unternehmen. Diese lehnte jedoch einen Kriegszug – vermutlich auf den Druck einflußreicher Bürger aus New Orleans hin – gegen die »Baratarier« ab, weil sie ihn für nutzlos hielten. Als dann die Herren Kongreßabgeordneten in Washington von der Dreistheit der Brüder Lafitte hörten, schickten sie den jungen und kecken, aber in Sachen Politik und Verwaltung unerfahrenen Distriktanwalt John Randolph Grymes nach New Orleans, damit dieser nach dem Rechten sah. Er ließ die Brüder Lafitte unverzüglich vor Gericht laden, doch die Lafittes kamen nicht. Und das Resultat: Sir Grymes ließ Jean und Pierre Lafitte zur Bezahlung von 12014 Dollar (und 50 Cents) innerhalb von 24 Stunden verurteilen. In New Orleans lachte jeder über Grymes »Aprilscherz« (das Urteil war in der zweiten Aprilwoche gefällt worden). Dann erließ Grymes einen Haftbefehl gegen die Lafittes. Auch diese Maßnahme war ein Schlag ins Wasser. Ein halbes Jahr später, am 24. November 1813, ließ der Gouverneur verkünden, daß demjenigen eine Belohnung von 500 Dollar winke, der die Rechtsbrecher Lafitte (und andere) dem Sheriff von New Orleans (oder einem anderen Sheriff von Louisiana) überbringe. Einen Tag später ließ Jean Lafitte in seiner »Republik Barataria« verkünden, daß er demjenigen die Summe von 5000 Dollar persönlich aushändige, der ihm Gouverneur Clairborne ausliefere.

Im Juni 1813 tauchten zwei bewaffnete englische Schaluppen vor Barataria auf und versuchten die Insel zu erobern. Lafittes Kumpane jedoch schlugen sich so tapfer, daß die Engländer unterlagen. Clairborne eröffnete dann ein Gerichtsverfahren gegen den füchsischen Jean Lafitte; doch der An-

Jean Lafitte, der letzte »große« Flibustier der Antillen und Herr der »Republik« Barataria.

Rechte Seite oben:
Das englische Paketboot unter dem Kommando von Kapitän Fleyn wird durch das Kaperschiff aus Zierikzee »de Goede Verwachting« überwältigt.

Rechte Seite unten:
Seetreffen zwischen Kapitän Jarry mit dem Vlissinger Kaperschiff »de Vlissinger« und englischen Geleitschiffen. Oktober 1782.

Der bekannte französische Korsar Robert Surcouf beim Entern eines englischen Schiffes. Er erblickte 1773 das Licht der Welt in Saint-Malo und begann seine große Seeräuberkarriere bereits im Alter von knapp 20 Jahren. Am 7. Oktober 1800 kaperte Surcouf den Ostindienfahrer »Kent«. Dann setzten die Engländer eine Kopfprämie von rund 100 000 Pfund auf Surcouf. Es war dies die höchste Prämie, die je für einen Korsaren ausgesetzt worden war. 1804 ernannte Bonaparte den Korsaren zum Ritter der Ehrenlegion und überreichte ihm einen Ehrendegen. Neben Jean Bart und René Duguay-Trouin ist Surcouf der gefeiertste aller französischen Korsaren.

geklagte ließ die besten Rechtsanwälte der Stadt gegen den Gouverneur vor Gericht antreten. Der Prozeß wurde eingestellt. Jeans Bruder Pierre jedoch war verhaftet worden, wurde aber nach wenigen Wochen wieder auf freien Fuß gesetzt.
Am 3. September 1814 erschien vor Barataria ein englischer Zweimaster mit E. Nicholls, Oberstleutnant zur See und Kommandant der in den Gewässern von Florida stationierten britischen Einheiten. Das Königreich England stand mit den jungen nordamerikanischen Staaten in kriegerischen Verhältnissen. E. Nicholls sandte an Lafitte folgende Botschaft:
»Ich bitte Sie, ebenfalls ihre tapferen Mitstreiter, in den Dienst Großbritanniens zu treten, wo Sie den Rang eines Kapitäns erhalten.« Des weiteren versprach Nicholls im Namen seines Herrschers zu London, Georgs III., Lafitte Ländereien und 30 000 Dollar. Dann aber kamen die Forderungen der Engländer: Lafittes Schiffe mußten unter englisches Oberkommando gestellt werden. Falls Lafitte jedoch ablehne, dann werde Barataria unverzüglich zerstört. Ein solches Angebot mußte einen unabhängigen und überaus stolzen Mann wie Lafitte auf die Palme treiben. Doch bat er Nicholls' Abgesandten, ihm eine mehrtägige Bedenkzeit zu geben. Lafitte schrieb dann an Gouverneur Clairborne

einen Brief und bot ihm seine Dienste an. Clairborne aber lehnte Lafittes Angebot rundweg ab. Dann ließ der Gouverneur unverzüglich amerikanische Truppen gegen Barataria antreten, um das Flibustier-Nest zu zerstören. Zahlreiche Flibustiers wurden getötet oder gefangengenommen; Lafitte konnte sich jedoch mit einigen Kumpanen nach den Sümpfen von New Orleans retten.
Nach diesem Angriff auf Barataria traf General Jackson in New Orleans ein. Dieser alte Kämpe hatte den militärischen Wert der Flibustiers von Barataria erkannt und brandmarkte die Aktion des Gouverneurs gegen die Insel. Jean Lafitte nahm all seinen Mut zusammen und begab sich in Person zu General Jackson, der den Einwohnern von New Orleans deutlich zu verstehen gegeben hatte, daß er die »Leute von Barataria nicht als Flibustiers oder Banditen« ansehe. Jackson nahm Lafittes Angebot, gegen die Engländer zu kämpfen, ohne Bedenken an. Dreimal traten die Engländer unter ihrem Befehlshaber General Sir Edward Palkenham gegen New Orleans an. Dreimal wurden sie zurückgeschlagen. Das Verdienst hatten die Flibustiers unter Lafitte und zwei alte erfahrene Kanoniere, die französischen Seeräuber *Beluche* und *You*. Jackson pries »die Tapferkeit, den Mut und die Treue der Baratarier« im Kampf gegen die englischen Eindringlinge, und der Präsident der Vereinigten Staaten gewährte den Flibustiers von Barataria Pardon.
Es dauerte nicht lange, bis sich der angesehene Kaufmann Jean Lafitte langweilte. Von Barataria siedelte er nach Galveston über, das zu dieser Zeit knapp einige hundert Einwohner zählte und erst 1841 von einer Gründungsgesellschaft als Stadt angelegt wurde. Doch konnte sich der ruhelose Lafitte nicht mehr richtig akklimatisieren. Er segelte noch mehrere Male im Golf von Mexiko unter mexikanischer Kommission, doch dürften die Prisen sehr mager ausgefallen sein. Darnach kann Lafittes Existenz kaum noch nachgewiesen werden. Obschon der amerikanische Historiker Stanley Clisby Arthur eilfertig (und vergeblich) versuchte, Lafittes Leben nach Barataria historisch nachzuweisen, tappen wir im dunkeln. Lafitte soll in Brüssel Marx und Engels kennengelernt haben, und Marx, von dem wir nicht einmal wissen, wie viele Zeilen er von seinem »Kapital« geschrieben hat, eine ansehnliche Summe zum Druck seiner Abhandlung über den Kapitalismus angeboten haben. Die einen lassen nun Jean Lafitte in der Steppe des Yucatan umkommen, die anderen wollen ihn im Kampf gegen einen britischen Schoner sterben sehen. Bislang fehlen alle hieb- und stichfesten Beweise zu Lafittes Todesjahr und Todesursache.

Kaperschiff aus Zierikzee unter dem Kommando des Kapitäns J. W. Sextech überwältigt ein englisches Kauffahrteischiff am 22. November 1782.

Stattliches Kauffahrteischiff auf hoher See. Solche Schiffe, mit Waren jeder Art beladen, wurden leicht die Beute der wendigen Piratenschiffe.

Schlußfolgerung

Die Seeräuberei und die Geschichte
Kaperei im Sezessionskrieg
Felix Graf von Luckner · Bernard Rogge
Hauptmann Galvâo

Die sogenannte »Hochkonjunktur« oder »Hochblüte« der Seeräuberei lag ohne Zweifel im 17. und 18. Jahrhundert und geographisch in der Karibik.
Im 19. Jahrhundert hatten die »Desperados«, wie die Spanier die Seeräuber nannten, keinen Platz mehr in der Gesellschaft. In Europa waren die Söldnerkriege längst vorbei, und die Fabriken hatten die Masse der Erwerbstätigen aufgefangen. Die Staaten hatten sich nach innen gefestigt. Auf Madagaskar hatte König Radama I. (1800–1820) einen Staat nach europäischem Vorbild errichtet, und Seeräubertypen wie Kidd und Avery wurden hier nicht geduldet. Die Karibik war fest in französischer und englischer Hand, und im Norden vom Golf von Mexiko, in den Vereinigten Staaten von Nordamerika, schritt die Landnahme unentwegt weiter. Inmitten der Siedler fanden sich Flibustiers, wie sie die Karibik einst gesehen hatte, nicht zurecht. Nur *während des Sezessionskrieges flammte der Kaperkrieg noch einmal auf*: diesmal jedoch waren es zwei Staaten, die sich auf See erbitterte Gefechte lieferten. Im Ersten Weltkrieg versuchten die beiden Seeleute *Felix Graf von Luckner* (mit dem »Seeadler«) und Kommandant *von Müller* (Kaperkreuzer »Emden«) und im Zweiten Weltkrieg Kapitän *Bernard Rogge* (Hilfskreuzer »Atlantis«), Korsaren oder Seehelden zu spielen. Wenn die Berichte stimmen – und wer kann sie nachprüfen? –, kaperte Rogge 22 Handelsschiffe mit 15 000 BRT. Doch standen beide Pseudo-Piraten nur im Schatten ihrer einstigen großen »Vorfahren«. Daß die Seeleute noch immer Angst haben, irgendwo auf hoher See einem modernen Piraten zu begegnen, zeigt das Genfer Abkommen von 1958, wo Schreibtischpolitiker durch »Paragraphen« versuchten, diesem zuvorzukommen, indem sie Strafmaße aufstellten. Doch wer hält sich schon an eine papierene Abmachung?
1961 versuchte es ein pensionierter Offizier mit der Seeräuberei. Der portugiesische Hauptmann *Galvâo* kaperte mit einer Schar Gleichgesinnter die »Santa Maria«, um gegen das von aller Welt akzeptierte diktatorische Regime des Dr. Salazar zu protestieren. In der langen und bewegten Geschichte der Seeräuberei sind die Luckners, Rogges und Galvâos nur unbedeutende Abenteurer.
Unheimlich und unberechenbar zugleich scheint mir die neue Form der Piraterie zu sein: diejenige, die fast wöchentlich einmal hoch oben in der Luft praktiziert wird und die bislang bereits zahlreiche Menschenleben und materiellen Schaden gefordert hat. Weil meines Erachtens die psychologischen Hintergründe der *Luftpiraterie* noch ungenügend erforscht sind, will ich von einer Beurteilung derselben Abstand nehmen.

Bibliographie

G. W. Allen: Our Navy and the West Indian Pyrates. Essex Institute, Salem, Mass. 1929.

J. I. Andrada: Memoria dos Piratas da China. Lisboa 1824.

M. Besson: Les Frères de la Coste. Paris 1928.

J. Biddulph: The Pyrates of Malabar. London 1907.

G. Blond: Histoire de la Flibuste. Paris 1969.

F. C. Bowen: The sea, its history and romance. O. J. London.

F. B. C. Bradley: Piracy in the West Indies and its suppression. Essex Institute. Salem, Mass. 1923.

P. de Brantome: Hommes illustres. Oeuvres. Paris 1822.

J. Burney: History of the buccaneers of America. London 1816.

G. W. Bridges: The annals of Jamaica. London 1820.

L. Buhnau: Histoire des pirates et des corsaires (trad.). Paris 1965.

– S. J. R. P. de Charlevoix: Historie de l'île espagnole ou de Saint-Domingue. Paris 1730–1731.

H. E. Chambers: A history of Louisiana. New York 1925.

R. W. Cotton: Expedition against pyrates. (1612) Devon Association. 1886.

W. Dampier: A new voyage round the world. London 1729.

F. Dan, Père: Histoire de la Barbarie et de ses corsaires. Paris 1627.

H. Deschamps: Les Pirates de Madagascar. Paris 1972.

J. B. Du Tertre: Histoire générale de Saint-Christophe de la Guadeloupe et de la Martinique et autres îles dans l'Amérique, où l'on verra l'établissement des colonies françaises dans ces îles. Paris 1654.

– Histoire générale des Antilles habitées pars les Français. Paris 1667–1671.

Admiral *Jean Du Casse:* Relation fidèle de l'expedition de Cartagène. Paris 1699.

A. O. Exquemelin: Das Piratenbuch von 1678. Tübingen 1968.

G. Fox: British Admirals and chinese pyrates. London 1940.

A. Franchi: Storia della pirateria nel mondo. Milano 1952.

F. Funck-Brentano: L'île de la Tortue. Paris 1928.

Ph. Gosse: Pirates. Who is Who. London 1962.

H. Grammont: Histoire d'Alger. Paris 1887.

J. Hampden (Herausgeber): Sir Francis Drake, Pirat im Dienst der Queen. Tübingen 1978.

R. Hakluyt: Voyages and discoveries. Glasgow 1903.

C. H. Haring: Buccaneers in the West Indies in the 17th century. London 1910.

P. Hubac: Les Barbaresques. Paris 1949.

F. R. Hart: Admirals in the Carribean. London 1923.

J. D. Hay: Suppression of piracy in the China Sea, 1849. London 1889.

A. Hurd: Reign of Pyrates. London 1925.

C. Johnson: A general history of pyrates. London 1734.

C. F. Keary: Vikings in Western Christendom. London 1891.

C. W. Kendall: Private Men-of-War. London 1931.

Kidd: Full account of the actions of the late famous pyrate Capt. Kidd, by a person of quality. Dublin 1701.

Père Labat: Nouveau voyage aux isles de l'Amérique. Paris 1734.

– The Memoirs of Père Labat, 1693–1705. Transl. and abridged by John Eaden. London 1931.

S. Lane-Poole: The Barbary Corsairs. London 1890.

C. Leslie: New History of Jamaica. London 1740.

– Lives of the most notorious pyrates, by an old seaman. The Miniature Library. London o. J.

B. Lubbock: Bully Hayes, South Sea pyrate. London 1931.

J. Merrien: Histoire mondiale des pirates, flibustiers et négriers. Paris 1959.

D. Mathew: Cornish and Welsh pyrates in the reign of Elizabeth (English Historical Revue, 1924).

J. Morgan: Complete history of Algier. London 1731.

M. Paske-Smith: Western Barbarians in Japan and Formosa. Kobe 1930.

J. L. Philips: Sir Henry Morgan, buccaneer. London 1912.

D. Powell: The Bristol privateers and ships of war. Bristol 1930.

H. Dr. Pignet: A. O. Esquemelin, chirurgien des avanturiers. Montpellier 1939.

Raveneau de Lussan: Journal au voyage fait à la mer du Sud avec les flibustiers de l'Amérique en 1684 et années suivantes. Paris 1689.

W. A. Roberts: Morgan, amiral et boucaniers. Paris 1934.

O. Rutter: The Pyrate wind. London 1930.

F. Salentiny: Lexikon der Seefahrer und Entdecker. Tübingen 1974.

L. Saxon: Laffite, the pyrate. New York 1830.

Don C. Seitz: Under the black flag. London o. J.

M. J. Sestier: Piraterie dans l'Antiquité. Paris 1880.

A. Smith: The atrocities of the pyrates. London 1824.

L. de Tassy: History of the Piratical States of Barbary. London 1750.

R. Capt. Veale: Barbarian cruelty. Exeter 1787.

A. H. Verrill: In the wake of the Buccaneers. New York 1923.

H. G. Warren: Establishment of privateers at Galveston. Louisiana Historical Quarterly, Oct. 1938.

G. Williams: The Liverpool Privateers. Liverpool 1897.

J. A. Williamson: Maritime Enterprise. London 1913.

– John Hawkins. London 1927.

Personen- und Sachregister